新一代信息技术（人工智能）系列丛书

即时配送中的人工智能

贾庆山　郝井华　何仁清　孙致钊 ◎ 编著

清華大學出版社
北 京

内 容 简 介

即时配送网络是支撑现代城市运行的基础性设施。即时配送是人工智能在垂直领域应用的代表性行业之一。本书系统性介绍即时配送中的人工智能，包括配送网络规划、调度、定价、预测、数字化技术、工程落地，并提供综合实践项目便于读者练习。

本书适合作为研究生和高年级本科生教材，也适合对本领域感兴趣的研究人员和工程师阅读。

图书在版编目（CIP）数据

即时配送中的人工智能 / 贾庆山等编著. -- 北京 ：清华大学出版社，2025. 7.
（新一代信息技术（人工智能）系列丛书）. -- ISBN 978-7-302-69735-0

Ⅰ. F252.1-39

中国国家版本馆 CIP 数据核字第 2025JA6112 号

责任编辑：赵　凯
封面设计：杨玉兰
责任校对：韩天竹
责任印制：杨　艳

出版发行：清华大学出版社
　　　　网　　　址：https://www.tup.com.cn，https://www.wqxuetang.com
　　　　地　　　址：北京清华大学学研大厦 A 座　　　邮　　编：100084
　　　　社 总 机：010-83470000　　　　　　　　邮　　购：010-62786544
　　　　投稿与读者服务：010-62776969，c-service@tup.tsinghua.edu.cn
　　　　质量反馈：010-62772015，zhiliang@tup.tsinghua.edu.cn
印 装 者：三河市龙大印装有限公司
经　　销：全国新华书店
开　　本：210mm×260mm　　印　　张：10.75　　　　字　　数：213 千字
版　　次：2025 年 9 月第 1 版　　　　　　　　　　印　　次：2025 年 9 月第 1 次印刷
印　　数：1～1500
定　　价：49.00 元

产品编号：105976-01

即時配送中的人工智能

贾庆山　郝井华
何仁清　孙致钊　编著

为了助力教学，本书精心制作了立体化的一系列配套资源，旨在为教师和学生提供更加便捷、高效的教学与学习体验。通过这些资源的结合运用，能够更好地帮助学生理解课程内容，提升学习效果，同时也为教师的教学工作提供有力的支持和辅助。

本书提供的配套资源有教学课件、知识图谱、随堂视频、实验实践等。

配套资源使用指南

- 扫描下列二维码，即可获得相应的配套资源。

知识图谱　　教学课件

随堂视频

随堂视频 1　　随堂视频 2　　随堂视频 3　　随堂视频 4　　随堂视频 5

实验实践

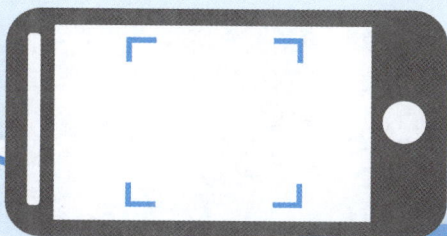

编委会
EDITORIAL COMMITTEE

唐彦嵩　清华大学深圳国际研究生院　　曾宪琳　北京理工大学

陶建华　清华大学　　　　　　　　　　张　利　清华大学

汪小我　清华大学　　　　　　　　　　张　鹏　清华大学

王　扬　清华大学　　　　　　　　　　张晓燕　清华大学

王　颖　厦门大学　　　　　　　　　　张　昕　清华大学

王志春　北京师范大学　　　　　　　　张欣然　中央财经大学

魏　磊　清华大学　　　　　　　　　　张旭东　清华大学

魏少军　清华大学　　　　　　　　　　张学工　清华大学

吴辉航　清华大学　　　　　　　　　　张长水　清华大学

谢　震　清华大学　　　　　　　　　　张　佐　清华大学

杨庆凯　北京理工大学　　　　　　　　赵明国　清华大学

杨　旸　新加坡管理大学　　　　　　　郑相涵　福州大学

易江燕　清华大学　　　　　　　　　　朱　丹　清华大学

尹首一　清华大学　　　　　　　　　　朱　岩　清华大学

于　恒　北京师范大学

习近平总书记指出："人工智能是引领这一轮科技革命和产业变革的战略性技术,具有溢出带动性很强的'头雁'效应。"人工智能的发展掀开了智能时代的帷幕,并通过赋能技术革命性突破、带动生产要素创新性配置、促进产业深度转型升级,催生新质生产力,是我国实现高水平科技自立自强、推动经济高质量发展、增强国家竞争力的重要战略抓手。

当今世界的竞争说到底是人才竞争,人工智能未来竞争的关键是在人才的培养。与传统学科不同,人工智能具有很强的交叉属性,其诞生之初就是神经科学、计算机科学、数学等领域的交叉,当前日新月异的深度学习、大模型等技术也与各行各业紧密交织,这为人工智能人才的培养提出了更高的要求,迫切需要理学思维与工科实践的深度融合,加快推动交叉领域中创新人才的全面培养。我国人工智能领域的人才培养仍处在发展阶段,人才缺口客观存在。因此,一套理论体系健全、前沿知识集聚、实践案例丰富、发展方向明确的教材,将为我国人工智能教育教学工作开展和人才培养打下基础,也将为更高水平、可持续的新质生产力发展埋下种子。

在教育部"十四五"高等教育教材体系建设工作部署下,新一代信息技术(人工智能)教材体系的建设工作正全面展开。作为最早开展人工智能教学及科研工作的单位之一,清华大学自动化系在该领域的课程建设和人才培养方面积累了深厚的经验,取得了显著的成果。作为领域的排头兵,清华大学自动化系以牵引人工智能核心课程建设、提升领域人才自主培养质量为己任,发掘校内相关院系和国内其他高校的优秀科研、师资力量,联合组建了编写团队,以清晰的理论框架为依据,以前沿的科研知识为核心,以先进的实践案例为示范,以国家的发展政策为导向,编写了本套人工智能教材。

本套教材在编写过程中,以培养有交叉、懂理论、会实践、负责任的人工智能人才为目标,注重基础与前沿相结合、理论与实践相结合、技术与社会相结合。首先,本套教材涵盖了人工智能的经典基础理论、算法和模型,同时也并入和吸纳了大量国内外最新研究成果;其次,在理论知识学习的同时,也设计了与课程配套的实验和项目,提升解决实际问题的综合能力,并围绕产品设计、数字经济、生命健康、金融系统等多个领域,对人工智能的应用实践进行多维阐述和分析。最后,本套教材不仅关注了人工智能的技术发展,也兼顾了人工智能的安全与伦理问题,对于人工智能的内生风险、数据安全、人机关系、权责归属等方面进行了探讨。

　　我相信,这套人工智能系列教材的出版,将为广大读者特别是高校学生打开人工智能的大门,带领大家在人工智能的无限可能中尽情探索。我也期待广大读者能够充分利用这套教材,不断提升自己的专业素养和创新能力,成为具备"独辟蹊径"能力的创新拔尖人才、具备"领军开拓"能力的战略领军人才、具备"攻坚克难"能力的大国工匠人才,为我国人工智能事业的繁荣发展贡献智慧和力量。

　　最后,我要感谢所有参与教材编写和审稿工作的专家学者,感谢他们的辛勤付出和无私奉献,为保证本套教材的科学性、严谨性、前瞻性作出了重要贡献。同时,我也要感谢广大读者的信任和支持,希望这套教材能够成为您学习人工智能技术的良师益友,共同推动人工智能事业的发展。

中国人工智能学会理事长

中国工程院院士

戴琼海

2024 年 5 月

前言
PREFACE

即时配送一般以半小时左右作为配送任务的完成时限。即时配送网络已经成为支撑现代城市运行的基础性设施，是人工智能垂直领域应用的代表性行业之一。本书系统性介绍即时配送中的人工智能。第 1 章综述行业历史与发展现状。第 2 章介绍配送网络规划。第 3 章介绍配送调度的建模和优化。第 4 章介绍配送定价的建模与优化。第 5 章介绍即时配送的大数据预测技术及应用。第 6 章介绍数字化：智能化决策的基石。第 7 章介绍算法策略落地实践的工程问题。第 8 章介绍相关的综合实践项目，便于读者自学时配合各章节内容进行练习。

本书不仅适合读者了解即时配送领域的人工智能应用现状，还有助于理解实际应用中有待解决的前沿问题。本书内容也为相关行业应用人工智能提供了有益借鉴。

作　者

2025 年 6 月于北京

目录
CONTENTS

第1章　绪论 / 1

1.1　外卖和即时配送行业的发展历程 / 1

1.2　外卖和即时配送的行业发展现状 / 3

1.3　常见即时配送模式介绍 / 5

1.4　智能配送系统的优化目标和关键技术问题 / 8

1.5　美团智能配送系统介绍 / 12

1.6　未来展望 / 15

第2章　配送网络规划 / 17

2.1　配送网络的发展脉络 / 17

2.2　配送网络规划的经典问题：设施选址 / 19

2.3　工业界应用中的挑战 / 21

2.4　即时配送案例：配送范围 / 27

2.5　小结 / 32

第3章　配送调度的建模和优化 / 33

3.1　调度背景介绍 / 33

3.2　即时配送场景下订单的智能调度 / 36

3.3　智能调度常用算法介绍 / 41

3.4　小结 / 50

第4章　配送定价的建模与优化 / 51

4.1　定价问题概述 / 51

4.2　定价相关技术 / 54

4.3 配送动态定价实践 / 64

4.4 时空成本决策支持 / 70

4.5 小结 / 72

第 5 章　即时配送的大数据预测技术及应用 / 73

5.1 业界常见预测问题介绍 / 73

5.2 即时配送中的预测问题 / 76

5.3 即时配送预测问题的常见挑战及解法 / 78

5.4 骑手配送顺序和时间预测 / 82

5.5 小结 / 94

第 6 章　数字化：智能化决策的基石 / 95

6.1 背景介绍 / 95

6.2 地图技术 / 96

6.3 感知技术 / 105

6.4 图文感知技术 / 112

6.5 小结 / 114

第 7 章　算法策略落地实践的工程问题 / 115

7.1 大数据技术体系 / 115

7.2 算法工程落地 / 128

7.3 小结 / 144

第 8 章　综合实践项目 / 146

8.1 基于表征的多维连续因果推断技术综述 / 146

8.2 基于机器学习的组合优化技术综述 / 147

8.3 基于强化学习的组合优化问题求解技术综述 / 147

8.4 基于智能调度系统的实时配送优化算法综述 / 147

8.5 基于大数据的即时配送路径优化技术综述 / 148

8.6 基于深度强化学习的即时配送动态订单分配策略研究 / 148

8.7　基于因果推断的动态定价优化技术研究 / 149

8.8　基于深度生成模型的时空数据概率预测技术 / 149

8.9　基于深度学习的室内定位与运动状态识别技术 / 150

8.10　基于分布式计算的大规模模型训练与优化方法 / 150

参考文献 / 152

第1章 绪 论

1.1 外卖和即时配送行业的发展历程

外卖服务的雏形可以追溯到古代的酒馆和客栈,当时的顾客可以要求将食物送到家中或工作场所。《清明上河图》是中国十大传世名画之一,记录了北宋都城汴京(今河南开封)清明时节的繁华景象(图1.1)。据考证,图中有一位系着围裙、手上拿着碗正在送外卖的店小二。然而,这种服务的规模和效率与现代相比非常有限,且仅限于特定的社会阶层。

图 1.1　清明上河图[1]

随着技术的发展,外卖服务也呈现出不同的形态。20世纪初,随着电话的普及,部分餐馆开始提供电话订餐服务,提前印刷好菜单并分发至顾客手中,顾客可以通过电话下单,然后由餐馆员工或专门的送餐员将食物送到顾客手中。这种服务的出现极大地方便了顾客,尤其是对于那些工作繁忙或行动不便的人。电话订餐的普及促进了外卖行业的发展,使得外卖服务覆盖到了更广泛的社会群体。然而,由于电话沟通效率低、便利性差,用户的下单体验并不理想,这一时期外卖服务的用户量和订单规模相对较低。

进入 20 世纪 90 年代,随着互联网的兴起,外卖服务进入信息化时代。商家可以在网站上实时更新菜品信息,并可提供图文、视频等多种展示形态,顾客可以通过互联网浏览餐馆的菜品,并通过在线订单系统、聊天工具或电子邮件进行下单。这一时期,用户下单的便利性得到了显著提升,同时通过建立订餐网站,餐馆也拥有了新的营销和推广渠道。此外,一些在线外卖平台开始出现,它们整合了多家餐馆的菜单和订单系统,为顾客提供了更多的选择和便利性。相比较电话时代的外卖服务,虽然这一时期用户下单的便利性大幅改善,但在下单后配送环节的效率和体验并未有显著变化:送餐员多是服务于单个商家,一次取完若干订单然后依次配送,无法在配送过程中顺路承接其他商家的订单;用户也无法追踪订单的配送状态变更。

2010 年以来,随着智能手机的普及和移动互联网的发展,外卖服务进入了一个全新的数字化和智能化发展阶段。用户可以通过专门的外卖 App 随时随地浏览菜单、下单并追踪订单状态。大数据和人工智能技术的应用使得外卖平台能够更精准地预测用户需求并提供个性化推荐,提升了用户需求的匹配效率。更大的变化来自于配送侧:送餐员(骑手)配备了智能手机,因此外卖平台可以实时感知到各个骑手的位置和状态,并根据用户新下订单的位置、路线以及送达时间要求,动态派发至最合适的骑手。这一技术变化,使得不服务于特定商家的骑手群体应运而生,一个地理区域内的众多商家共享一批骑手,外卖平台根据所有商家的订单情况进行运力规划、订单调度、路线规划,从而能大幅提升配送效率和体验,实现全局最优;并且,外卖平台通过技术赋能对骑手配送行为进行标准化管理,可以显著提升用户体验、骑手体验以及安全水平。用户、商家、骑手和外卖平台的关系如图 1.2 所示。

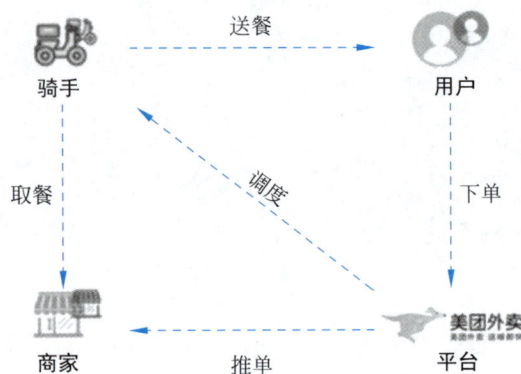

图 1.2 外卖配送业务流程

这一时期,国内外一批外卖平台逐步发展起来,国内有美团外卖、饿了么,国外有 Uber Eats、Doordash、Delivery Hero、Grubhub、Swiggy 等。移动互联网时代的外卖服务已经成为现代城市生活不可或缺的一部分,为消费者提供了前所未有的便利。外卖行业是典型的通过互联网技术提升传统产业效率的案例;通过数字化和人工智能技术,致力于高效连接消费者和外卖服务提供者,实现"通过移动比特辅助移动原子",优化外卖服务流程,提高行业整体效率。

1.2 外卖和即时配送的行业发展现状

近年来,中国餐饮市场呈现出快速发展态势。据国家统计局数据,2023 年全国餐饮收入达到 52890 亿元人民币,同比上升 20.4%,反映了餐饮行业的强劲复苏。这一增长不仅体现在餐饮业的整体营收上,更体现在消费者对于餐饮的多样化需求和品质化追求上。随着生活水平的提高,人们越来越注重饮食的健康、美味和便捷。在这一大背景下,外卖平台提供的餐饮服务凭借其便捷性、多样性和高效性,逐步成为主流的餐饮消费方式之一。无论是忙碌的上班族,还是在家中不便出门的消费者,都能通过几次点击享受到各种美食。外卖的兴起不仅改变了人们的餐饮习惯,也推动了餐饮业的数字化转型和创新发展。许多传统老牌餐饮企业纷纷加入外卖平台,通过线上渠道拓展市场,高效服务更大地理范围的消费者。

我国庞大的餐饮外卖市场催生了世界上规模最大的即时配送网络。据《2022 即时零售履约配送服务白皮书》[2] 以及《2021—2022 中国即时物流行业发展报告》[3],过去十余年即时配送订单量呈爆发式增长,如图 1.3 所示,2021 年订单量为 308.5 亿单,年复合增长率接近 60%;2021 年即时配送用户规模超过 6 亿人,年复合增长率为 26.22%;而到了 2022 年,即时配送订单量突破 353 亿单,用户规模突破 7.61 亿人。

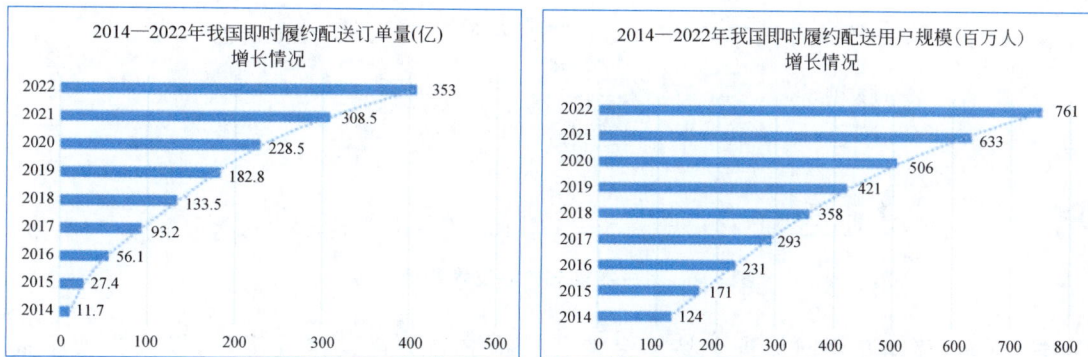

图 1.3 外卖配送业务单量和用户规模增长趋势图[2,3]

　　外卖和即时配送业务的蓬勃发展产生了海量的订单和庞大的骑手规模,这是技术价值的"放大器",为技术发展带来了巨大的动力。举个例子,在美团外卖业务场景中,假设通过技术优化能缩短骑手单均行驶距离的 1%,那么骑手的总行驶里程数一天能降低上百万千米,在绿色节能、社会效益方面将产生巨大价值。同时,巨大的业务规模对技术也提出了挑战和要求。例如,如何在几十秒的时间完成一个城市上万单新订单和骑手的全局最优匹配,就是一个具有很大难度和挑战的新问题,值得人工智能、决策优化领域的专家投入研究。

　　在外卖行业中,除了传统的餐饮配送服务,非餐饮类(鲜花、服装、文具、日用品、电子产品等)的即时零售配送服务正成为不可忽视的消费趋势。相比较快递电商的次日达或隔日达,即时配送驱动的即时零售使得消费者能够在下单后 30 分钟收货,大大方便了人们应对突发紧急状况的能力。因此,除了国内美团外卖、饿了么等外卖平台利用其即时配送网络发力即时零售外,传统电商平台也纷纷加码即时零售,美国的 Instacart 和 Postmates 等平台通过与当地零售商合作,为消费者提供一站式的购物和配送服务,满足用户即时性的需求。中国即时零售市场近年来经历了显著的增长,根据中商产业研究院发布的《2024—2029 年中国即时零售行业市场分析及投资前景研究报告》,2022 年中国即时零售市场规模达到了 5946 亿元,2019—2022 年均复合增长 51.6%,相当于社会消费品零售总额的 1.4%,实物网络零售总额的 5.0%。这一增长趋势表明,即时零售已成为推动消费市场提质扩容、畅通国内大循环的重要助力,推动电商从"Everything Store"时代到"Everything Now"时代的越级。与此同时,即时零售由于其不同品类的个性化特征,给即时配送提出了新问题和新挑战。

　　移动互联网技术对外卖行业发展的推动作用体现在两方面,如图 1.4 所示。

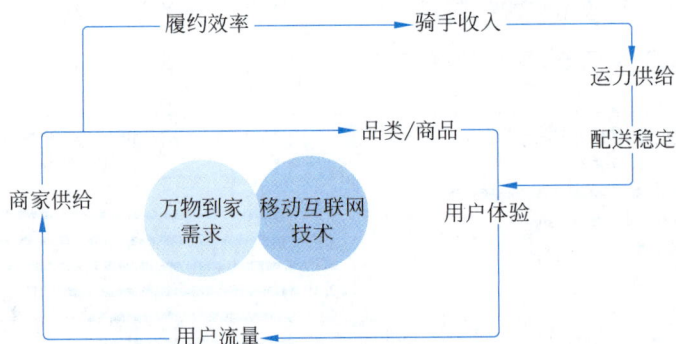

图 1.4　用户需求与核心技术双轮驱动

　　一方面,移动互联网促进交易平台发展。将交易关键要素数字化,极大方便了商家和商品上线,提升了外卖商品供给的丰富度。互联网低交易成本的特点,又大幅降低了用户和商家之间交易的门槛。大数据和机器学习算法,实现用户与商家、商品的精准匹配,提升了交易效率,从而吸引更多商家、更多商品上线。这形成了良好的正反馈过程。

另一方面,移动互联网技术推动了即时配送平台发展。即时配送平台通过移动互联网技术可以精准了解骑手及其所处地理环境,实现配送全链路的数字化。用户下单后,即时配送平台调度骑手并向用户展示订单履约全过程。移动互联网技术的发展,让即时配送平台实现对庞大运力的在线管理,形成精准到分钟级别的即时配送网络。即时配送平台还可以通过机器学习和运筹优化算法,柔性调度订单与骑手,实现供需匹配,提升履约效率和用户的体验。这一良好履约体验,不仅能吸引更多用户和商家使用即时配送平台,也能吸引更多骑手和运力参与履约,从而进一步提升配送的稳定性和效率,这形成了良好的正反馈过程。

1.3　常见即时配送模式介绍

在即时配送领域,根据不同的应用场景和需求,常采用多种不同的配送模式,以对骑手的工作进行有效组织,并对配送任务进行合适颗粒度的分解。配送模式决定了配送效率和用户体验的天花板,根据订单结构、订单密度、地理环境等要素特点以及优化目标来设计最适合的配送模式,在即时配送行业是非常值得研究的重要问题。本节介绍当前常见的三类配送模式及其适用场景。

1.3.1　巡游模式

巡游模式是骑手在工作的地理区域内不断巡游、自由接单,一旦有订单产生,骑手会立即前往商家取货并送往消费者手中。骑手可同时接多个商家的订单送往多个交付点,是多点(商家)到多点(用户)的网状配送方式,是目前外卖平台的主要配送模式,如图 1.5 所示。

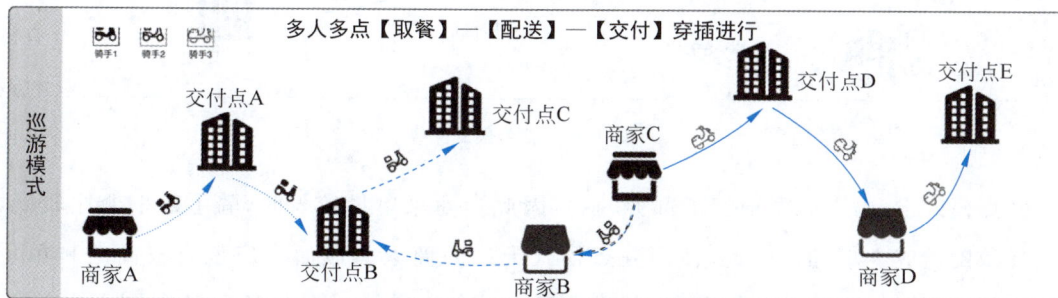

图 1.5　巡游模式

在这种模式下,一个几十平方千米的地理区域内往往有几十名至几百名骑手,同时服务区域内的数百甚至上千个商家。用户下单后,调度系统将订单分配至某个骑手来配送。从骑手视角看,在整个工作过程中,需要去一些商家取餐,然后去用户处送餐,在送餐的过程中可能还会取其他商家的订单,取送动作交替进行。巡游模式的优势是:对商家,特别是单量较少的商家而言,不需要雇佣和管理骑手,减少了管理复杂度;对外卖平台而言,骑手的统一管理更有利于对配送服务进行标准化,从而有利于提升用户和商家体验。而且,在这种模式下,多个商家共享骑手,多个顺路订单合并在一起由骑手进行配送,能够提升配送效率。同时,外卖平台可以基于大数据和人工智能技术,提升派单合理性,并为骑手提供高效的履约指引,从而进一步提升骑手体验和效率。

巡游模式的不足同样是源于多个商家共享骑手:从商家视角看,无法拥有一批专属骑手,从而难以提供与其他商家差异化的配送服务,例如,某些商家希望骑手能配备个性化的工装、载具甚至是遵循个性化的履约流程,这种情况下,巡游模式不能满足需求。

1.3.2　驻点模式

驻点模式是将驻点骑手绑定给一个或多个邻近商家,骑手只配送绑定商家订单的配送模式。这种模式下,骑手从单个商家或商圈取餐,送往多个交付点,是单点(取货点)到多点(送货点)的辐射状配送模式,驻点模式示意图如图 1.6 所示。驻点模式克服了巡游模式的不足,通过专属运力为商家提供个性化、差异化的配送服务,因而获得了部分商家的青睐。驻点模式是巡游模式的有效补充,主要适用于商家有特殊服务诉求的即时配送场景。

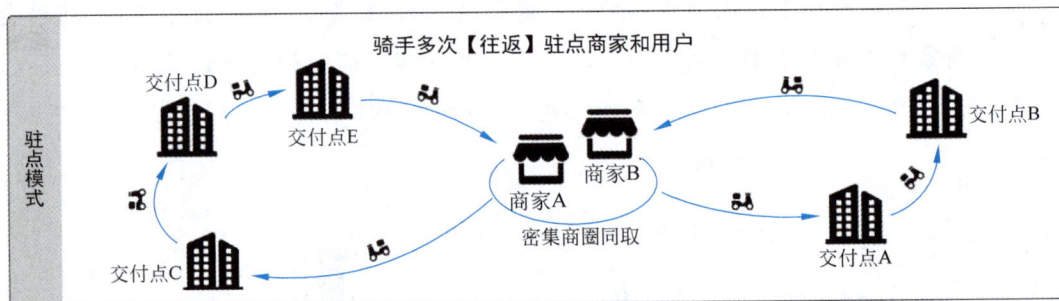

图 1.6　驻点模式

驻点模式下,由于商家锁定了部分骑手,因此当商家单量较少时,骑手效率会比较低,从而导致配送成本增加。因此,使用驻点模式配送的商家一般而言应该有较高的日单量(数百至数千单)。从骑手视角看,驻点模式下骑手在商家处一次取多个订单,然后依次配送,取货简单,因此整体配送难度相比较巡游模式会更容易。

1.3.3　分段模式

在即时配送网络中,巡游模式和驻点模式的共同特点之一,是一个订单从取餐到送餐全过程的履约作业完全由一名骑手来完成。然而在某些即时配送场景下,订单的履约过程拆分成不同的阶段,在各履约阶段之间在建立实体或虚拟的"仓",分别由不同的骑手或者无人设备来分段集约配送,可能是更为经济和可行的选择。分段模式的示意图如图 1.7 所示。

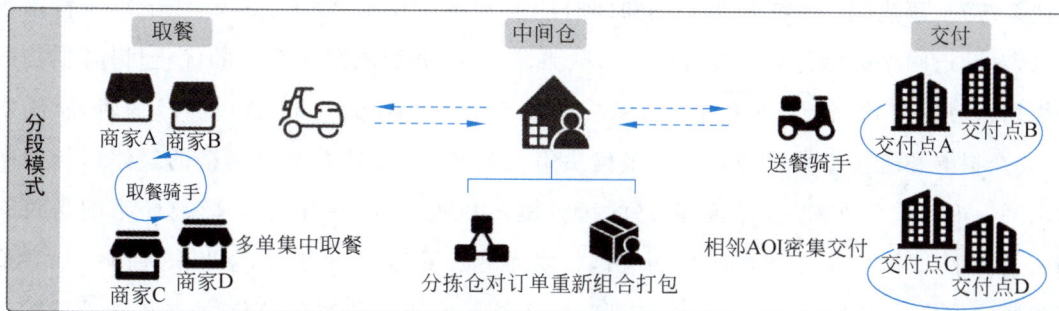

图 1.7　分段模式

在不同的即时配送场景下,分段模式服务于不同的目标。例如,在大学校园、高档宾馆等场景,出于隐私保护和管控等不同诉求,所采用的分段形态常常是,骑手将餐品送至末端交接点(如大学校门、宾馆前台等),然后再由专人或者配送机器人送至用户手中。更多的分段配送则是服务于效率目标。例如,在某些商家聚集地,由于地理分布、物业管控等原因,骑手从停车到商家取餐所在地的耗时较长,此时由某些骑手专门负责将餐品从商家取出并送至附近的中转仓,再由分拣员按不同顺路方向进行打包,然后由送餐员按包配送,由于一部分骑手集中取多单能显著降低取餐段的耗时,因而能提升配送效率。此外,在楼层较高的写字楼场景,由于骑手等电梯上下楼所需的耗时较长,此时常见的分段方式是,多名骑手将待配送订单在写字楼下交给"驻楼员"进行集中配送,是一种更高效率的选择。

在无人配送设备快速发展的今天,通过分段模式实现人机混送是无人配送落地的一种可行路径。例如,无人机配送,往往是骑手将餐品集中送至停机坪,再由无人机送至用户所在地。外卖柜是一种常见的无人配送基础设施,骑手可将餐品存放至外卖柜,再由适用于末端配送场景的无人配送车送至用户手中,或者用户在合适的时间下楼取餐。

以上配送模式是当前即时配送行业的几种常见模式。可以预见,随着即时配送订单品类的不断丰富,以及无人配送技术的进一步发展,未来即时配送模式还会出现新的形态、新的变化,以满足新的场景需要,更好提升用户体验和配送效率。

1.4　智能配送系统的优化目标和关键技术问题

过去十余年,外卖和即时配送网络快速发展,已逐步成为了社会生活的基础服务设施,特别在新冠疫情期间,为人们的生产生活保障发挥了显著作用,日益得到广泛关注。即时配送网络一般由线上和线下两部分组成:线下主要包括外卖柜、无人配送车、配送站等基础设施以及承担主要配送任务的骑手群体,线上则主要是智能化的即时配送系统(简称智能配送系统)。智能配送系统收集和感知即时配送网络中订单、骑手、商家、线下环境特点等信息,对配送网络的运行规律进行建模和预测,进而根据智能配送系统的优化目标,围绕网络规划、调度、定价、预计到达时间(Estimated Time of Arrival,ETA)、供需平衡、履约指引、安全提醒和管控等关键场景给出最优决策或建议,从而提升配送网络的整体运行效率和水平。如何优化这一复杂配送网络的运行模式和效率,以提升用户体验、骑手配送效率和安全水平,是即时配送行业面临的关键技术难题。克服这一难题,会带来突出的社会价值和经济价值。本书即是基于美团在即时配送领域的研发和实践经验,系统阐述智能配送系统所涉及的业务场景、整体思路以及还有哪些待研究和攻克的问题,为这一领域的从业者提供有益参考和借鉴。

智能配送系统的优化目标有如下几类:

(1)用户体验:在即时配送场景下,用户天然希望能尽快拿到餐品或紧急用品。与此同时,在用户下单时,智能配送系统提供一个承诺的送达时间,是否能在承诺的送达时间内完成配送,直接影响用户对配送确定性的感知。因此,配送时长和准时率是衡量用户体验的重要指标。

(2)骑手配送体验、效率和安全:配送效率主要指骑手在单位时间内完成的配送订单量或者任务量,配送效率越高,骑手收入就越高,用户需要支付的配送成本也就越低。智能配送系统通过订单调度、配送网络规划、履约指引等手段,能显著影响骑手配送效率。同时,智能配送系统还需要优化骑手的工作体验,例如,在骑手配送过程中面临接不到单、找不到商家、用户联系不上、交通意外等难题时,系统能及时给予有效指引或建议,辅助高效解决问题。同时,骑手交通安全是一个非常重要的目标,智能配送系统可通过骑手危险驾驶行为(如超速、逆行、分心驾驶、不戴头盔等)的识别和智能提醒等举措,提升骑手的安全行驶水平。

(3)商家体验:商家作为智能配送系统的客户之一,提升商家的配送体验是一项重要目标。常见的指标有推单完成率、接单速度、到店时长等。

围绕以上优化目标,抽象来看,智能配送系统要解决的关键技术问题可以分为三大类,如图 1.8 所示。

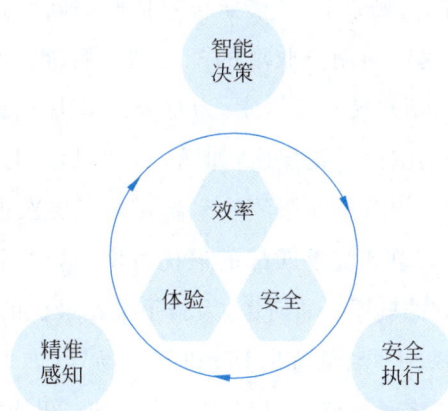

图 1.8　智能配送系统要解决的关键技术问题

1.4.1　智能决策

即时配送涉及的关键决策项主要有离线场景的配送网络规划、运力规划，以及实时场景的 ETA 设定、调度、定价等，利用运筹学、机器学习、智能仿真、人机协同等技术手段，提升决策的智能化、科学性水平，对提升即时配送网络的整体运营水平至关重要。其中，各重要决策环节介绍如下。

（1）配送网络规划：包括商家配送范围和骑手取件范围两类。其中，商家配送范围是根据骑手配送能力以及配送体验约束要求，决策哪些地理范围的用户可以在此商家下单；骑手取件范围是指根据商家位置分布、骑手配送能力等因素，以减少返程空驶、提升配送效率为目标，决策配送服务商管辖的骑手所服务的商家集合。

（2）配送运力规划：根据配送区域内未来的订单数量、骑手配送能力、区域配送难度等因素，以实现供需平衡为目标，决策一个配送地理区域在一个时段内完成订单配送所需要的骑手数量，涉及订单预测、骑手配送能力刻画等关键环节。

（3）ETA 设定：ETA 的全称"Estimated Time of Arrival"，指在订单下单时，系统为用户提供的预计送达时间。智能配送系统需要根据用户订单的配送距离、交付难度，商家的出餐时间，所在配送区域内的待配送订单和骑手数量比例、天气和路况等多方面因素，在骑手安全约束下，以用户体验和骑手体验为目标，为用户预测和设定合理的 ETA。

（4）智能调度：调度要解决的是订单分配的问题，要根据骑手位置分布和配送能力、商家出餐时间、订单 ETA、订单与订单的顺路程度、区域供需情况等诸多因素，在骑手安全约束下，以骑手体验和配送效率、用户体验和商家体验为目标，在正确的时间把正确的订单分配给正确的骑手，并在骑手配送过程出现异常状况时，系统和骑手通过高效协同实现订单改派。

（5）智能定价：在即时配送场景下，智能定价包括两类问题，一是为每个订单确定支付给骑手的配送费收入；二是确定向用户收取的配送费。智能定价要综合考虑订单取餐难度、配送难度、当地收入水平、用户转化等因素，为每个订单决策最合理的价格。

以上可决策环节可划分为三个关键层次，如图1.9所示。上层决策的效率优化直接受到下层优化效果的影响，因此，提升整体履约效率需要在三层次进行整体优化，而不仅限于调度层。实时调度旨在实现订单到骑手匹配的最优方案，这包括两个关键过程：确定谁来送，即在适当的时间指派适宜的骑手；如何送，为骑手推荐最优的取送顺序和时间。供需平衡旨在实现在不同时段（高峰、平峰、低峰时期）和不同场景（如恶劣天气）下运力与商流的平衡。为实现供需平衡，采用多种策略，包括骑手邮资定价、智能活动、ETA策略等，以应对不同时段和场景下的配送需求。网络规划旨在实现在不同订单密度和配送难度下的配送网络优化，具体包括商家范围规划，根据商家规模、用户体验和配送难度进行规划，以及配送区域规划，基于配送效率、空驶率、订单密度等因素。

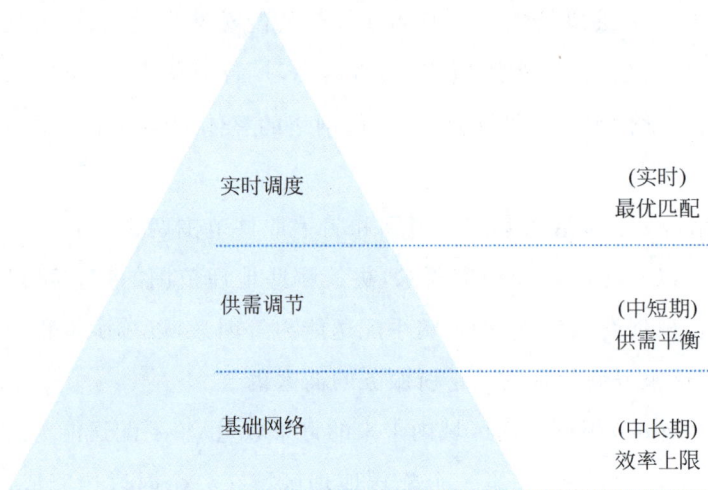

实时调度　　　　　　　　　　（实时）
　　　　　　　　　　　　　　最优匹配

供需调节　　　　　　　　　　（中短期）
　　　　　　　　　　　　　　供需平衡

基础网络　　　　　　　　　　（中长期）
　　　　　　　　　　　　　　效率上限

图1.9　即时配送网络的决策层次划分

1.4.2　精准感知

配送过程涉及室内和室外的多种场景，提供高覆盖率、高精确度、涵盖多种场景、低时延的精准感知，是基于移动比特和移动原子的业务属性的基本要求，是智能决策大规模落地应用的前提和基础。精准感知的目标是高精度、低时延、低成本地实现物理世界及骑手配送行为的全过程还原。高精度包括用户定位、骑行路线、骑手位置、小区出入口封闭等多个方面，不准确的基础信息刻画可能导致骑手走错路，配送超时，从而导致骑手和用户体验受损。为了应对这一挑战，一项重要举措是充分发挥大数据的优势，挖掘每天生成的数以千万计的高质量骑手轨迹数据所隐含的有价值信息。低延时是配送领域动态变化下的实时计算场景的关键,确保在实时变化的环境中,系统能够迅速而准确地进行计算和响应。低成本是在全国范围内存在百万级商家和骑手时需要考虑的重要因素,确保任何解决方案都能够在业界广泛推广并且能够在经济上可行。精准感知主要包括如下几类感知场景。

(1)地理感知:现实世界地理信息的数字化通常可简化为"点、线、面、体"四个维度。映射到即时配送网络中,"点"包括商家、骑手、用户的准确经纬度坐标、地址描述,以及特定用户楼宇的上楼方式;"线"指两点之间的路线、距离、通行方式和行驶时间等信息;"面"指挖掘地理实体关注区域(Area Of Interest,AOI)及其特征(如是否可进入、是否可骑行等);"体"主要指三维信息挖掘,例如,骑手在三维空间的定位和导航、一个商业中心中各个商家之间的通行方式和通行时间/距离等。如何利用骑手采集和上报的海量数据,对即时配送所需的关键地理信息进行挖掘和校准,是一个非常有挑战性的技术问题[4]。

(2)情境感知:地理感知所针对的一般是静态场景,更新频率很低。而骑手配送过程涉及若干动态信息,例如,骑手和商家/用户的相对位置,骑手的当前状态(静止/步行/骑行/上下楼梯)等,对这类信息进行实时准确感知,对决策的及时性和科学性有显著价值[5]。

(3)安全感知:主要指围绕骑手安全目标需要解决的若干感知场景,例如,是否超速、闯红灯、逆行,以及是否佩戴头盔、分心驾驶、摔倒检测、事故多发路段检测等。

1.4.3 安全执行

骑手是配送相关决策执行的最终主体。为实现安全执行的目标,要研发骑手语音助手,开发智能化的履约指引能力,并研发辅助即时配送的智能硬件体系,让骑手更安全、更高效地执行配送任务,这是一项至关重要的任务和挑战。

(1)语音助手:语音助手是一种基于人工智能技术的交互系统,能够通过语音识别、自然语言处理、文本到语音等技术,实现与骑手的实时交互。语音助手可以提供多种功能,如订单信息播报、接单/到店/取餐的语音操作、导航指引、紧急情况提醒等。通过语音助手,骑手可以在不分散注意力的情况下获取所需信息并通过语音执行相关操作,从而提高配送的安全性和效率。

(2)履约指引:即时配送模式下,骑手会有较多时间用在商家和用户处完成取餐和交付上,据统计占比往往超过 50%,特别新骑手,这一占比往往更高。因此,如何通过智能化手段赋能骑手,缩短骑手寻找商家和用户的时间,提升骑手配送效率,是一项非常重要的技术挑战。

(3)智能硬件:通过引入新的硬件设施来提升骑手效率和体验。例如,通过引入外卖柜,在用户不方便的时候将餐品放至外卖柜,可以提升骑手配送效率和用户体验;如图 1.10 所示,通过研发具备带盔检测、语音交互功能的智能头盔,可以在保护骑手安全的同时,通过头盔配备的耳机和红外传感器、声光传感器等,实现骑手与智能配送系统之间的高效互动。

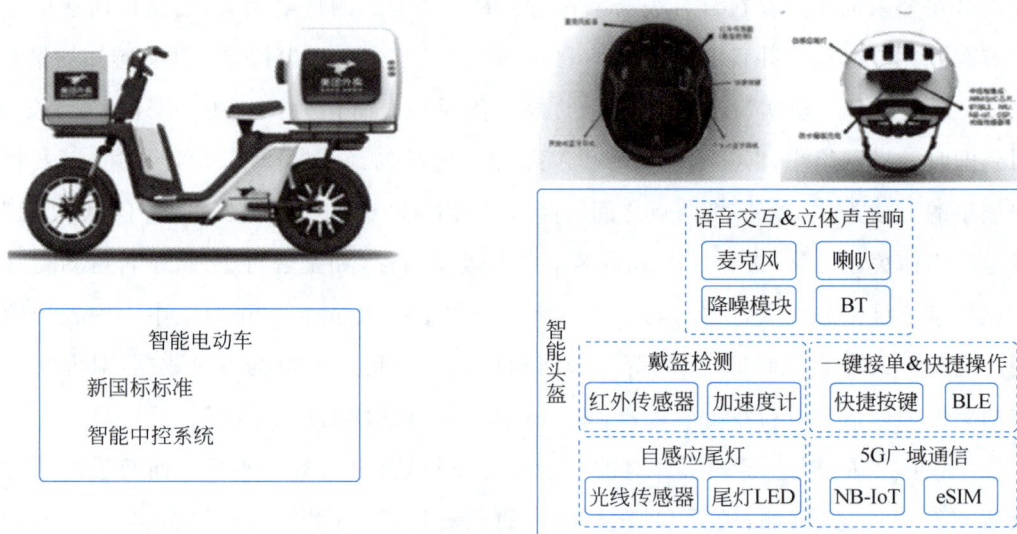

图 1.10　智能头盔和智能电动车

1.5　美团智能配送系统介绍

即时配送服务已经成为现代城市生活中不可或缺的一部分,优化这一复杂配送网络的运行模式和效率,能够显著提升用户和骑手体验,具有很高的经济价值和社会价值。然而,如前所述,解决该问题需要克服超大规模性、强不确定性、实时性要求高等诸多技术挑战。另外,近年来人工智能、大模型、数字化、智能硬件等领域技术快速发展,为克服上述挑战提供了诸多可能性。如图 1.11 所示,以美团所建设的智能配送系统为例,整体介绍智能配送系统的技术体系。

美团配送技术团队所研发的智能配送系统围绕精准感知、智能决策和高效执行三类技术问题,采用地理信息挖掘技术、时空信息感知技术和智能助手,实现高精度、低时延、低成本感知。在此基础上,基于大规模实时匹配、强不确定性处理、因果推断、动态网络规划等技术实现即时配送网络决策的智能化[6,7]。进一步地,在骑手履约过程中,引入骑手智能助手、智能硬件设施等,提升骑手履约过程的安全和效率水平。基于以上研究成果,美团配送技术团队入围了 2023 年 INFORMS 颁发的弗兰兹·厄德曼奖、2022 年数博会领先科技成果优秀项目奖等荣誉,同时申请了 100 多项发明专利,发表了 20 余篇论文等。代表性技术创新如下。

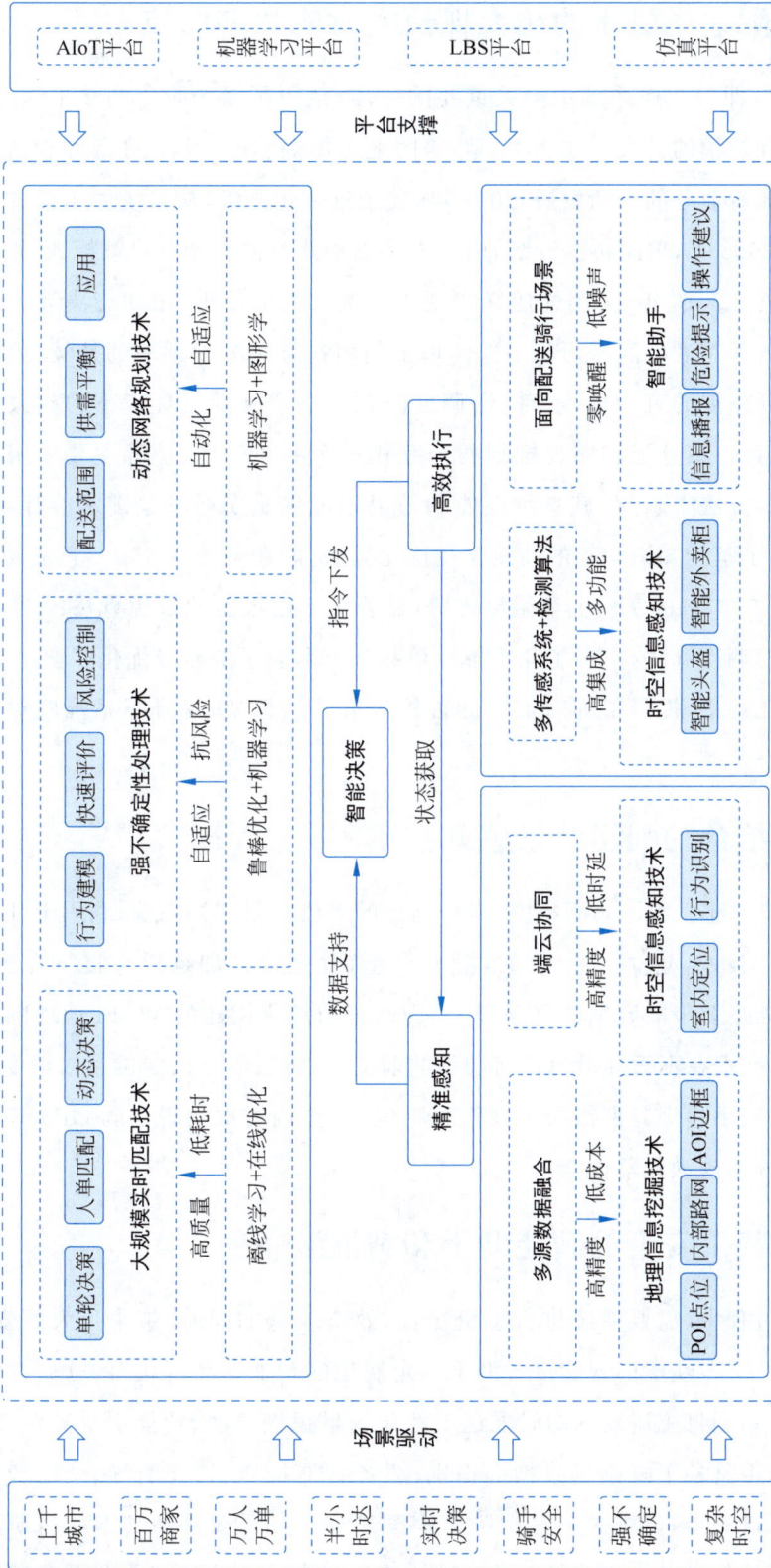

图 1.11　智能配送系统的技术体系

1.5.1 即时配送场景下的超大规模实时优化调度技术

订单分配作为即时配送系统中至关重要的一环,经历了多个阶段的技术演进,不断适应业务的复杂性和规模的扩大。在 2016 年,美团配送首次实现了从人工派单模式向系统派单模式的转变。随着业务的不断发展,2017 年,美团进一步升级,从系统派单模式过渡到多人多点模式。在 2018 年,美团再次升级,由多人多点模式过渡到动态决策模式,强调更加灵活的订单分配策略。2019 年,美团配送又实现了一次重大的演进,由动态决策模式向全城调度模式转变。这一系列的演进历程不仅体现了美团在订单分配领域的持续创新,也是对解决方案空间不断拓展的有力体现。配送调度问题是一个强随机环境下的超大规模复杂组合优化难题,包含订单分配和路径规划两个互相嵌套的子问题,业界主要采用基于数学规划和元启发式等方法来求解,其求解性能和效果不能满足实际场景需求。针对此问题:(1)创新性地提出了基于知识驱动的高效路径优化算法,能在平均 0.55ms 下完成骑手配送取送顺序的优化,在 97% 的实例上获得最优解,显著优于已报道的最优算法;(2)自主研发了城市级超大规模调度算法,实现了几千单订单和几万名骑手的秒级优化匹配;(3)基于动态优化和鲁棒优化理论,提出了即时配送的鲁棒调度算法框架,提升了系统应对出餐慢等异常事件的能力。

1.5.2 端云结合的配送情景感知技术

依托 AIoT 技术建立了一套高精度、多数据源的多模场景感知系统,利用十几种泛在信号的多源数据融合技术,建立了系列精准感知模型,并且模型训练后直接下发到手机端。每日通过 AIoT 链路上报的数据 9 亿条以上,为商家与用户构建的 Wi-Fi 地理围栏数量超过 5000 万个。该技术在不额外铺设任何硬件的前提下,将骑手室内定位感知精度从百米级提升到了十米级,骑手违规判别错误率显著下降 95%,业内首次实现了弱 GPS 环境下的室内感知技术的低成本规模化落地。

1.5.3 实现骑手安全的智能助手和智能装备

骑手在配送过程中,需要持续进行手机操作,效率较低的同时,带来很大的安全隐患。为此,本项目研发了"零唤醒的智能语音助手+定制化的智能蓝牙耳机"的软硬件结合解决方案,并嵌入了一系列自主研发的即时配送个性化场景识别算法、智能引导算法、安全提醒算法等,让智能助手具备了复杂场景精准识别、服务智能推送、智能引导、全语音操作等能力,为业内首创。进一步,佩戴头盔是保障骑手配送安全的重要手段。本项目研发了新一代智能头盔,利用红外光电检测技术以及三轴加速度姿态检测算法对头盔佩戴状态进行精确检测和分析,结合终端手机获知骑手的安全状态,并通过集成蓝牙耳机进行安全提醒、语音交互,提升骑手的安全保障水平。

本书第 2 章围绕即时配送的网络规划问题,介绍如何基于机器学习、运筹优化和图形学的方法实现自动化的商家配送范围绘制,从而大幅节约人工绘制成本,并提升配送范围的科学性和效果。第 3 章重点介绍超大规模订单和骑手匹配问题的建模和优化策略设计思路,并探讨考虑配送场景的不确定性优化方法,通过事前鲁棒调度和事前、事中的改派干预,系统能更有效地应对可能的异常场景,确保在面对多样化问题时仍能保持高效、安全的执行。第 4 章针对定价场景,介绍业界常见的定价问题和方法,并以骑手邮资定价为例介绍最优补贴分配方法。第 5 章针对时间预测,介绍如何利用深度学习方法提升骑手履约时间的预测精度。第 6 章对即时配送网络中的精准感知技术进行详细展开,具体介绍地理感知、情境感知和安全感知的问题与解决思路。在工业场景中,算法的落地仍然存在一系列挑战需要克服,包括准确评估算法效果、平稳切换不同模式的挑战等。为了解决这些问题,美团积极开发了图灵一站式开发平台,该平台的详细内容将在第 7 章进行详细介绍,这一举措旨在为美团配送在工业实践中的算法应用提供更加全面和系统的支持。

1.6　未来展望

即时配送领域正处于蓬勃发展的初期阶段,未来随着需求侧和技术供给侧的不断演进,将迎来更加多元和复杂的挑战与机遇(如图 1.12 所示)。

在需求侧方面,随着即时零售行业的飞速发展,可预见到一大一小两大技术挑战:一大,随着商流品类的快速增加和运力种类的多样化,以及履约模式的不断创新,全局最优搜索算力的新需求将变得更为迫切,这将要求调度算法、工程架构和高性能计算方面进行新的突破;一小,运营精细度的提升将对数字化能力提出更高要求,需要在用户、商家、骑手和地理环境等方面实现更小颗粒度和更高实时性的数字化处理。

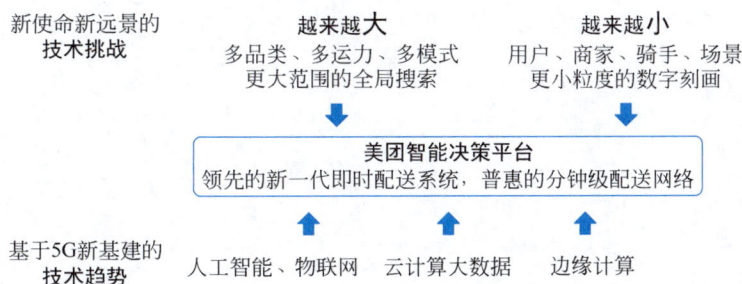

图 1.12　多元和复杂的挑战与机遇

从技术供给侧来看,人工智能、物联网、云计算、大数据和边缘计算等技术的不断发展为即时配送领域带来了新的契机。在 AI 领域,因果建模、决策智能和强化学习等新的研究方向将成为未来关注的焦点。同时,云计算方面的异构计算、存算一体、人工智能芯片等创新应用方案的成熟,以及智能设备和边缘计算框架的普及,将极大提升数据采集和计算能力,推动新型人机交互模式的出现。这些技术的演进为即时配送业务的发展带来了更为广阔的可能性。

未来,作者所在的美团配送技术团队将致力于研发新一代智能配送系统,以更好地应对日益复杂的业务环境。通过借助需求侧和技术供给侧的变革,旨在进一步推动实现普惠的分钟级配送网络,以更好地服务用户和满足市场需求,促使即时配送行业朝着更高效、更智能的未来迈进。

第 2 章 配送网络规划

2.1 配送网络的发展脉络

辐条枢纽配送范式(Spoke-Hub Distribution Paradigm)是配送网络规划的一个关键思想。该思想起源于民航领域,于 1955 年由美国的航空公司 Delta Air Lines 率先试验。所谓 Spoke-Hub,就是首先把各地机场的客源通过小型支线(Spoke)客机集中到某个枢纽(Hub)机场,再换乘大型干线客机运送到离乘客目的地较近的另一个枢纽机场,最终通过小型支线客机把乘客送达最终目的地。在此之前,航空网络主要是点对点(Point-to-Point)的设计,直接把乘客从出发地运送到目的地。Spoke-Hub 模式的核心优势是可以使用较少的航线总数来连接更多的目的地。举个极端的例子,假设有 n 个目的地,其中一个作为枢纽,那么只需要 $n-1$ 条航线就可以实现各个目的地的互通;相反如果用纯点到点模式,则需要 $n(n-1)/2$ 条航线才能实现互通,图 2.1 为这两种模式的示意图。1978 年起,其他航空公司陆续采纳了 Delta 的 Spoke-Hub 模式,目前规模较大的航空公司规划的航线网络基本都能看到 Spoke-Hub 的形态。

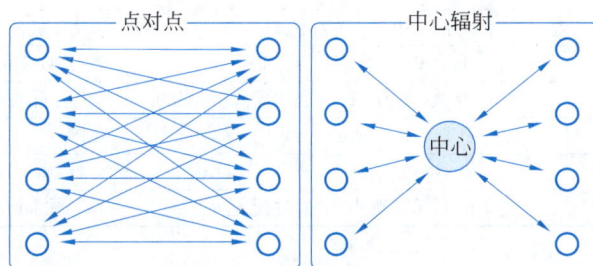

图 2.1　互联模式

Spoke-Hub 范式虽然起源于民航领域,但是对快递行业产生了深远的影响。一般全国性或者世界性的物流配送网络,都会采用这种设计模式。20 世纪 70 年代中期,美国联邦快递 FedEx 在其物流网络中大规模应用该思想,此后这一模式成为了物流网络规划的基本形式。进入 21 世纪后,互联网技术推动电商平台快速发展,也进一步推动了中国快递物流网络的建设与升级。2003 年淘宝成立,凭借 Customer-to-Customer(简称 C2C,表示终端用户之间直接联系)的模式,小卖家依托平台销售商品,催生了大量快递业务需求,此时快递行业内企业基本以点对点模式运输。在这种模式下,小卖家自行管理库存,接到电商平台的实时订单后,通知第三方快递公司最近的合作网点上门取件;第三方快递公司依托全国性物流网络,经过若干转运中心将快递运送到离顾客收货地址最近的网点,再由网点的快递员完成最后 3km 的配送。2007 年,京东自建物流,以 Business-to-Customer(简称 B2C,表示公司对客户服务)模式自营零售,推行仓配一体(为自营平台的产品和第三方卖家同时提供仓储和配送的一体化服务)。与卖家"自选仓储＋第三方配送"的模式相比,仓配一体化在成本和服务水平上有明显的优势。一方面,节省仓储成本和运输成本,通过集中存放卖家货物,可以实现仓储成本的规模经济,通过统一发货和运输,减少了揽件成本和运输费用;另一方面,提高存货周转效率,改善客户体验,通过大数据销量预测,商家在客户下单前可用算法预测当地的出货量,并提前在相应的大区仓库铺货,大大缩短了整体快递时间,最终提高存货周转效率,改善客户体验。这种仓配一体化模式综合使用区域级和城市级配送中心完成配送。

移动互联网和移动支付的普及导致近场电商兴起,推动即时配送行业发展,逐步解构广域电商。广域电商允许用户在全国范围下单,货物需要依赖全国性的物流网络进行配送。与之不同,近场电商以用户位置为中心,商流和物流均发生在 3～5km 半径内的本地生活圈。近场电商的主要场景是餐饮、生鲜、日用百货等,对履约时效有较高的要求。近场电商和广域电商的对比示于表 2.1 中。

表 2.1　近场电商和广域电商的对比

	近 场 电 商	广 域 电 商
代表平台	美团、叮咚、兴盛优选	淘宝、京东、拼多多
订单规模	千万级订单/日(美团)	千万级订单/日(中通)
主要场景	餐饮、生鲜、日用百货等高频需求	鞋服、百货等常规需求
服务半径	社区(3～5km)	全国
履约时效	1 小时达(为主)＋半/1 日达	次日达(为主)＋半/多日达
履约方式	前置仓/站点＋即时配送	多级协同仓＋快递/即时配送

图 2.2 展示了即时配送的基本结构。由图可见,在最后 3km 的末端配送环节,近场电商的商流与广域电商的商流有显著差异。广域电商通过中转运输将所有与末端位置相关的快件集中到网点的仓库,订单密度高,一般要求日级履约时效,因此其标准化的配送载具是大容量的电动三轮车。近场电商是点到点、无中转的模式,订单密度低于广域电商,且多为即时性订单,要求小时或分钟级的履约时效,因此其标准载具逐步演化为两轮车和更小

容量的餐箱。

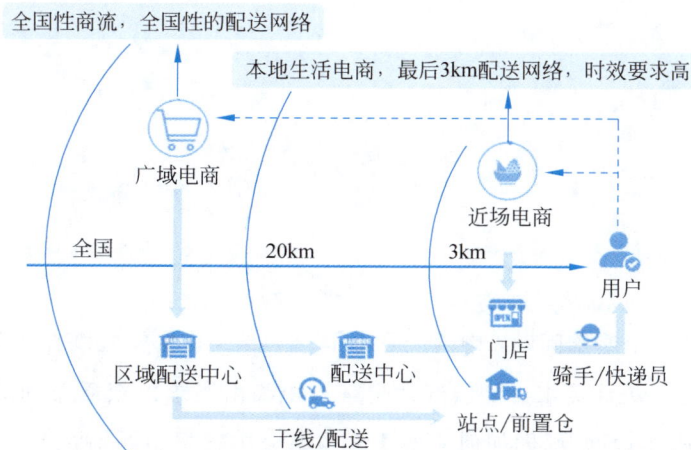

图 2.2 即时配送的基本结构

随着外卖餐饮订单规模的快速增长,行业内并无与此类商流特别匹配的物流服务,2015 年美团专送、蜂鸟专送等即时配送服务商应运而生,使用更为轻便、灵活的交通工具(摩托车、电瓶车等)实现商品的短距离运输。

今天的即时配送末端服务网络已经覆盖全国范围,这里有两个关键问题:在物流侧,即时配送服务提供商需要与传统快递物流的末端配送网络一样进行区域规划,将城市划分为多个区域,并为每个区域配置一组骑手,以承接该区域内的商家订单;在商流侧,即时配送服务提供商需要为每个商家确定可配送的范围,这样在商家配送范围内的用户才能下单。

2.2 配送网络规划的经典问题:设施选址

配送网络规划中的经典问题之一是设施选址问题。设施选址指在特定区域内选定最适合设置仓库和配送中心的位置。这是配送网络规划的基础。若设施选址好,则能有效提高配送效率,降低成本,且能提升服务水平,更好满足客户需求。这对于民航网络、快递物流网络、即时配送网络都很重要。设施选址对于构建高效、可持续的配送网络至关重要。

设施选址使用多种输入信息。如图 2.3 所示,一方面是需求节点,以蓝色的圆点在图中表示;另一方面是可选的仓库位置,以橙色的正方形表示。设施选址主要有两类输出(图 2.4):一是选址,即确定哪些位置最适合作为最终的仓库位置;二是分配,即确定每个仓库将服务于哪些需求节点。

图 2.3　设施选址问题的输入

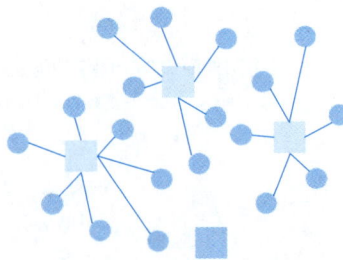

图 2.4　设施选址问题的输出

设施选址包括两个基础问题：中值问题和覆盖问题，其主要区别在于目标函数和约束的定义。中值问题[8]关注需求点到候选设施点的距离由需求加权后总和最小（图 2.5），其中代表性问题是 P-中值问题，即如何从备选设施集合中选择 p 个，保证所有需求都得到服务，且加权距离和最小。覆盖问题[9]主要用于设计应急服务系统（图 2.6），一般假设已知每个设施的服务范围，又可细分为两类：一类是集覆盖问题，即如何选择设施，服务所有需求点，且设施数最小或成本最小；另一类是最大覆盖问题，即给定 P-中值后，如何选择 p 个设施，使得服务的需求点数最多最大。

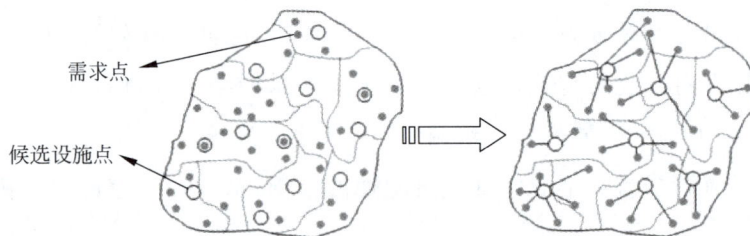

图 2.5　中值问题[8]

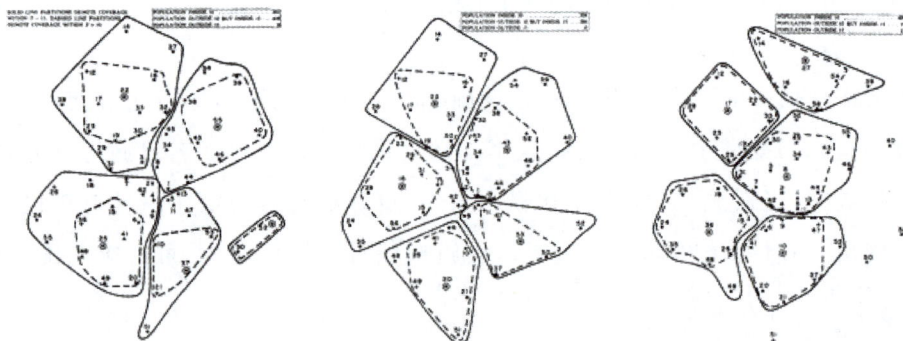

图 2.6　覆盖问题[9]

下面以 P-中值（P-Median）问题为例，回顾这类问题基本的建模过程。该问题的一种有代表性的数学模型如下：

$$\min \sum_{j \in J} \sum_{i \in I} h_i d_{i,j} Y_{i,j}$$

$$\text{s.t.} \sum_{j \in J} Y_{i,j} = 1, \forall i \in I$$

$$Y_{i,j} - X_j \leqslant 0, \quad \forall i \in I, j \in J$$

$$\sum_{j \in J} X_j = p$$

$$X_j \in \{0,1\}, \quad Y_{i,j} \in \{0,1\}, \quad \forall i \in I, j \in J$$

其中，$d_{i,j}$ 表示 i 与 j 两点之间的距离；决策变量包括，选址变量 $X_j \in \{0,1\}$ 表示在备选位置 j 设立仓库（$X_j = 1$）或不设立（$X_j = 0$），分配变量 $Y_{i,j} \in \{0,1\}$ 表示需求节点 i 由仓库节点 j 服务（$Y_{i,j} = 1$）或不服务（$Y_{i,j} = 0$）；目标函数表示用需求节点 i 的订单量 h_i 加权的各需求点与备选位置 j 之间距离的和。约束条件包括三类：第一类确保每个需求节点 i 都只分配过一个备选位置；第二类确保需求点只能分配给已选中的设施；第三类确保一共选择 p 个设施。构建上述优化模型后，可调用通用求解器或利用问题特定结构开发专用求解器进行求解分析。

2.3　工业界应用中的挑战

2.2 节中介绍了用运筹优化方法求解配送网络规划问题的基本流程。在工程应用中一般还面临建模、参数、求解三方面的挑战。建模挑战指因为大多数业务问题流程复杂，细节繁多，难以表述为数学形式。因此，需简化目标函数和约束条件，将一些不易建模的部分前置或后置来解决。参数挑战指问题模型中的参数取值有时难以准确获取。比如，在 P-中值问题中，需求点与候选设施的地理位置一般对应连续的地理空间，而优化建模时经常通过离散化得到有限个备选项，如何离散化是值得思考的；再比如，P-中值问题中导航距离矩阵，虽然在理论研究中经常假设已知，但其在实际应用中的取值并不容易准确获取。求解挑战指当决策变量数目大，约束条件数量多，优化问题规模大时，常用的商业通用求解器难以在可接受的时间内完成计算。因此，可采用启发式算法，以损失一定的最优性为代价提高计算效率；也可利用机器学习技术提升算力加速求解过程；或者利用特定的问题结构，缩小搜索范围寻找具有特定结构的解。

在面临这些挑战时，需要深入了解每一种挑战的本质，以便更好地应对。下面分别讨论。

2.3.1　复杂业务问题的运筹建模

以即时配送的区域规划为例，来阐述挑战一在实际工业场景中是如何克服的。回顾区域规划的任务,即将一个城市划分为多个区域,每个区域配置一组骑手,承接该区域内商家的即时订单。

区域规划的质量直接影响到业务的效率和成本。在早期的区域规划中,存在着许多问题需要解决,主要包括以下三种情况。

第一,配送区域内的商家分布不聚合。例如,商家集中在左下角和右上角时,骑手在区域内取餐和送餐时需要来回穿梭于两个商圈,造成了大量的无效行驶。

第二,区域的形状不规则,导致了严重的空驶问题。在门店上线外卖平台的发展过程中,许多地区原本没有商家,随着商家数量的增加,这些区域的形状变得不规则,导致骑手经常需要在区域外空驶。由于骑手与商家有绑定关系,骑手只能服务于自己区域内的商家,因此空驶率非常高,骑手往往在完成配送任务后只能空着车回到区域内等待新任务。

第三,站点的大小不合理。例如,某个站点每天的订单量只有一二百单,如果按照骑手平均单量来配置骑手,那么只需配置三四名骑手。然而,如果其中一两名骑手突然有事请假,那么站点的配送效率将会大大降低,运营管理也将变得异常困难。相反,如果某个站点的订单量突然增加,此时按照订单量就应配置大量骑手,而站长无法有效管理大量的骑手,这同样会带来问题。因此,需要为每个站点合理规划适当的订单量,以确保配送服务的高效运作。

在考虑如何用运筹优化技术来建模求解这个问题时,首先,需要解决的是如何定义区域规划的优化目标。判断一个划分方案的优劣并不容易,即使是一线的业务人员也很难准确判断。然而,从优化的角度来看,业务部门必须清楚地用数学公式表达出优化目标。因此,需要对区域规划的主要影响进行一些分析。从前面对各类问题的分析可以发现,区域规划的不同主要影响骑手的顺路性和空驶率,最终可以体现为骑手平均为每一单付出的路程成本。

因此,将问题的业务目标定为优化骑手的单均行驶距离。单均行驶距离依赖订单的产生和调度派单,无法简单地描述为一个数学公式,因此需要进一步简化(如图 2.7 所示)。可以对骑手的配送行为模式进行抽象,即一个骑手去若干商家(可以是一个)取货,然后去若干用户下单地点完成交付。要降低单均行驶距离,关键在于商家的地理分布,如果商家之间相对集中,骑手在取货时的移动距离自然会减少,骑手的单均行驶距离一般也会较小。商家之间的距离可以进一步简化为商家质心到每个商家的加权距离,恰好为前述 P-中值问题的目标函数。

下一步是考虑约束。基本约束包括:区域之间不能有重叠,每个商家只能归属于一个区域负责;所有商家都必须被某个区域覆盖,不能出现商家没有站点服务的情况。此外,业务上还有一些约束,例如,每个区域的单量必须在某个上限和下限之间,以确保站点的正常

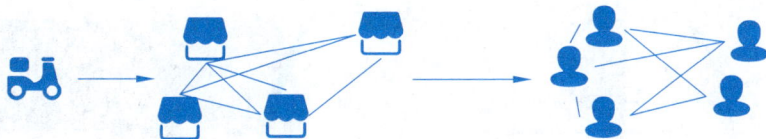

图 2.7　建模策略：简化优化目标

运营；还要求区域边界必须沿着路网。除了边界沿路外，其他约束都是经典的运筹约束，因此可以将边界沿路的约束放在后续模块中解决。因此，最终的技术方案包括两个步骤。

第一个步骤为设施选址。不考虑边界沿路的约束，商家的分组问题可以使用经典的选址模型来解决，可以使用 P-中值模型的求解结果，也可以尝试使用遗传算法、聚类算法等其他启发式方法。算法的输出会将城市的商家划分为多个分组，每个分组用一个颜色表示。

第二个步骤为边界绘制。在商家分组完成后，需要为这些分组描绘边界。基本思想是利用路网信息，将城市切割成若干互不重叠的多边形，然后根据计算几何学原理，将一批商家对应的多边形拼接成完整的区域边界。这个过程实际上对城市进行了新的区域规划。然而，在这个过程中，人工介入仍然是非常必要的。对于一些算法难以处理的边角场景，需要人工进行微调，让整个规划方案更加合理。

经过试点后，测试城市的整体单均行驶距离下降了 5%，平均每一单骑手的行驶距离节省超过 100m。可以想象，在如此庞大的单量规模下，每单平均减少 100m 的行驶距离，所节省的路程和电瓶车电量都是一个非常可观的数字。

2.3.2　运筹模型的输入参数获取

首先，考虑地理空间划分，这通常决定了决策变量。硬分割是一种常见的地理空间划分方式（如图 2.8 所示），即将地理空间划分为若干事先确定大小的区块。硬分割使用简单，可以实现全覆盖，但难与真实地理边界对齐，导致同质性差。

为了解决边界对齐问题，常见的思路是借鉴地图领域的算法，基于路网和天然屏障分割地理空间，得到多边形区块，亦称为 Block、街区、街区、区区（如图 2.9 所示）。这一思路既能保证全面覆盖所有订单，又能保证与地理边界对齐。当然这一思路亦有不足，即各区块大小可能不均，面积可能差异大，因此需要进行后处理保证结果可实施。

上述思路的另一不足是异质性，即一个区块内可能包含写字楼、小区、大学、医院等不同类型的社区，英文为 AOI（Area of Interest）。更加一般地，这些 AOI 指的是订单需求和配送难度相似的地理空间单元。一个大的街区常由多个 AOI 构成，而各 AOI 之间差异较大。比如大学和写字楼偏好的商家集合可能不太一样，在配送难度上亦有差异，有的小区允许骑手骑行进入，有的大学则有封闭管理的需求，只允许学生到校门口取餐。因此，在区块的基础上更进一步，按 AOI 划分可以有效地解决异质性的问题。

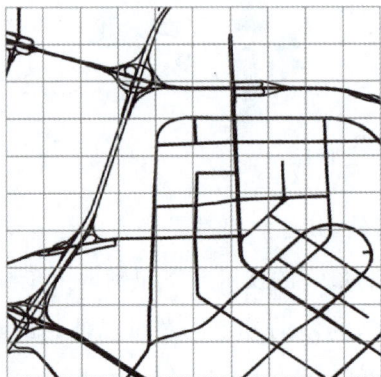

图 2.8　硬分割方式

图 2.9　街区划分

AOI 的数据从何而来呢？除了基于领域知识，一个重要的数据来源是收货地址数据，一方面，通过地址解析，提取出 AOI 粒度、楼栋粒度、单元粒度等成分。注意同一个地理位置可能存在多种叫法，需要通过数据挖掘出其中最主流叫法作为标准名，将其他名称视为别名。接着，聚合拥有相同标准名的地点，可以得到每个社区的大致轮廓，再通过地图匹配整理轮廓边界的形状，最终，得到与地理屏障边界对齐的划分结果。

另一方面，考虑目标函数和约束条件中的系数获取。P-中值模型的一个关键系数是导航距离矩阵。为了简化问题，学术研究中通常假设导航距离矩阵已知。但在实际应用中，精确获取导航距离在数据、算法和工程上面临诸多挑战。

第一，数据方面存在挑战。许多应用程序将地理空间划分为方格，一条路径的长度使用起点与终点各自所在方格之间的导航距离估算，忽略同一方格内各点之间的差异。在这种估算方法下，方格大小与划分方式显著影响了对导航距离的估计精度。

第二，算法方面存在挑战。虽然有迪杰斯特拉（Dijkstra）等路径算法，但是计算之前需要获得每条道路的通行代价。在即时配送的业务场景下，获得末端路网的通行代价并不容易，而且简单地按照最短距离规划出的路线往往不符合真实的驾驶行为。

第三，工程方面存在挑战。工程中经常需要一次性获得任意两点之间的距离。如果通过实时计算的方式满足这一需求，就需要部署大量的服务器，这样的成本很高。如果采用缓存的方式，可以预先将常用的起点与终点之间的导航距离存储起来。但是缓存的数据会与实时情况产生偏差，需要频繁更新才能保证数据的准确性。此外，工程中存储的仅是部分起点、终点之间的距离。对于未存储的两点之间的距离，通常需要使用一些近似方法，例如用球面距离来近似。

2.3.3　运筹模型的优化求解

关键问题是如何高效求解大规模运筹优化问题。近年来一种新兴的方法是用机器学习技术与分支定界相结合求解这类大规模组合优化模型。分支定界(Branch and Bound, B&B)[10]是求解混合整数线性规划(Mixed Integer Linear Programming,MILP)的经典框架,其区别于传统枚举方法的关键是剪枝,其基本思想是通过定界(即确定某分支性能的上下界)、分支(即选择不满足整数约束的变量分支)以及剪枝,不断迭代这一过程来寻找最优解(如图 2.10 所示)。下面具体介绍各主要步骤。

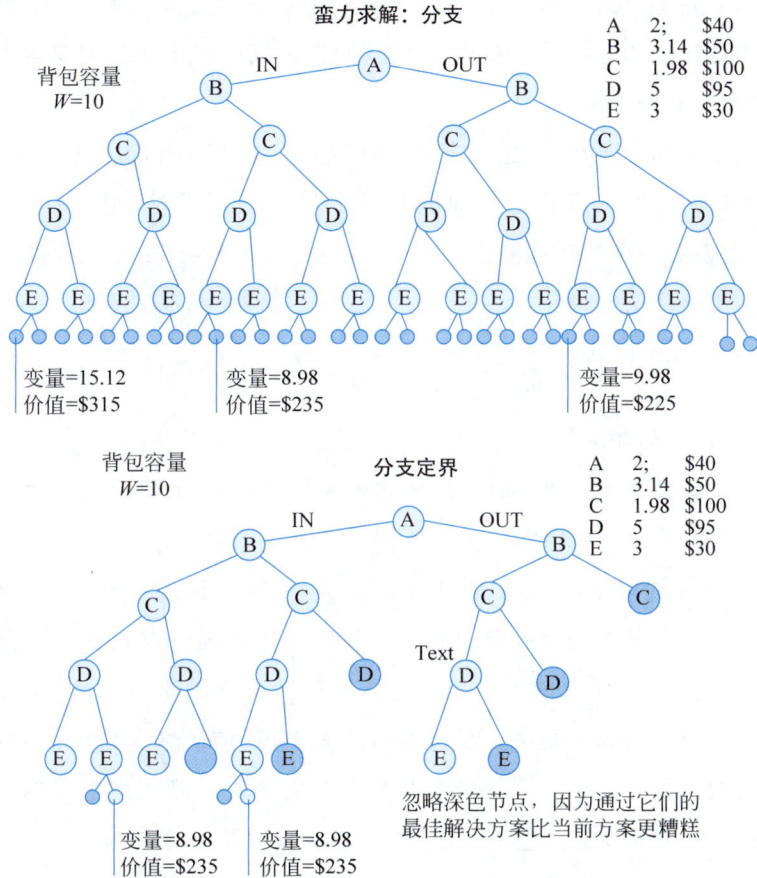

蛮力求解:分支

A	2;	$40
B	3.14	$50
C	1.98	$100
D	5	$95
E	3	$30

背包容量 $W=10$

变量=15.12 价值=$315

变量=8.98 价值=$235

变量=9.98 价值=$225

分支定界

A	2;	$40
B	3.14	$50
C	1.98	$100
D	5	$95
E	3	$30

背包容量 $W=10$

Text

忽略深色节点,因为通过它们的最佳解决方案比当前方案更糟糕

变量=8.98 价值=$235

变量=8.98 价值=$235

图 2.10 背包问题中分支定界算法的思想

第一步:定界。先去掉整型约束,将整型变量转换为连续变量,即进行线性规划松弛(Linear Programming Relaxation)。通过求解线性规划松弛问题,得到松弛后的解。当问题是最小化问题时,该解对应的目标值是原问题的下界(Dual Bound)。原问题的任何可行解对应的目标值则是原问题的上界(Primal Bound)。如果这个解恰好满足整型约束,则已经获得了原问题的最优解,于是终止求解;否则进入下一步。

第二步:分支。线性规划松弛的解中至少有一个变量不满足整型约束。选择其中一个变量(例如 $x=1.2$)进行分支,创建两个节点,每个节点是一个规划问题,其中一个在搜索树上层节点的规划问题基础上增加 $x \leqslant 1$ 这个约束条件,另一个则增加 $x \geqslant 2$ 这个约束条件。

新增的这两个节点分别作为原搜索树上层节点的左右后代加入搜索树。

第三步：剪枝。循环遍历节点，直到搜索树节点为空：从搜索树中选择一个节点，计算对应的线性规划松弛，根据结果进行剪枝：如果线性规划松弛不可行，则删除该节点；如果通过线性规划松弛解得到的下界（即对偶界）大于当前的上界（即原问题的最优解的上界），则说明该节点不可能存在比当前最好可行解更好的解，因此删除该节点；如果通过线性规划松弛解得到的下界小于当前的上界，并且线性规划松弛解也是可行解，则删除该节点，并更新当前最好的可行解和上界；如果不能剪枝，则选择其中一个非整型变量进行分支，创建两个节点，并加入当前搜索树中。

以上是分支定界的主要步骤，也是求解软件（如 SCIP、GUROBI、CPLEX）的主要框架。

最优解该如何确定呢？理论上当原问题的上界等于下界时，相应的可行解就是最优解。在实际中，会设置一个相对误差的阈值（Relative Gap Tolerance），例如 0.0001，当计算出的相对误差小于该阈值时，即

$$\frac{|原问题界 - 对偶界|}{|原问题界|} < 相对误差阈值$$

就认为已经得到最优解，相应的搜索过程也会终止。

分支定界框架包括两个关键方面：如何获得高质量的可行解（Primal Solution）以及如何选择和设计分支策略（Branch Policy）。不同求解软件的性能差异在很大程度上受这两方面影响。提升可行解的质量，可以获得更紧的上界，从而可以更多地剪枝，提高求解效率。求解软件通常会设计多种规则以提升上界的质量。这些规则可以在根节点分支前调用，也可在分支遍历搜索树的过程中使用。如何选择和设计分支策略（Branch Policy）也至关重要。不同的变量和分支选择规则决定了搜索树的大小，目前尚未有理论证明哪种规则是最优的。广泛采用的一种方法是先评估每个非整型变量分支后能改进上界的程度，再选择改进程度最大者对应的非整型变量进行分支。这一方法也被称为"强分支"（Strong Branching）。

DeepMind 在一篇文章中[11]详细阐述了如何利用神经网络模型改进上述两个策略（如图 2.11 所示）。首先是 Neural Diving 模型，利用神经网络生成更优质的可行解；其次是 Neural Branching，利用神经网络选择更优的非整数变量进行分支。近年来围绕这一思路涌现了一系列研究论文，总结起来主要有以下思想：

利用图卷积神经网络（Graph Convolutional Network，GCN），将整数规划模型中的约束和变量表示为二分图中的节点，并通过图卷积生成每个节点的节点嵌入（Node Embedding）。然后，利用多层感知器（Multilayer Perceptron，MLP）预测每个变量节点取值为 1 的概率。在设计节点特征时，除了考虑整数规划模型的系数外，还考虑了一些统计特征和运筹模型本身的特征，例如 Reduced Cost 和 Dual Value 等。

对于神经网络认为高概率取值为 1 的决策变量，设置为 1；对于高概率取值为 0 的决策

变量,设置为 0。而剩余的决策变量则作为子问题,再放入求解器中求解。这一方式可有效压缩待求解子问题的规模。

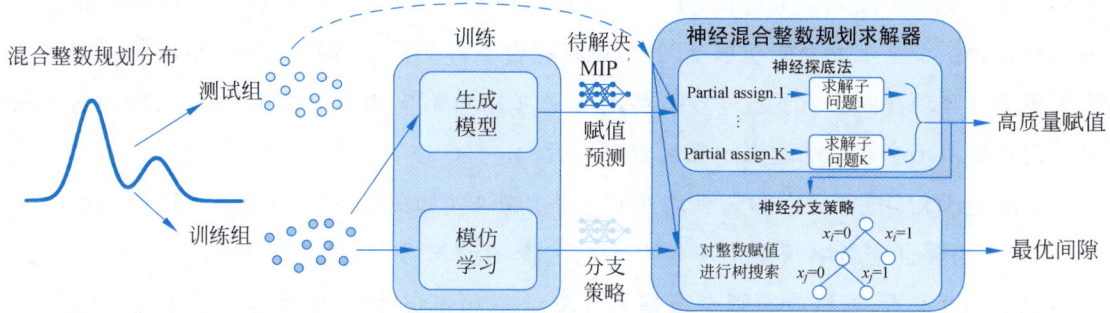

图 2.11　大规模组合优化模型的精确求解[11]

如图 2.12 所示,参考文献[12]将混合整数线性规划(MILP)模型表达为二分图,并针对可行解和分支策略这两个方向进行了研究。在可行解方向,研究者采用了图卷积网络上的卷积来获取变量的向量表示,随后通过多层感知机来预测每个变量的取值概率。在大部分变量取值固定的情况下,生成规模较小的子问题,并利用标准求解器获得高质量的可行解。在分支策略方向,研究者基于专家的分支策略构建了训练集,在一定概率下选择其他节点,从而扩充了训练集样本。同时,作者还设计了并行的线性规划求解方法,以增加问题的求解规模。

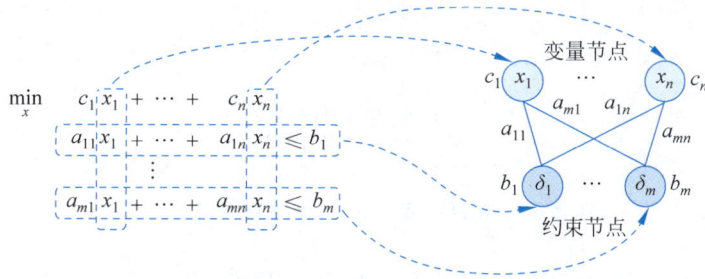

图 2.12　二分图表示[12]

2.4　即时配送案例:配送范围

前文已经深入探讨了运筹学在解决复杂业务问题中的应用挑战。现在,将目光聚焦于配送范围,这是即时配送中至关重要的一环。配送范围不仅影响用户在平台上能看到商家,而且直接影响了订单结构的调整以及运力的分配。因此,设计合理的配送范围可以改善用户体验,确保配送距离在可接受范围内。本节将深入探讨即时配送中配送范围的重要性,并介绍如何通过优化配送范围来解决业务上的挑战,从而实现更高效的配送服务。

商家允许配送的范围决定了商家能够服务的用户地理位置集合,并直接决定了用户下单时是否可见某个商家。例如,当用户打开美团外卖时,系统会根据收货地址的经纬度判断用户是否位于某个商家的配送范围内,并将符合条件的商家返回并展示给用户。配送范围的重要性体现在两个方面:一方面,它可以调整用户下单的订单结构;另一方面,它也是确保配送距离不会过远的运力约束的重要手段。

配送范围对用户、商家和骑手均具有显著的影响(如图 2.13 所示)。从用户的角度来看,配送范围会直接影响每个下单地点可供选择的商家数量,从而影响用户的下单意愿。从商家的角度来看,配送范围则会影响其订单量和营业额,因为配送范围内的用户是其潜在的客户群体。而从骑手的角度来看,配送范围将直接影响配送的难度,进而影响物流活动的盈亏结果。因此,决定商家的配送范围大小将涉及对多方面的权衡考量。

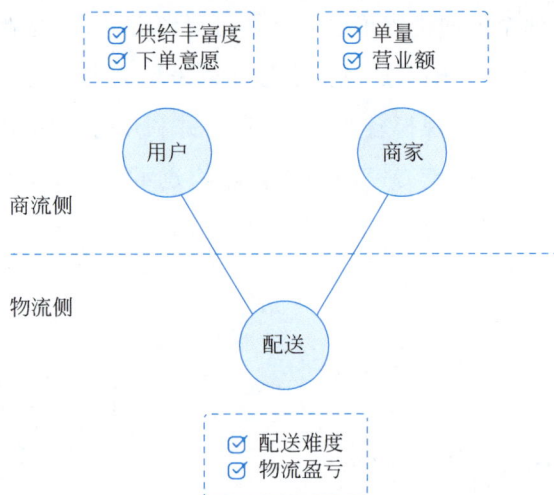

图 2.13　配送范围对用户、商家和骑手的影响

此外,一些用户可能会注意到,某些商家时而可用,时而不可用。这背后是整个外卖配送系统中供需关系发生了变化。外卖业务存在周期性的供需波动,例如,午晚高峰时段订单量大,而下午茶和夜宵时段订单量相对较少;同时也存在突发性的供需变化,例如,突降大雪或大雨导致订单数量激增而配送能力骤减。系统会实时感知平台骑手的配送压力,并根据情况进行动态调节。在正常情况下,系统会使用常规的配送范围。当供大于求时,系统会启用闲时范围,以应对配送资源的空闲情况。而当供不应求时,系统会启用爆单范围,以缓解配送压力。

通过前面的讨论,已经了解到配送范围对商家、顾客和骑手之间的重要影响。现在,将重点转向如何准确建模和解决这一挑战。配送范围问题的建模涉及满足顾客需求的最佳分配,同时需要考虑到运力资源的有限性以及商家的运营效率。接下来,将详细介绍如何将这一实际业务问题转化为数学模型,并探讨求解这一模型的有效方法。

一个区域的运力供给是有限的,商家的范围划得越大,就会占用越多的运力资源。通常希望最大程度地利用有限的运力资源来满足顾客的需求。因此,更倾向于将转化率高、出餐效率高、配送难度低的商家范围划得更大,而其他商家的范围则相应地划小。

配送范围的问题可以形式化为一个运筹优化问题。假设每个商家都有多个配送范围选项,即每个商家可以设置不同的配送范围,这些范围的半径参数由小到大,每个参数对应一个配送范围。同时,还可以为每个范围分配两个指标:预估的订单量和预估的平均配送时长。面对这样的情景,目标是为每个商家选择最优的配送范围,以在保障用户体验的前提下最大化订单曝光和转化率,从而满足顾客的下单需求。这种涉及有限资源的全局分配问题可以建模为一个二元整数规划模型。具体的数学模型如下:

$$\max \sum_{n=1}^{N} \sum_{m=1}^{M} O_{n,m} C_{n,m} P_n$$

$$\text{s.t.} \sum_{n=1}^{N} \sum_{m=1}^{M} T_{n,m} O_{n,m} C_{n,m} \leqslant \bar{T} \sum_{n=1}^{N} \sum_{m=1}^{M} O_{n,m} C_{n,m}$$

$$\sum_{m=1}^{M} C_{n,m} = 1, \quad \forall n \in \{1,2,\cdots,N\}$$

$$C_{n,m} \in \{0,1\}, \quad \forall n \in \{1,2,\cdots,N\}, \quad \forall m \in \{1,2,\cdots,M\}$$

其中,P_n 为商家 n 产品的平均价格,$O_{n,m}$ 为商家 n 采用范围 m 的订单数量,$T_{n,m}$ 为商家 n 采用范围 m 的平均送达时间,$C_{n,m}$ 为商家 n 是否采用范围 m。

上文已经详细介绍了配送范围问题的建模过程。接下来,将探讨该模型的两大类输入参数的获取。首先是候选范围的生成。如图 2.14 所示,候选范围的生成要满足多项要求,包括导航距离不能超过阈值以及沿途连通性等。确保导航距离不超过阈值非常重要,可以直接以该阈值为半径绘制一个圆形范围,然后通过导航距离对这个圆形范围进行修正,排除那些直线距离较近但导航距离过远的高难度下单地点。其次是保证沿途连通性,这是为了确保一致的用户体验。例如,如果范围的边界穿过一个大楼,顾客在大楼的一侧可以下单,但在另一侧却不能,这将给顾客带来诸多困扰。这个问题可以通过要求导航路线连接关键的形状点来解决。

在考虑沿途连通性时,有时会为绕开无法连接的区域而导致范围出现凸出。从而影响范围的美观度。为移除凸出的部分,一种常见的做法(如图 2.15 所示)是将这些部分视为一条直线,从而将中间的点省略掉,只保留起始点和终止点。这样存储关键点的数量就会减少,从而降低了加载数据时所需的内存空间,同时也减少了计算量。

以餐厅位置为中心，   将顶点向中心移动，   连续相邻顶点形成导航路线
以阈值为半径绘制
圆形范围   直到满足合理条件

图 2.14　候选范围生成中的沿路因素

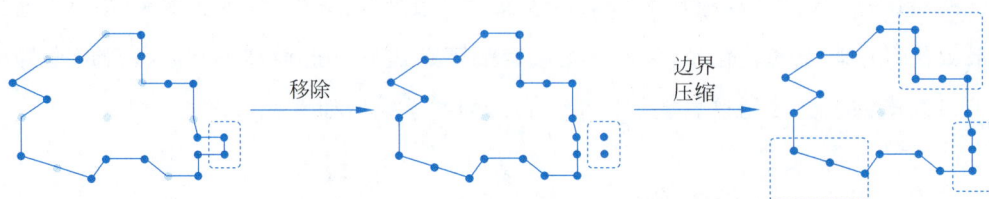

图 2.15　候选范围生成中的存储空间因素

有了候选范围之后，还需确保配送范围不跨越天然屏障。如图 2.16 所示，黑色虚线框表示城市经理上报的不可跨越的屏障，可能是湖泊等障碍物。因此，需要将这些地点从范围中移除，以确保配送过程顺利进行。另外，还存在一个常见需求，即使在距离限制范围之外，可能存在一些重要的地点，如商场等。尽管这些地点距离范围边界超过了设定的限制，但它们仍然是重要的需求点，不能被排除在外。因此，需要对这些特殊地点进行调整，以确保被正确地纳入配送范围内。

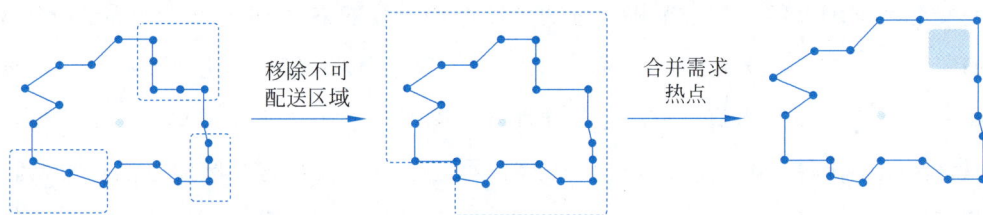

图 2.16　候选范围生成中的天然屏障因素

除了候选范围，另一个需要获取的参数是约束和目标函数的系数。在本方案中，需要考虑两个打分结果，即在候选范围内预计产生的单量和在候选范围内预计的单均配送时长。如果待评估的范围比线上生效的实际范围小，那么只需要统计历史上观测到的结果，就可以得到预计的单量和平均配送时长。但是，如果待评估的候选范围比当前生效的范围大，可以在内圈使用统计结果，在外圈和内圈形成的环上使用回归模型进行预测，将两者的结果合并，得到预计的单量和配送时长。

在获取了候选范围和约束的系数之后,下一步是构建打分所需的预估模型。主要的挑战在于构建训练集。解决思路是对每个商家的当前配送范围进行随机缩小,以得到若干虚拟范围。这对应着训练样本,其标签是浅红色环对应的单量或配送时长。然后,需要进行一些特征工程,并训练机器学习模型。

基于上述思路,可尝试多种方法,并对比效果。结果表明,XGBoost 模型的效果最佳,具体结果如表 2.2 所示。

表 2.2　不同机器学习模型的对比效果

机器学习方法	平均绝对误差	均方根误差	决定系数
岭回归	8.2900	18.0873	0.5045
分类与回归树	4.0800	11.7369	0.7885
随机森林	3.6500	8.0920	0.8621
极端梯度上升	3.0700	605218.0000	0.8813

前面详细讨论了如何获取模型的两大类输入参数,接下来讨论运筹模型的求解。一般情况下,针对一个区域,商家的数量通常不超过 1000 个,每个商家的候选范围也不会超过 10 个。因此,整个问题的决策变量规模一般在 1 万以下。针对这种规模的整数规划问题,可以采用标准的分支定界方法进行求解。经过分支定界求解后,就可以得到每个商家的最优候选范围。

接下来,将进一步展示该模型在更大范围内的应用效果。在我国的 133 个城市的 1448 个站点上进行 AB 实验(如图 2.17 所示),涉及了总计 16 万个商家。具体来说,每个城市的站点被随机分为两组,一组是实验组,另一组是对照组。在实验组中,采用了本方案生成的配送范围,而对照组则使用了旧版的老范围。从各个城市的平均效果看,实验组相比对照组,单量提高了 1.68 个百分点。

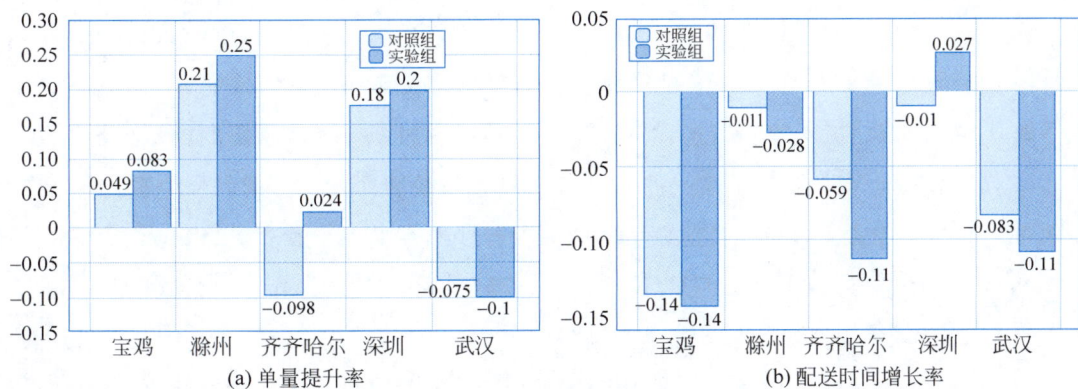

图 2.17　AB 实验结果

2.5 小结

网络规划涉及位置服务(Location-Based Services,LBS)、机器学习(Machine Learning,ML)和运筹学(Operations Research,OR)等交叉研究领域。配送范围作为一个经典案例,综合应用了 LBS、ML 和 OR 三类技术如图 2.18 所示,解决了规模和体验的平衡问题。首先,候选范围生成,这涉及典型的时空数据挖掘问题,通过导航路线的距离服务和计算机图形学的空间计算实现了控制导航距离、规避天然屏障、保证沿路和避免切割热点的技术目标。其次,候选范围打分,利用机器学习建模对每个候选范围输出了预计的订单量和单均配送时长,用于后续的运筹建模。为了适配更多的业务约束,还可以加入更多的打分模块,比如配送距离打分、盈亏打分等。最后,组合优化决策,通过整数规划模型和分支定界算法为每个商家找到了最优的范围,使得高转化率、低配送难度的商家范围变大,低转化率、高难度的商家范围变小,从而实现了有限运力的最大化利用。详细信息请参阅美团 KDD2020论文[13]。

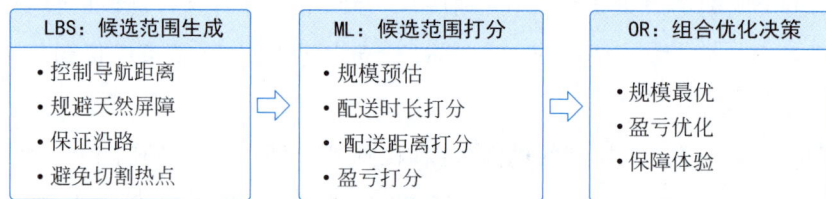

LBS:候选范围生成	ML:候选范围打分	OR:组合优化决策
• 控制导航距离 • 规避天然屏障 • 保证沿路 • 避免切割热点	• 规模预估 • 配送时长打分 • 配送距离打分 • 盈亏打分	• 规模最优 • 盈亏优化 • 保障体验

图 2.18　时空数据挖掘、机器学习、组合优化技术的综合应用

第 3 章　配送调度的建模和优化

3.1　调度背景介绍

本章概述配送调度常用的模型和优化求解方法。调度广泛应用于工业生产和日常生活，其核心可以简洁地概括为管理分配资源。调度与不同的细分领域相结合会产生各自的专属研究方向，比如电力调度、车间调度、配送调度等。调度问题经常使用组合优化问题模型，在一些实时调度问题中，需要运用机器学习方法以满足实时计算需求。

将调度建模为组合优化问题时，约束与目标函数是其重要属性。约束条件一般源自资源本身，以及在管理分配资源的过程中应遵循的条件。目标函数的选择在不同的细分领域和应用场景中会有不同。通常有多个调度目标。例如，在外卖领域的调度问题应同时考虑商家、用户和骑手这三方的诉求，并用数学形式表达出来。

调度旨在实现资源的高质量、高效率的分配，使参与调度的各方收益最大。作为一种管理和分配资源的核心活动，调度在工业生产、日常生活及现代技术发展的各个阶段都至关重要。随着技术的进步和应用场景的不断变化，调度算法也在不断发展和演变。下面将探讨调度算法在不同时代和领域的典型应用案例，了解其在现代社会中的重要价值。

在不同的历史阶段、应用领域和技术阶段，调度算法都扮演着重要的角色（图 3.1）。自1920 年工业生产线的大规模应用以来，调度的重要性日益凸显。在工业时代，如何有效地管理和分配自然资源、机器和人力以达到最佳生产效率是重要的问题。然而，在那个时代，调度算法一般用于离线辅助决策，为决策人员提供参考。学术界的研究一般集中于构建仿真环境、算法设计的理论研究，与实际的生产规划间存在一定差距。

进入 21 世纪，随着互联网的蓬勃发展，人们进入了一个信息爆炸的时代。如何高效地管理和分配海量信息，使其最大限度地为互联网用户服务，成为了至关重要的问题。因此，在这一时期，信息推荐系统、商品推荐系统以及支撑应用的基础云计算架构变得尤为重要。

随着移动互联网的迅速发展,数字世界和物理世界得以无缝结合,先进的信息技术实现了对现实世界中实体资源的高效调度和管理。因此,诸如打车调度、即时配送调度以及现代智能物流等多种调度场景应运而生。本章将通过六个具体应用案例,深入探讨调度匹配算法在不同应用领域中的核心作用及实际应用价值。

图 3.1   不同历史阶段的调度匹配算法

(1) 工业时代的电力调度问题(如图 3.2 所示)。电力是现代社会不可或缺的基础设施,电力调度的主要目标是确保整体供电成本最低,从而让公众能够以最经济的价格获得稳定的电力供应。在电力调度问题的建模过程中,核心决策变量包括整个电网的输出功率和各发电机的启停状态。随着用电量的波动,高峰期需增加发电机的输出功率,而在低谷期则需要减少输出功率,以优化资源利用效率。此外,电力调度还需满足若干约束条件,如发电机的运行限制以及电网的安全稳定性要求。这些约束条件在调度过程中起着关键作用,确保了电力系统的可靠性和经济性。

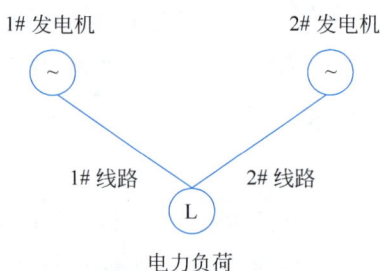

图 3.2   电力调度

(2) 工业时代中极为重要的车间调度问题(图 3.3)。几乎所有的工厂都必须面对车间调度的问题建模与方法。车间调度涉及如何有效地管理和分配工厂资源、机器资源以及人力资源。因此,决策变量包括工厂的分配、机器的分配、工件的顺序以及员工的分配等。此外,车间调度还受到多种资源管理和分配相关的严格约束限制。

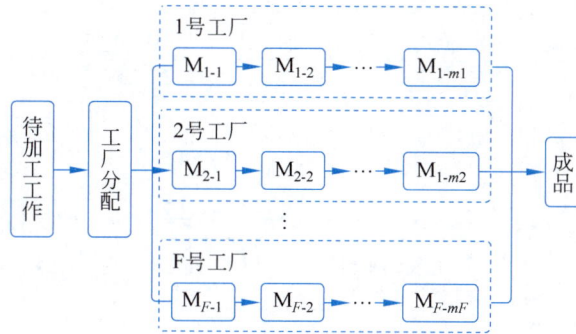

图 3.3　车间调度

（3）互联网中常见的云计算调度问题（如图 3.4 所示）。这是互联网领域的一个关键议题。云计算的一个重要挑战是如何调度数百万台计算机以提供充裕的计算资源，让机器的利用率最大。任务调度作为云计算的核心问题之一，涉及如何有效地分配任务给虚拟机，以达到最佳的资源利用率和任务完成时间。

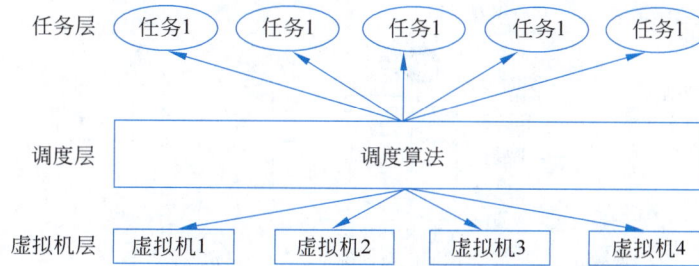

图 3.4　云计算中的任务管理系统

（4）互联网广告匹配。这涉及对信息曝光和流量资源的有效管理与分配。在广告领域，一个关键问题是如何准确评估用户与广告的匹配程度，并有效地分配广告资源给广告主。这些问题属于匹配的范畴，其中最优匹配问题被视为经典的线性规划难题。在广告领域，通常采用一些通用的建模方法来解决这些挑战。无论是展示广告还是搜索广告，尽管其内部参数可能略有不同，都可以应用类似的数学模型。图 3.5 展示了广告领域常见的建模方法[14]。

（5）移动互联网时代的打车调度问题（如图 3.6 所示）。打车调度的核心任务在于有效地匹配司机和乘客，以提升整体交易质量并实现平台规模的最优化目标。

（6）物流仓储调度（包括即时配送）。这在物流行业中是一个特定的应用场景。在物流运输过程中，通过合理的仓储设施管理，集中货物并进行有效的分发和路由至关重要。优化的仓储调度能够显著降低整体物流时间和成本。

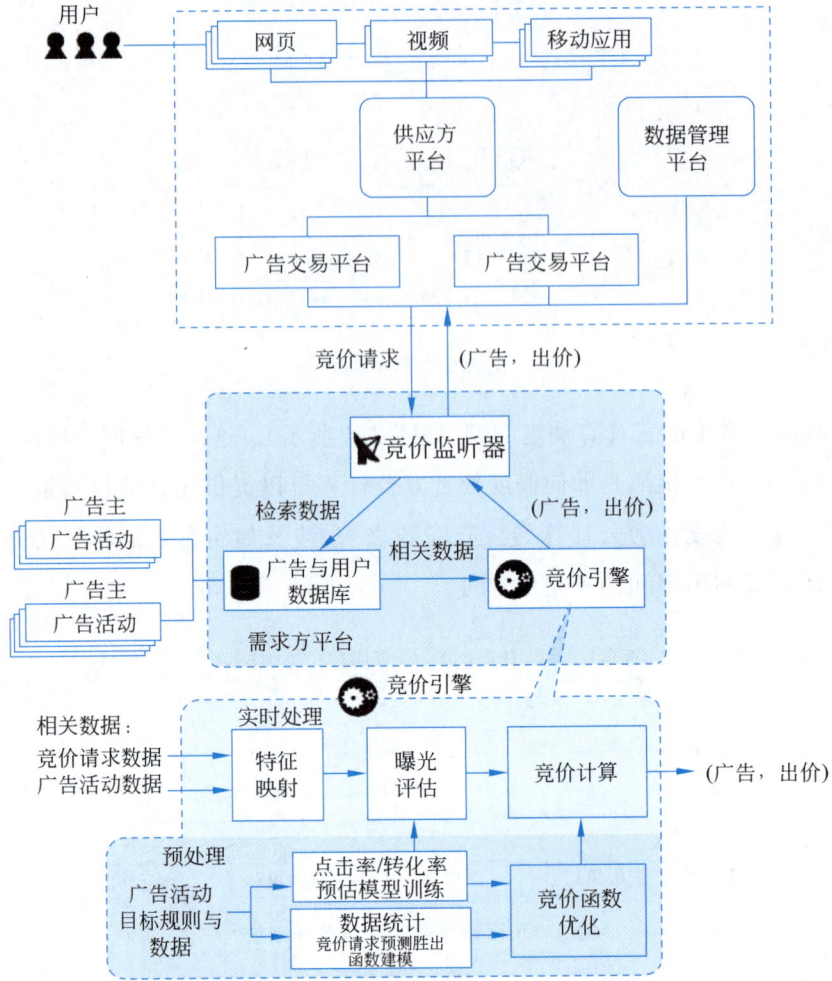

图 3.5 广告匹配

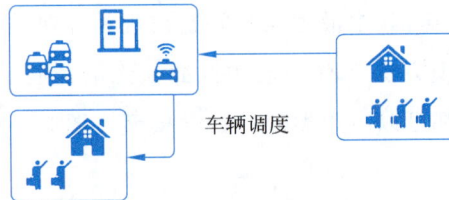

图 3.6 打车调度

3.2 即时配送场景下订单的智能调度

本节将重点阐述即时配送下的智能调度。如图 3.7 所示,即时配送的核心在于对需求和供给进行最优的资源配置。对需求订单的响应能力包括两部分:一是骑手的运力;二是商家的生产能力。后者指每个餐馆在单位时间内能够制作餐点的能力,这一数量相对有限。因此,如何实现需求和供给的最优匹配尤为重要。配送调度包括三个层次,上层是网络规划,由于骑手的服务范围有限,因此需要将骑手团队划分到不同的商圈,确定其服务哪些商家。网络规划决定了配送效率的上限,此层会按月或年进行调整。同时,还需要确定每个商家的服务覆盖范围,这直接影响供需的最大化。中层是供需平衡,在异常天气或者交通情况变化时,需要对供需进行天或小时级的中短期调整。调控方法包括调整配送费和服务范围。供需平衡层决定了实时调度的最大极限。下层是实时调度,即对商家的订单和骑手进行实时匹配,这一层操作在秒级完成。

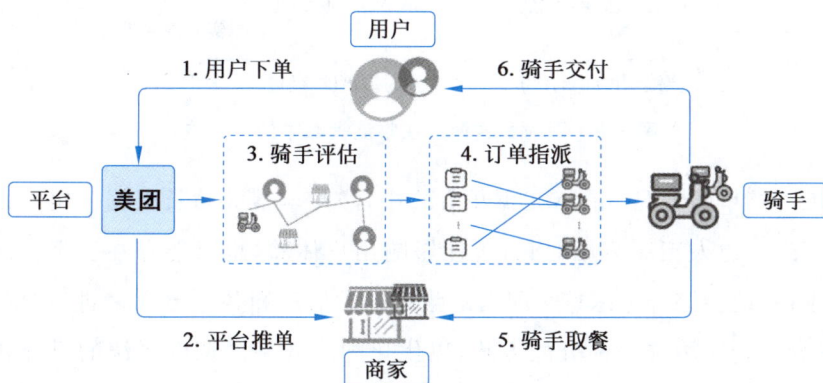

图 3.7　同城即时物流

在订单履约的生命周期中,调度系统起着关键作用。首先,用户在美团平台上下单,订单随后被推送至调度系统和相应的商家。调度系统对订单周围的骑手进行评估,选择最合适的骑手并指派订单。骑手在接到指派后,可以决定是否接受订单并履行配送任务。一旦骑手接受订单,他们会前往商家取餐,并将餐品及时送达用户手中。

即时配送调度与传统物流调度存在显著差异,主要涉及两个关键问题和两个重要维度(如图 3.8 所示)。其一,实时性要求不同。例如,全国性的干线物流(如淘宝、天猫的订单),通常采用多仓多点的配送模式。这类调度是小时级别的离线调度,可以使用复杂的算法,甚至依赖商业求解器。然而,即时配送调度需要在秒级完成决策,在这种情况下,商业求解器难以胜任,因此需要自行研发专用但高效率的调度算法。其二,问题结构的复杂性不同。全国干线物流涉及多个交付地点、多个区间,包含多个阶段。即时配送调度虽然只有单阶段,但也是多人多点匹配问题。二者都是物流领域高度复杂的调度问题。

即时配送调度看似仅是将订单分配给骑手,但实际过程要复杂得多。实际的即时配送调度主要包括抢单、人工派单和系统派单三种方式。在抢单方式中,骑手通过美团众包App浏览订单进行选择。但骑手可能会高估自身能力,导致无法按时完成订单,也可能出

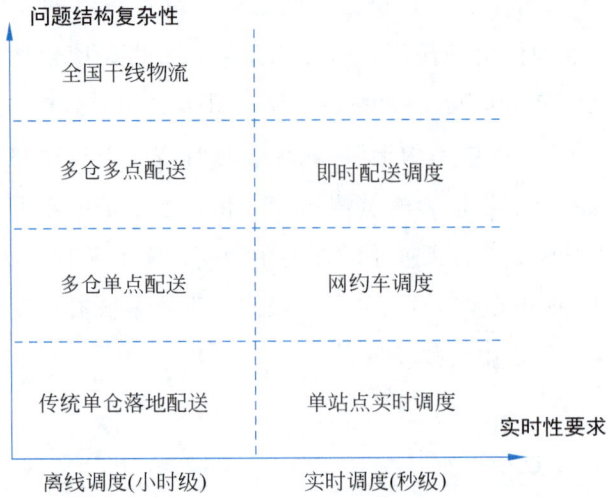

图 3.8　即时配送调度在物流领域中的独特点

现大量订单无人接单的情况。在人工派单方式中,经验丰富的站长根据一定规则选择合适的骑手进行配送。但人工决策用时长,可能影响用户体验,也可能存在公平性问题。在系统派单方式中,系统会综合考虑整个配送链路的各类信息和各方需求来进行分配。在实际应用中,通常会综合运用这三种分配方式,以优化配送效率。调度系统的目标在于平衡用户、商家和骑手的利益与体验(如图 3.9 所示),使骑手在相对安全和合理的工作环境中获得更高的收益,同时确保商家的餐品及时取走,使用户能够准时收到订单。这种综合调度方式不仅提高了配送效率,也有助于提升各方的满意度。

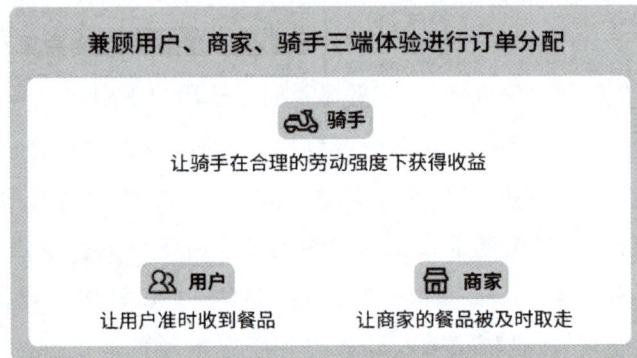

图 3.9　调度系统的目标

即时配送调度主要面临两大核心问题。其一是"取送顺序优化",即如何为骑手推荐合适的取送顺序;其二是"订单分配优化",即如何在恰当的时间将合适的订单分配给合适的骑手。这两类问题需要综合考虑多种因素,以确保配送效率和服务质量。

首先,对于"取送顺序优化"问题,骑手可能同时需要处理多个订单,因此必须决定最优的取餐和送餐顺序。尽管骑手携带的订单数量有限,但路径搜索的空间却极为庞大。例如,当骑手同时持有 10 个订单时,可能的配送顺序组合高达 2.37×10^{15} 种。在如此众多的配送顺序中,找到与实际执行顺序高度一致的路径至关重要。为此,系统经历了多次版本迭代。最初版本采用遗传算法进行求解,虽然可以解决问题,但耗时较长且优化能力有限,稳定性也较差。经过不断优化和改进,最终采用了知识驱动型算法,将计算时间缩短至毫秒级别,同时提升了优化能力,并显著降低了随机性。目前,每小时系统需要完成多达 29 亿次的路径规划计算。此外,为了进一步优化"取送顺序优化"这一问题,系统还综合运用了统计模型、机器学习系统、位置服务(LBS)系统和感知系统,对商家的环境和交付难度进行了精细的评估和刻画(图 3.10)。这种多维度的分析与优化,确保了配送路径的高效性与准确性。

图 3.10　基于建模和感知的精准预测

"订单分配优化"问题面对的是一个复杂的优化决策过程,涉及高度随机性、大规模数据处理和多阶段调度。即使在只有两名骑手和十个订单的情况下,可能的调度方案数量已经高达 5×10^{23} 种。在制定具体的调度方案时,需要综合考虑多种因素,包括骑手能否按时完成配送任务、骑手与订单是否存在顺路情况、骑手对交付地点的熟悉程度,以及不同配送工具的特性等。综合考量这些因素方能确保调度方案的高效性和合理性。

前文提及了"如何在合适的时间为合适的骑手推荐适当的订单"这一问题。随着外卖行业的发展,解决这一问题的方式也不断演进。图 3.11 展示了整个产品形态的演变过程。最初,外卖行业刚兴起时,主要采用人工派单的方式,由站长进行订单分配;然而,这种方式效率不高,且可能引发权力寻租的问题。随后,逐步过渡到系统抢单的方式,进一步演变到如今的模式,即以派单为主,结合抢单和人工派单的综合模式。这种方式在提高效率的同时,也兼顾了公平性和灵活性。

图 3.11　谁来送:历史演进路线

在"订单分配优化"问题的演进过程中,决策空间逐步扩大,人们对该问题的理解也愈加深入。在 1.0 时代,主要采用的是智能推单方式,即优先将顺路度较高的订单分配给特定骑手。其优点在于,只需对候选订单进行实时排序即可。然而,2.0 时代引入了多人单点模式,将调度系统视为一个流式系统。此时,订单进入系统后,系统会实时决定将订单分配给哪个骑手,使得整体搜索空间扩展至 M 个骑手。然而,2.0 时代的分配方式并非最优。

在进入 3.0 时代后,订单分配优化进入了多人多点匹配模式。当订单进入系统后,系统会暂时积累这些订单,直到达到一定数量 N,然后对这 N 个订单和 M 个骑手进行最优匹配。此时,决策空间扩展到了 $M \times N$。然而,3.0 时代的模型没有充分考虑时间维度的影响。例如,虽然在 12 点时做出了最优决策,但到了 12 点 05 分,某些骑手可能会遇到更合适的订单,但由于在 12 点时已经进行了调度,导致错过了更好的匹配机会。为了解决这一问题,需要进入动态决策模式,不仅考虑空间维度,还应考虑时间维度,这使得搜索空间变得更加复杂。随之而来的是 4.0 时代。在 4.0 时代,调度系统不仅综合考虑了空间和时间维度,还进一步扩展了搜索空间至 $M \times N \times T$,其中时间维度代表未来。因此深度学习得到了广泛应用,以应对这种复杂的动态决策需求。

在引入动态性后,调度系统面临一些新的挑战。城市被划分成了许多小区域,每个区域内都有相对独立的骑手团队为当地的商家提供服务。如何打破这些地域限制,使得一个区域的骑手也能够接收其他区域的订单,以及如何处理不同类型的运力,使其能够接收其他类型的订单,成为亟待解决的问题。进入 5.0 时代,柔性决策机制被引入,进一步扩大了搜索空间。除了考虑时间和空间维度,还需要考虑区域之间的组合和不同运力类型之间的融合。整个演进过程从 1.0 到 5.0 时代,尽管搜索空间不断扩大(如图 3.12 所示),但秒级时效的要求始终不变。因此,如何在搜索空间不断扩大的情况下找到最优决策成为关键。为此,需要在算法和工程两方面进行努力,改进并行搜索架构的算法,同时设计相应的分布式计算架构。

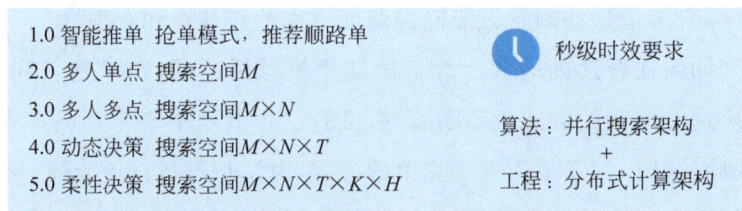

1.0 智能推单 抢单模式,推荐顺路单
2.0 多人单点 搜索空间 M
3.0 多人多点 搜索空间 $M \times N$
4.0 动态决策 搜索空间 $M \times N \times T$
5.0 柔性决策 搜索空间 $M \times N \times T \times K \times H$

秒级时效要求

算法:并行搜索架构
+
工程:分布式计算架构

图 3.12 派单匹配决策空间越来越大

当决策达到最优解并将订单分配给骑手后,任务并未结束。在骑手履行订单的过程中,可能会遇到各种问题,包括接单阶段、到店等待取餐、途中交付等环节。在这些环节中,可能会出现一些意外情况,例如,在取餐时发现餐品已被其他骑手领取、途中导航错误或遇到交通管制,到达客户处时无法联系到用户等常见问题。为应对这些异常情况,应设计全链路的调度优化方案。这些方案包括出餐后调度和订单改派策略,旨在帮助骑手解决出餐慢和商家等待时间长等问题,并及时将风险订单重新分派,以减轻骑手的压力。上述调度优化方案在第 1 章 1.3 节的事前和事中的改派干预部分有详细介绍。

前文已经深入研究了即时配送调度的发展历程、核心问题以及智能调度所面临的挑战。然而,实现智能调度的首要任务是理解问题的形式化表示,这是设计和优化调度算法的关键步骤。因此,研究"订单分配优化"这一问题的形式化表示,是进一步探索即时配送调度挑战的重要部分。通过形式化地理解问题结构,可以更深入地认识调度问题的复杂性,为设计高效算法提供科学依据。因此,接下来将详细介绍此问题的具体形式,以便更好地理解即时配送调度中涉及的决策变量、约束条件和优化目标。

"订单分配优化"问题的形式化表示主要包括四个部分(如图 3.13 所示)。第一部分,输入数据,这些数据构成了一个骑手和订单的矩阵。针对该矩阵中的每个元素,需要预先计算出大量建模所需的参数数据,包括骑手与订单的导航数据、超时可能等。这些数据量极为庞大,需耗费大量 TB 级别的内存存储。第二部分,决策变量,较为简单,主要涉及确定每个骑手分配哪些订单,这是一个二进制变量。值为 1 表示该订单分配给了骑手,而值为 0 则表示未分配。第三部分,目标函数旨在使整个匹配的适应度达到最优。第四部分,约束条件,主要涉及自然约束和业务约束。对于这个问题而言,由于骑手分配订单 i 所产生的得分与分配订单 j 所产生的得分,及同时分配订单 i 和 j 所产生的得分之间并没有线性加和等简单关系,因此解空间呈指数级增长,属于典型的 NP 难度问题。

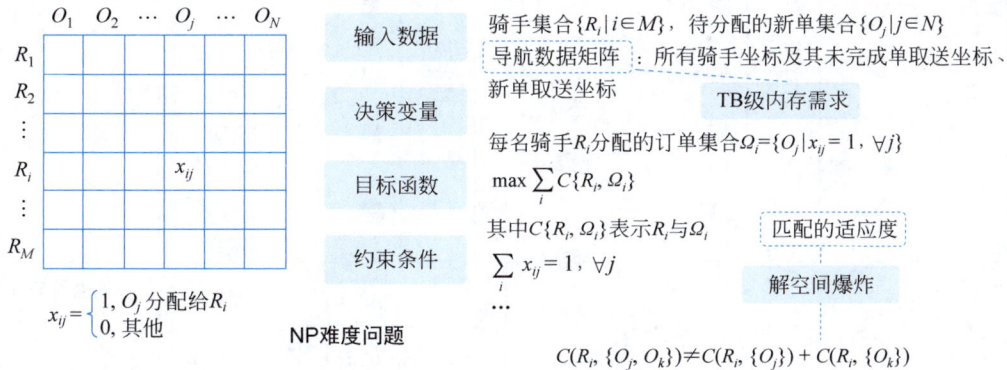

图 3.13　谁来送:问题简化分析

3.3　智能调度常用算法介绍

前文详尽探讨了即时配送领域中的调度问题和挑战,以及各种因素对调度系统性能的影响。为了更好地应对这些挑战,需要深入研究和理解智能调度的常用算法。这些算法不仅有助于理解调度问题的核心,还能指导设计出更高效、更灵活的调度系统,以应对日益复杂的配送需求和多变的环境条件。因此,本节将深入探讨这些算法的原理、优点和适用场景,以提供深刻理解和实用解决方案,从而提升即时配送调度的效率和质量。

3.3.1 分析调度问题的特点

在实际应用中,调度系统按照每 30 秒或 1 分钟一个周期滚动批量分配新的运单。如图 3.14 所示,在每个固定的调度周期内,调度系统通过多维度评估运单与可用骑手的匹配情况,综合考虑用户体验、骑手效率以及工作满意度等多方面因素。基于这些评估结果,系统进行运单分配决策,即对于任一新运单在当前调度周期是否进行分配,如果分配则选择最合适的骑手进行配送。这一过程即为运单分配决策。通过逐步实现用户体验、骑手效率以及工作满意度等决策目标函数的长期累积优化,调度系统能够有效地管理和分配运单,从而提升运营效率并优化服务质量。

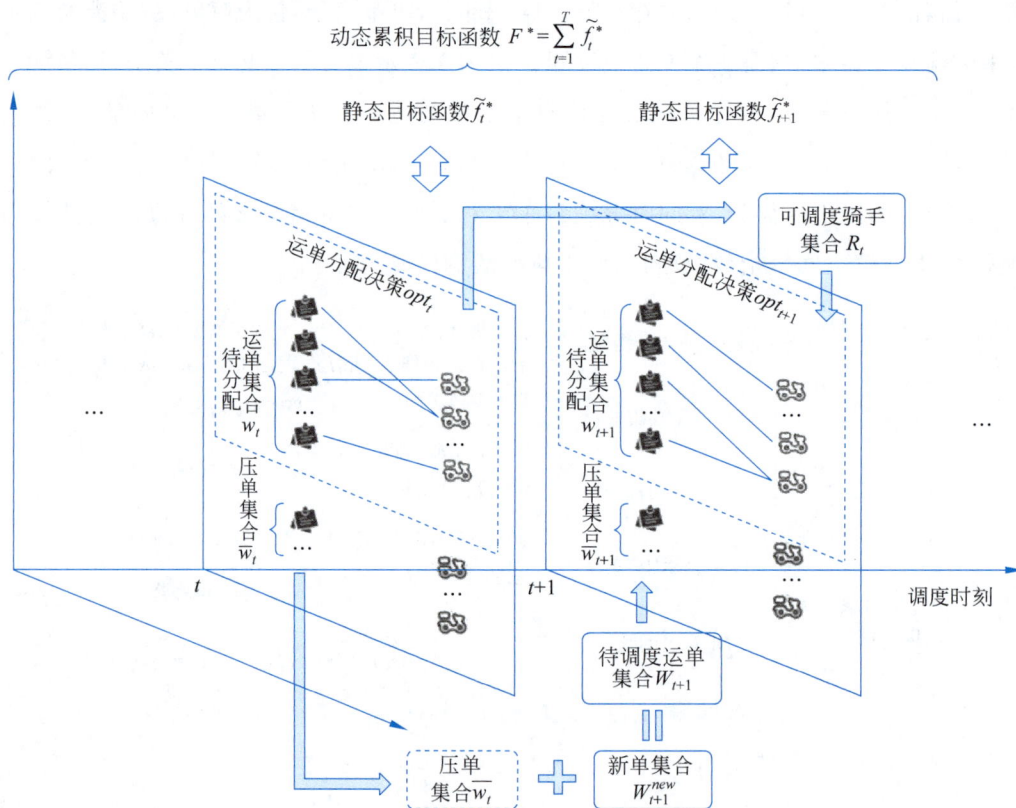

图 3.14 调度示意图

调度问题本质上是一种在信息不完备和不确定环境下的多目标序贯决策优化问题。其决策过程具有几个显著特点。

动态性：调度决策致力于跨时间片全局优化，而非单个静态调度周期的贪心寻优。在实际操作中，未来运单结构与骑手位置分布难以预知。当前调度周期的运单分配结果会影响下一调度周期待调度运单的分布结构和可调度骑手状态，进而影响后续调度周期的调度决策结果。因此，调度决策实际上是在信息不完备的环境中进行的序贯决策过程。从骑手的角度来看，这种动态过程表现为时空的连续性，即每个运单的执行期间，骑手会持续接收新的任务，这直接影响当前运单的履约质量。在处理各静态调度周期的调度决策时，必须充分考虑未来信息与后续决策的关联影响，避免仅考虑单一调度周期的贪心决策，而应实现跨时间片的长周期全局优化。

多目标性：调度决策涉及多个优化目标，如用户体验、配送效率和骑手体验等。这是一个多目标优化问题，因此调度决策的评价指标应全面覆盖上述维度，并确保数值精确，最终实现这些目标的帕雷托（Pareto）优化。

不确定性：配送系统作为以"人（用户、商家、骑手）的行为"为核心组成要素的社会系统，必然面临各类不可预知的干扰因素。例如，在实际配送过程中，商家出餐时间、区域交通状况以及用户交付地点等因素具有一定程度的随机性，这导致骑手履约质量方面存在不确定性。由于数字感知能力有限，难以对复杂的线下环境进行实时监控和全面感知，这加剧了调度系统对骑手实际履约质量评估的不确定性。因此，调度系统必须合理评估骑手在不确定环境中的实际履约质量，以确保运单分配决策的合理性与准确性。

实时性与大规模性：调度决策的有效性高度依赖对运单和骑手实时定位信息的准确评估。骑手的位置变化频繁，因此调度系统为保证决策结果的时效性和准确性，每个静态调度周期内的决策应在极短的时间内完成，通常限制在 10s 以内。

调度过程追求时空时空全局最优，因而运单分配在时空上高度耦合。调度决策需应对动态、多目标、不确定、实时性、大规模等多方挑战，应对问题进行合理抽象与定义，并采用行之有效的技术手段加以解决，下面逐一介绍。

在典型的调度决策周期，已知待指派运单集合 W 及已召回骑手集合 R 的当前状态，主要通过以下两个核心环节生成运单指派结果。

1）评价—指派优化模型构建

获得各运单及其组合形态相应骑手的匹配关系与评价打分，即确定每个运单（或运单组合）可匹配的骑手集合，以及对应的配送体验、效率等履约情况。这一过程完成了多对一匹配组合优化问题的模型构建（如图 3.15 所示）。在指派问题求解过程中，任意运单组合模式与骑手的评价打分和匹配关系，均需要通过启动评价算法计算获得。具体而言，对于每一组＜运单（组合），骑手＞，需要求解底层的取送路径规划问题，得到骑手接单后的执行路径顺序。在此基础上，通过调用大量机器模型推断结果进行附加计算，最终生成相应的多目标评价打分。

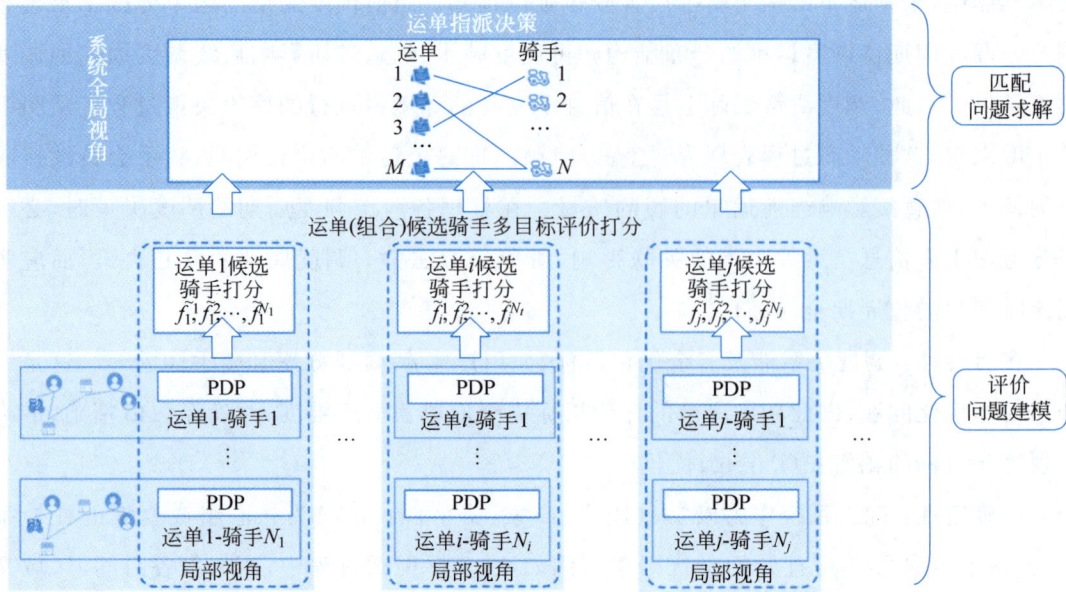

图 3.15　调度决策两个核心环节：匹配与评价

2) 匹配—指派优化模型求解

在已知相关匹配关系与评价打分的基础上，需要解决上述多对一匹配组合优化问题。因此，调度的技术应对方法自然划分为如下两部分。

(1) 合理评估的方法（如图 3.16 所示）：将原始的不确定、信息不完备环境下的多目标序贯决策优化问题，分解为一系列在单独时间点，独立决策的单目标优化问题。

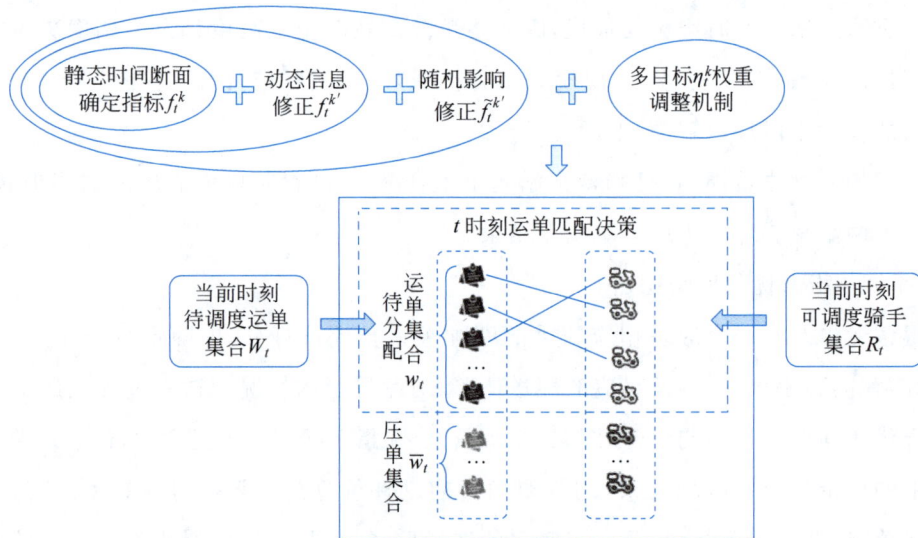

图 3.16　合理评估的方法

(2) 精准匹配的策略(如图 3.17 所示)：针对大规模多运单对一骑手匹配组合优化问题,实现高质量的实时求解。

当前静态时间片运单指派问题

$$\min_{\boldsymbol{x}} \sum_{k \in O} \eta_k \sum_{r \in R} \sum_{\hat{w} \subset W} \tilde{f}^r_{,k} \times x^r_{\hat{w}}$$

$$\text{s.t. } x^r_w \in \{0,1\}, \forall w \in \boldsymbol{W}, \forall r \in \boldsymbol{R}$$

$$x^r_{\hat{w}} = \prod_{w \in \hat{w}} x^r_w, \forall r \in \boldsymbol{R}$$

$$\sum_{r \in R} x^r_w = 1, \forall \hat{w} \in \boldsymbol{W}$$

运单指派骑手唯一性

$$|\hat{w}| \geqslant 1, \forall \hat{w} \subset \boldsymbol{W}$$

$$x^r_{\hat{w}} \subset \Omega^r, \forall r \in \boldsymbol{R}$$

运单组合$\hat{w}$与骑手r满足可匹配关系

$$\tilde{f}^r_{\hat{w}} = \boldsymbol{F}(\hat{\boldsymbol{w}}, r), \forall r \in \boldsymbol{R}$$

运单组合$\hat{w}$与骑手r的评价打分

图 3.17　精准匹配的策略

下面分别介绍这两部分技术方案。首先讨论实现合理评估的相关技术。

为了更准确地评估骑手的履约质量,需要合理引入动态信息,使得原本基于静态时间断面的<骑手,运单>履约质量评估指标能够动态拓展,更加贴近骑手实际履约情况,常见的方法包括以下几种。

深度强化学习方法[15]：配送调度决策问题是典型的序贯决策场景,解空间庞大且不可穷举,符合深度强化学习的特点。然而,在工业环境中,深度强化学习方法的落地存在较大挑战,因为该方法需要构建仿真系统对真实环境进行模拟,进而获取大量的训练数据。

监督学习方法[16]：这种方法直接预估骑手对运单的真实履约质量,可用于修正静态指标。由于运单在分配到送达过程中仍存在许多未知因素,采用优势特征蒸馏方法将一定的通用特征引入模型训练过程,有助于提高预估精度。

前面已经详细探讨了动态信息修正的方法。现在,转向另一个关键方面,即如何应对随机影响。在不确定的环境中,骑手执行配送任务的履约质量本身是一个随机变量,并且具有特定的概率分布形式。因此,需要采取适当的方法来合理评估和量化这种随机影响,常见的方法包括以下几种。

(1) 骑手履约情况不确定性量化方法[17,18]：传统的不确定性量化方法与当前的深度学习架构兼容性较低。在实际应用中,常采用 MC Dropout 方法,这种方法的落地可行性较高。具体而言,在原有预估均值的神经网络中,每一层的权重都添加了 Dropout 层,在推断过程中,Dropout 持续生效。因此,对于同一个样本,在每次推断中产生不同的预估值,从而得到预估结果的概率分布。上述过程相互独立,可以并行执行以提升在线性能。

（2）合理考虑骑手履约不确定性影响

在实际应用中,可采用风险建模思路来量化骑手履约风险,从而提升运单分配决策的鲁棒性。常用的指标包括:风险价值(Value-at-Risk,VaR)是一种衡量在特定置信水平下可能遭受的最大潜在损失的指标,用于描述相应损失分布的分位数。条件风险价值(Conditional Value-at-Risk,CVaR)是指超过最大可接受损失部分的期望值,提供了对超出特定损失水平的损失更深入的理解,帮助决策者更好地评估和管理风险。上述指标的数学描述如下:

$$VaR_\beta = \min\{\alpha \in \mathbb{R} : P\{f(x,r) \leqslant \alpha\} \geqslant \beta\}$$

$$CVaR_\beta = E[f(x,r) \mid f(x,r) \geqslant VaR_\beta] = VaR_\beta + E[f(x,r) - VaR_\beta \mid f(x,r) \geqslant VaR_\beta]$$

（3）多目标权重调整机制[19]

多目标权重调整的目标是实现各决策目标在动态累积状态下的 Pareto 优化,即达到 Pareto 前沿上距离理想状态最近的点。然而,在实时环境中,常规的多目标优化方法实施起来较为困难,因此,实际应用中常采用多目标加权求和结合目标权重动态调整的方法。具体步骤为:首先,离线预先求解完整的调度决策问题,获得理想状态的最优解。随后,在实时评估中,根据各个目标与理想状态最优解的距离,动态调整目标的权重(如图 3.18 所示)。

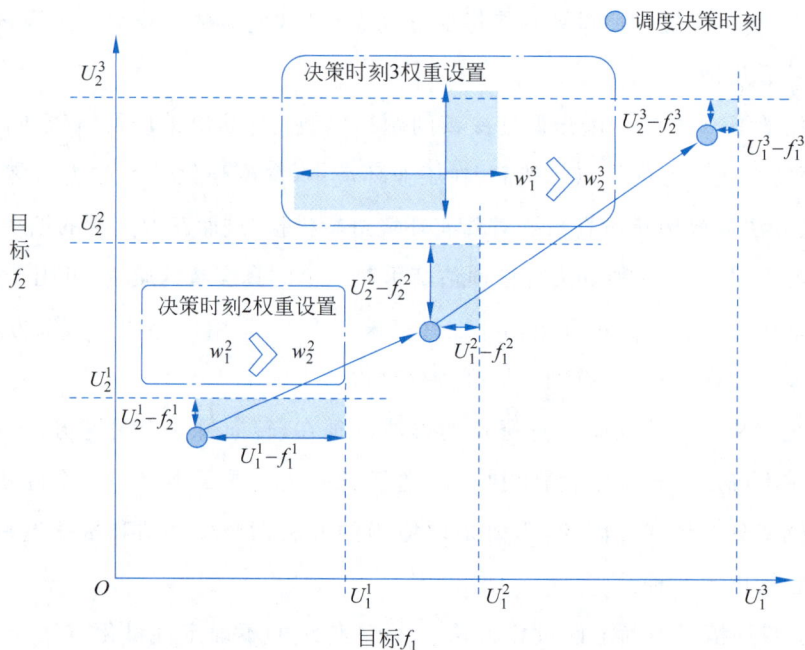

图 3.18　目标权重动态调整

下面讨论实现精准匹配的相关技术。

目前,求解上述指派问题面临着三个主要挑战:

46

第一,需要在秒级时间内完成求解,这要求解决方案具备高度的实时性。

第二,由于每个调度时刻待指派的运单集合 W 和骑手集合 R 数量庞大,上述多(运单)对一(骑手)匹配组合优化问题存在约 $|W|^{|R|}$ 种指派方案,搜索空间巨大。该问题被证明为 NP-hard,无法在多项式时间内获得全局最优解。

第三,评价计算复杂。无法获取全部优化模型参数。其复杂主要体现在两个方面。一方面,单一<运单(组合),骑手>匹配关系与评价打分的获取涉及取送路径规划问题的求解,以及大量模型的调用与推断,计算逻辑复杂,成本高昂;另一方面,由于运单组合的可能性极多,探索任意新的运单组合模式与骑手匹配情况都需要启动评价算法进行计算,这导致计算规模极其庞大,耗时长且计算资源消耗巨大。

在指派问题的建模与求解过程中,无法全面掌握所有运单及其组合形式与骑手之间的匹配关系及其对应的评价分数。换言之,优化目标函数中的众多参数及其约束条件在问题建模与求解阶段均为未知状态。此外,获取这些信息所需的成本极其高昂,在当前的实时环境中几乎不可能完全实现。因此,在指派问题的求解过程中,准确评估当前解的质量和预测后续搜索方向变得异常困难,这极大地限制了算法优化能力的提升。当前,业界多采用批量周期性调度模式,追求运单分配全局收益最大化。

一种方式,采用"评价+求解"的两阶段串行方法生成指派决策结果。首先,通过预先组合运单的方式实现多对一的指派,对于小规模订单的情况(如 DoorDash),建模与求解相对简单。其次,对于订单规模较大的情况,问题求解的质量和算法性能很大程度上依赖运单组合的生成方式。再次,若运单组合过多,评价计算的工作量将显著增加,导致待解决问题的复杂度急剧上升,从而影响算法的性能。最后,若运单组合过少,则可能会损失问题的优化水平,导致解决方案的质量下降。因此,在实践中,需要谨慎权衡运单组合的数量[20],以在算法执行效率和解决方案优化质量之间找到平衡点。

另一种方式,渐进式求解方法(如图 3.19 所示),即逐步解决超大规模的多对一匹配组合优化问题。这种方式根据逐步获取的部分评价打分,将问题拆解为若干小规模的一对一匹配子组合优化问题来求解。通过将运单划分到不同的迭代轮次,实现多运单对一骑手的指派,并且每个迭代轮次只获取部分运单对于骑手的评价信息,因此评价计算量较低。

纵观近年来对传统组合优化算法的研究进展(如图 3.20 所示),可发现在解决求解质量(接近全局最优解)、处理大规模数据(求解规模),以及满足实时性要求(求解速度)这三方面往往难以同时取得最佳效果。传统的组合优化算法在面对大规模多对一匹配组合优化问题时,通常无法在合理的时间内获得高质量求解结果,尤其是在需要实时处理的环境下更为显著。虽然一些算法在一定程度上能够提高求解速度或质量,但通常需要在速度和质量之间做出权衡。加快求解速度可能会牺牲求解质量,反之亦然。因此,如何在保证较高

求解过程

新单集合 $W=U_{k=1}^{K}W_k$　　　　　　　　最终指派结果Solution=$U_{k=1}^{K}opt_k$ 求解结果

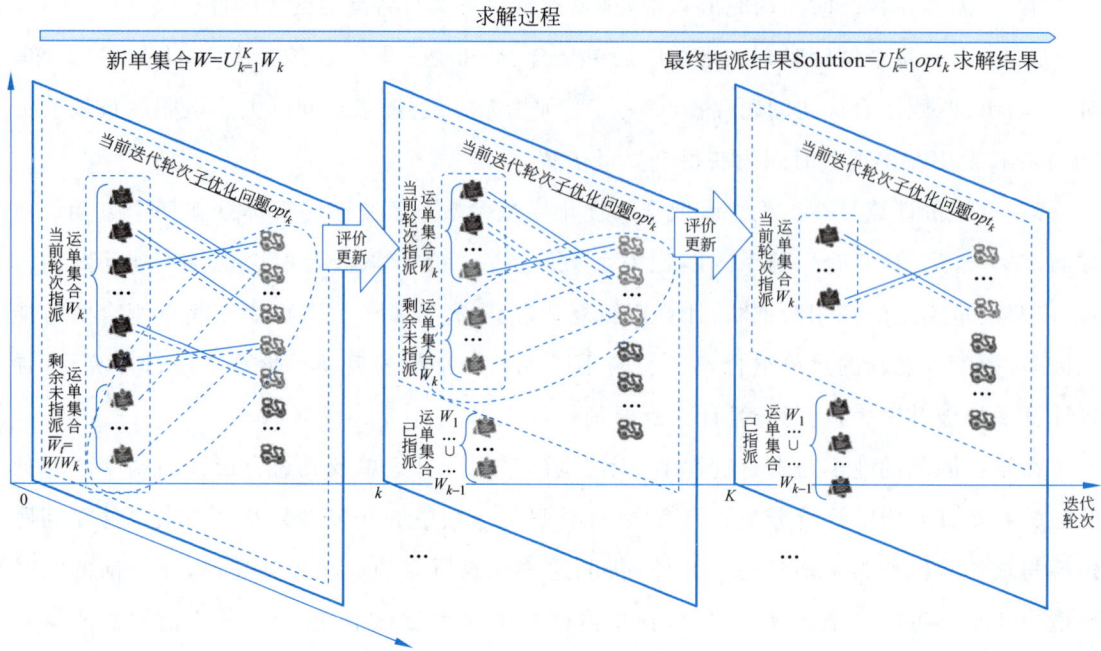

图 3.19　渐进式求解方式

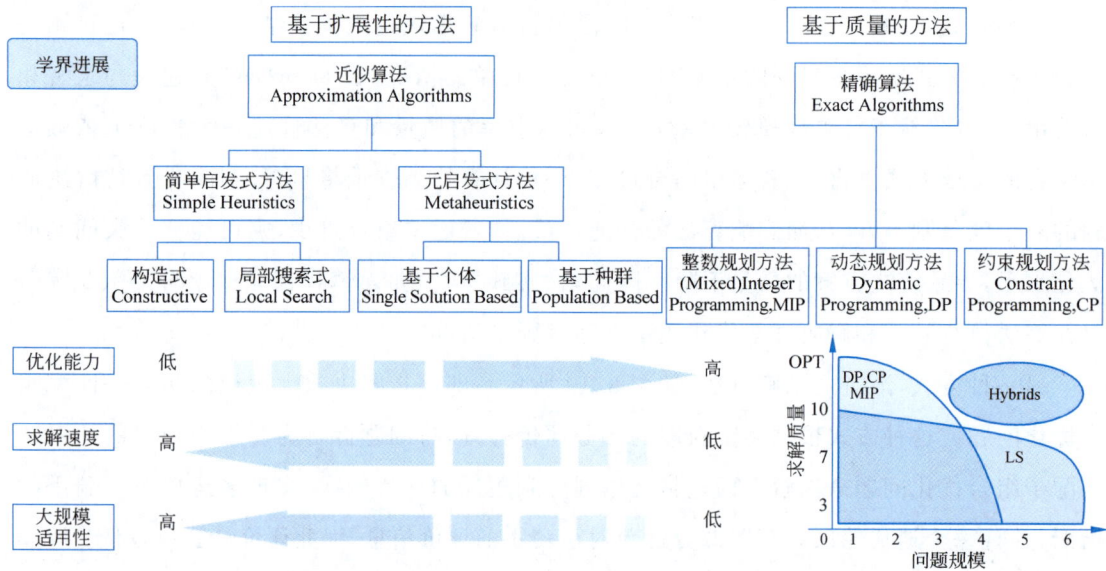

图 3.20　学界进展

求解质量的同时尽可能提高求解速度,仍然是当前研究中的一个重要挑战。在这种情况下,传统的组合优化算法通常需要结合启发式算法或元启发式算法,以提升整体求解性能。这些算法通过引入更有效的搜索策略、局部优化方法或者并行计算技术,来提高求解效率和质量。然而,即便采用了这些方法,在实时环境下解决大规模多对一匹配组合优化问题

48

仍然具有极大的挑战性。

目前,学术界正面临着解决大规模组合优化问题实时求解的挑战,主流趋势是通过机器学习和强化学习方法提升组合优化算法的搜索效率,在确保求解性能的前提下不断提高算法的优化能力。特别地,强化学习方法在建模搜索过程中的优势日益受到关注,与传统的有监督学习或模仿学习方法相比,强化学习不依赖于高质量专家解,因而备受瞩目,具有重要启发意义。

具体而言,常见的机器学习方法赋能组合优化问题的求解方法,根据机器学习模型与运筹优化算法的结合形式,可分为如下三种。

(1) 端到端学习(End-to-end Learning):如图 3.21 所示,基于有监督学习框架的方法能够一步到位地进行在线推断最优解,其实时推断速度较快。然而,该方法也存在显著的局限性:首先,该方法要求优化问题具备特定的结构特征(如序列结构、图结构[21]等),因此应用范围相对受限;其次,对于中等规模以上的优化问题,此方法的优化能力较弱,并且高度依赖高质量的专家解作为标签,这些标签通常由相关的运筹学算法预先生成。最后,在实际应用过程中,该模型的泛化能力也面临巨大的挑战。

图 3.21　端到端学习示意图

(2) 学习优化问题的有意义属性(Learning Meaningful Properties of Optimization Problems)[22]:如图 3.22 所示,这种方法通过利用机器学习技术深入挖掘运筹学问题的特性,并将这些特性应用于优化求解算法中。从通用性和优化能力的角度来看,这种方法优于端到端学习方法。然而,其采用了两阶段求解结构,导致在时效性方面表现相对较差。

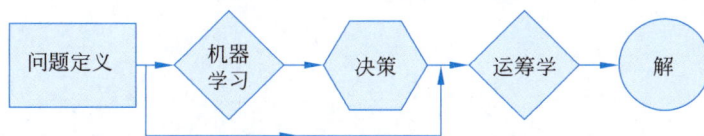

图 3.22　学习优化问题的有意义属性示意图

(3) 机器学习并行优化算法(Machine Learning Alongside Optimization Algorithms):如图 3.23 所示,这种方法通过机器学习技术来指导运筹学问题的求解和搜索过程,现有研究主要与局部搜索算法和分支定界算法相结合。与前述方法相比,这种方法在通用性和优化能力方面均表现出色,应用范围也更为广泛[23,24]。然而,由于其内在的迭代特性,因此在时效性方面仍存在一定的局限性。

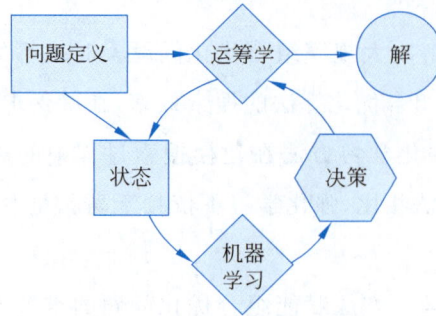

图 3.23　机器学习并行优化算法示意图

3.4　小结

　　本章详细介绍了即时配送调度的建模与优化,并展示了从工业时代到移动互联网时代调度问题的演变与发展。在即时配送场景中,调度的核心是实现需求和供给的最优匹配,提升配送效率和服务质量。调度系统通过综合考虑订单、骑手和商家的多方需求,采用多种优化算法和调度策略,确保高效完成配送任务。同时,本章还探讨了即时配送调度的核心问题,包括取送顺序优化和订单分配优化,并展示了调度系统的历史演进和动态决策模型的发展。通过上述内容,读者能够深入理解即时配送调度的复杂性与重要性。

第4章 配送定价的建模与优化

本章继续探索供应链管理,并专注于配送定价的建模与优化。第 3 章已经讨论了如何有效地规划和调度物流运输,以提高效率和降低成本。本章将深入探讨定价问题的本质、关键技术及典型方案。

4.1 定价问题概述

定价问题,特别是动态定价问题,在现实生活中时常出现。以机票定价为例,假期或旅游季的机票价格通常较高,但提前数月购买的机票则相对便宜;再以菜价为例,早市摊主经常会随着供求关系变化而迅速调整价格。

定价问题实际上是一个古老而重要的议题,在商品交易中始终存在。简要介绍几个概念:引用英国经济学家的定义[25],价格是"愿意卖的人"从"愿意买的人"那里得到的货币数额,用以换取商品或服务;而定价则是针对商品和服务制定价格策略的研究,旨在实现最佳的营销效果和收益。从计算机视角来看,动态定价通过学习历史数据,在不确定的环境下对商品进行最优化的动态定价决策,以最大化效用。

定价研究涉及的学科领域非常广泛,包括经济学、市场营销、行为经济学、运筹学、计算机科学等多个学科。在制定公司经营战略时可用多种研究工具辅助进行市场定位,制定定价和营销策略,比如 STP 营销战略和 4P 理论。

STP 营销战略(如图 4.1 所示),根据需求对市场进行细分,选定目标市场,并根据自身产品或服务在目标市场中的定位进行策略制定。其根本要义在于选择确定目标客户。市场细分和目标市场侧重于需求,而市场定位侧重于供给。

而 4P 理论(如图 4.2 所示),是企业在市场营销策划时依据产品(Product)、价格(Price)、渠道(Place)、促销(Promotion)四大要素进行策略组合,以满足市场需求为导向的基础理论。

基于这些工具,可以系统地制定公司经营战略。在战术层面,经济学对定价方法和定

图 4.1 STP 营销战略

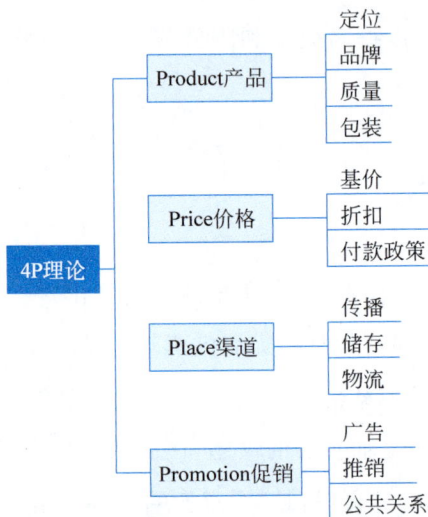

图 4.2 4P 理论

价技巧进行了许多细致的研究如图 4.3 所示。例如,撇脂定价法和渗透定价法都是需求导向的定价方法,但它们的使用场景完全不同。撇脂定价法是在产品上市初期,将产品的价格定得较高,以在竞争者研制出相似的产品之前获得收益;而渗透定价法则是将价格定得非常低,以扩大市场渗透。由此可见,苹果公司采用的是撇脂定价法,而小米公司则是采用渗透定价法。

在定价技巧上,大家更能够实际感受到其中的巧妙之处(如图 4.4 所示)。例如,为什么手机价格喜欢以 8 或 9 结尾? 这是为了让价格看起来更便宜。但在日常购买矿泉水时很少见到价格是 1.99 元或 2.89 元这样的定价,主要是为了方便交易。

工业界动态定价的应用场景非常丰富,可以细分为库存定价(如航空和生鲜定价)、投标定价,以及时空供需定价。在时空供需定价方面,有许多常见的应用案例。例如,网约车在供需紧张时,价格会上涨;又如房屋租赁定价,在假期预订房间时,价格通常会更高,而在淡季价格则相对较低;另外,配送邮资定价也是动态定价的一个应用场景,天气、供需情况等因素都会对定价结果产生影响。

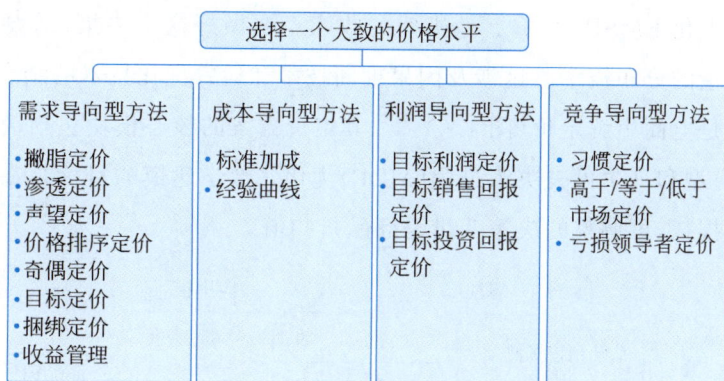

图 4.3　经济学、行为经济学研究的定价方法

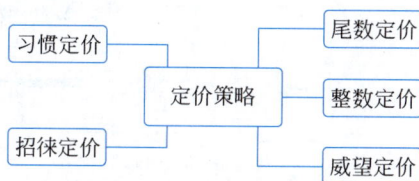

图 4.4　经济学、行为经济学研究的定价技巧

在前文对定价问题的概述中已经了解到动态定价在各个领域的广泛应用。接下来,将着重介绍工业界动态定价的实际落地方案,从而深入探讨动态定价的技术框架。

如图 4.5 所示第一个案例,在航空定价的技术方案中,最核心的两个模块是预估需求概率分布和最大化期望边际座位收入(Expected Marginal Seat Revenue,EMSR)的决策。在航空公司,每个舱位的定价是固定的,航空公司能够决策的是不同舱位座位的数量。数学

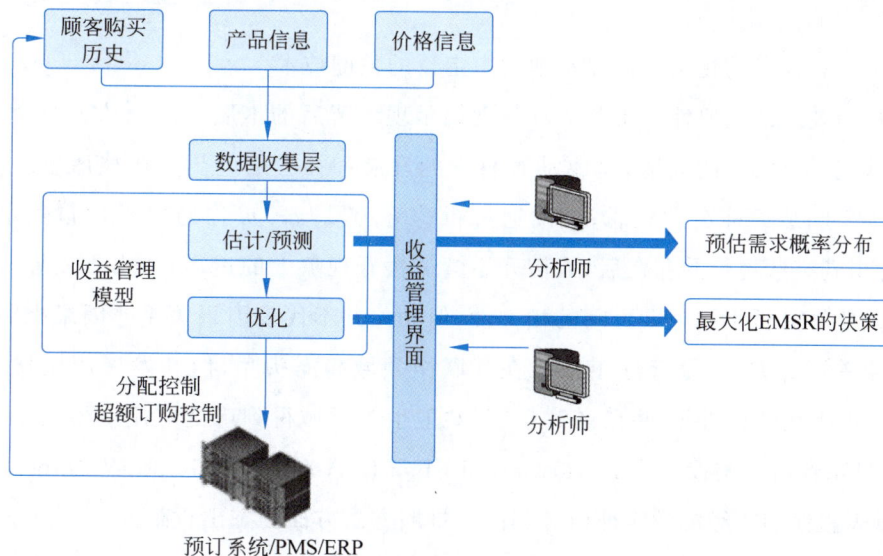

图 4.5　航空定价技术方案

建模的目标是最大化 EMSR,本质上是机票的收入。要做好这个决策,需要学习给定不同票价下用户下单量的分布概率。这涉及因果推断技术和运筹优化技术的结合方法[26-27]。

第二个案例是电商生鲜定价(图 4.6)[28],其定价方案的核心模块包括商品销量预估模型、反事实预估模型和马尔可夫决策过程(MDP)优化。数学建模的目标是在最大化总交易价值的同时降低损耗,可调整的决策变量是商品折扣值。

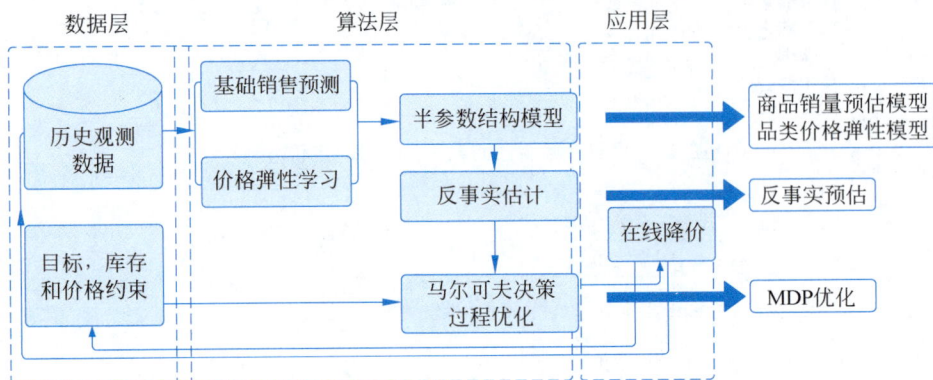

图 4.6　方案核心

第三个案例是在线广告定价方案[29-32],其中出价引擎的最终输出是广告和价格。该出价引擎的核心模块包括流量转化预估、竞价成功率预估和出价决策优化。问题的数据建模目标是最大化点击和转化,而可调整的决策变量则包括广告和出价。

4.2　定价相关技术

因果推断和运筹优化是工业界落地动态定价的关键技术。

因果推断技术的重要性在于其能够帮助揭示现象背后的本质原因。从古至今,人类一直致力于探究"为什么"的问题,这驱动着科学的发展和社会的进步。在神话思维时代,人们将自然现象归结为神灵的意志,试图通过祈祷等手段与神灵沟通以干预自然过程。然而,逐步意识到某些规律的存在后,人们开始尝试拨开现象上的迷雾,找出本质原因。尽管统计学手段能够分析不同因素之间的相关性,但相关并不代表因果关系。因果推断作为一种研究因果关系的方法,尽管近年来才在互联网领域崭露头角,但其发展历史悠久,早在20 世纪 20 年代就已经萌芽,并在经济学、公共卫生等领域得到广泛应用。值得一提的是,2021 年诺贝尔经济学奖授予了 David Card、Joshua D. Angrist 和 Guido W. Imbens 三位经济学家,以表彰他们在经济学实证研究和因果推断方法方面的杰出贡献。

简而言之,因果推断是基于统计学方法刻画变量之间的因果关系[33]。图灵奖获得者 Judea Pearl 将因果关系划分为三个层级,即因果之梯。

第一层级(关联):从数据中观察到哪些规律? 这是对历史数据的总结。

第二层级(干预):如果采取某个行动,会产生什么结果? 这是面向未来的推测。

第三层级(反事实):如果当时采取了另外一个行动,结果会是怎样? 这是面向过去的反思。

在因果之梯中,第一层是关联学习,类似推荐和搜索的算法应用,例如,你点击什么内容,系统就会推荐相似内容。第二层是做干预和决策,例如,库存定价,现在有大量库存,应该如何调整价格。第三层是反事实推理,例如,假如没有第二次世界大战,现在世界会是什么样?

在定价问题上,不能基于关联学习模型进行干预决策。一个例子是在配送的案例上,分析邮资成本和体验的相关性,会发现邮资成本越高,体验越差。但这种关联并不意味着因果关系,因为天气是个混淆变量,当天气越差,体验就会越差,邮资成本也会越高。基于关联学习的结果去做干预,比如,降低邮资成本,显然是不符合常理的。另一个例子是二战期间,军工企业分析幸存飞机的弹孔分布,发现弹孔分布在机翼和尾翼,所以准备在机翼和尾翼上增加钢板。然而,正确的做法应该是在机头、发动机上增加钢板。这展示了关联学习和因果学习之间的巨大差异,也解释了为什么在定价等干预问题中需要进行因果推断。

在因果推断的讨论中,需要理解因果关系和相关关系之间的区别。尽管二者有时会交叉,但因果关系并不总是可以由相关关系推断出来。以图 4.7 为例,长期抽烟的人一般手指是黄色的,同时也容易引发肺癌。这里涉及三条关系,即长期抽烟与黄手指、长期抽烟与肺癌、黄手指与肺癌。但哪些关系是相关关系,哪些关系是因果关系? 如果将黄手指与肺癌的相关关系误以为是因果关系,就可能得出错误的结论,例如,认为让长期抽烟者注意手指清洗能减少肺癌的发生。因此,因果关系不同于相关关系,弄混了二者会导致不合理的干预意见。

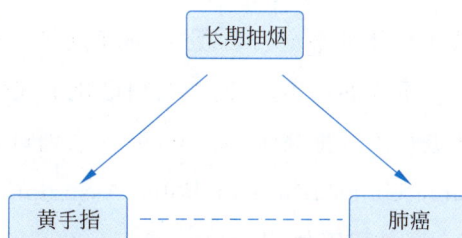

图 4.7　因果关系不等于相关关系的示例

另一个重要的概念是因果效应与相关程度的差异。即使确定了因果关系,因果效应也不总是等同于相关程度。如图 4.8 所示是辛普森悖论的一个例子,一名患有结石的病人需要进行治疗,可以选择开腹手术或内窥镜手术。在单独观察小结石和大结石时,统计数据显示两种手术方法都表现出较好的效果。然而,当考虑到所有数据并进行统计时,意外发现开腹手术的恢复率较低。造成这一现象的原因是什么？简单来看，两种手术的样本不同：开腹手术的样本主要包含患有大结石的病人，而内窥镜手术的样本主要包含患有小结石的病人。由于样本选择的偏差，导致了相关程度与因果效应之间存在较大的偏差。

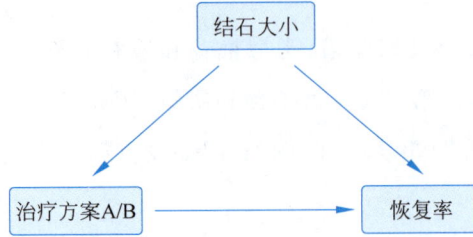

图 4.8　因果效应不等于相关程度的示例

因果推断解决的问题可以分成两类：因果关系发现和因果效应评估。因果关系发现（Causal Discovery）主要是从数据中发现和挖掘哪些变量之间存在因果关系，确定哪个变量是因，哪个是果。而因果效应评估（Causal Effect Estimation）则是评估一个变量的变化对另一个变量产生的影响程度。

为了形式化地定义和研究因果推断，学术界建立了多种理论框架。其中最著名的是潜在结果框架（Potential Outcome Framework，POF）和结构因果模型（Structural Causal Model，SCM）。POF 由唐纳德·鲁宾（Donald Rubin）提出，因此也被称为鲁宾因果模型（RCM）。SCM 偏向于研究和刻画因果结构，而 POF 偏向于研究因果效应的衡量。

在潜在结果框架中，涉及几个重要概念：干预变量通常表示为 Treatment，是想要研究的因果干预或处理。潜在结果通常表示为 Y，即感兴趣的结果或响应变量。因果效应是指试图量化的干预变量对潜在结果的影响程度。ITE（Individual Treatment Effect）表示个体的因果效应，即单个个体接受干预后的效果；ATE（Average Treatment Effect）表示平均因果效应，即对于整个群体或总体的平均效果；而 CATE（Conditional Average Treatment Effect）则是指某一类对象或子群体的平均因果效应，即在满足一定条件下的平均效果。这些概念在因果推断中起着至关重要的作用，帮助理解和量化不同干预对结果的影响。

想要基于以上理论框架进行因果推断时，需要遵循一系列可识别性假设。这些假设包括稳定个体干预值假设（Stable Unit Treatment Value Assumption，SUTVA）、无混淆假设（Unconfoundedness Assumption）和正值假设（Positivity Assumption）。这些假设的明确和合理性对于准确估计因果效应至关重要。下面对上述三个假设进行介绍。

第一，稳定个体干预值假设是指任意个体的潜在结果都不会因其他个体的干预发生改变而改变。对于每个个体来说，其所接受的每种干预不存在不同的形式或版本，这不会导致不同的潜在结果。这一假设强调了两个关键点：一是个体之间的独立性，即个体的结果不会受到其他个体干预的影响；二是每种干预只有一个版本，不存在不同版本的干预导致不同的结果。

第二,无混淆假设是指在给定特征变量 X 的情况下,分配哪个干预变量独立于潜在结果,记为 $(Y_0, Y_1) \perp T \mid X$。这意味着不存在观测不到的混淆因子,也被称为可忽略性假设(Ignorability Assumption)或条件独立假设(Conditional Independence Assumption,CIA)。假设 2 表明数据中不存在隐混淆。

第三,正值假设指的是对于任意给定的特征变量 X,干预变量的分配都不是确定的,即干预变量各种取值都能够有一定量的观察数据。这一假设也被称为共支撑假设(Common Support Assumption)或者重叠假设(Overlap Assumption)。假设 3 揭示了干预变量的可变性,即在考虑了特征变量 X 的情况下,不同取值的干预变量存在多样性,并且每种取值都有足够的观察数据支持。如果对于某些特征变量 X 的值,干预变量的分配是确定的,则意味着对于这些值,至少有一项干预变量所导致的结果是无法被观测到的,这将导致无法准确地估计干预变量的因果效应。

在进行因果推断前,需要先审查这些假设是否明显不成立。

针对因果效应的量化和去偏差是因果推断过程中的关键步骤。下面对因果效应进行量化。

实验组的真实观察结果为 $E[Y \mid T=1]$,$E[Y_0 \mid T=1]$ 为未施加干预时的潜在结果(反事实的);对照组的真实观察结果为 $E[Y \mid T=0]$。

相关关系的度量是 $E[Y \mid T=1] - E[Y \mid T=0]$;而因果关系(即因果效应)的度量是 $E[Y_1 - Y_0]$。特别地,$E[Y_1 \mid T=1] - E[Y_0 \mid T=1]$ 是实验组的因果效应,又称平均处理效应(Average Treated Effect,ATT)。

对于实验组,观察到的结果是 Y_1,而对于对照组,观察到的结果是 Y_0,所以有

$$E[Y \mid T=1] - E[Y \mid T=0] = E[Y_1 \mid T=1] - E[Y_0 \mid T=0]$$

同时加上和减去 $E[Y_0 \mid T=1]$,有

$$E[Y \mid T=1] - E[Y \mid T=0] = E[Y_1 \mid T=1] - E[Y_0 \mid T=0]$$
$$+ E[Y_0 \mid T=1] - E[Y_0 \mid T=1]$$
$$= E[Y_1 \mid T=1] - E[Y_0 \mid T=1] + E[Y_0 \mid T=1] - E[Y_0 \mid T=0]$$
$$= E[Y_1 - Y_0 \mid T=1] + E[Y_0 \mid T=1] - E[Y_0 \mid T=0]$$

而 $E[Y_0 \mid T=1] - E[Y_0 \mid T=0]$ 即为未施加干预时实验组和对照组的天然偏差,进一步得到

$$\underbrace{E[Y \mid T=1] - E[Y \mid T=0]}_{\text{相关性}} = \underbrace{E[Y_1 - Y_0 \mid T=1]}_{\text{平均处理效应}} + \underbrace{E[Y_0 \mid T=1] - E[Y_0 \mid T=0]}_{\text{偏差}}$$

上述等式阐明了为何相关性不等同于因果关系,因为相关性等于实验组的因果效应加

上一个偏差项。造成偏差的原因包括混杂偏差和选择偏差。混杂偏差指同时影响干预变量和结果的因素,称为混杂因子(Confounder),其存在会导致偏差。消除混杂偏差的方法是控制混杂因子,然后测量处理和结果之间的关系。选择偏差指评估通常在一个经过筛选的样本子集上进行,如果样本子集不能代表总体,则会导致选择偏差(也称为样本偏差)。

基于上述讨论接着分析相关去偏方法。

随机实验是一种常见的去偏差方法,通过将样本随机分配到实验组和对照组,保证实验组和对照组的无偏性。然而,随机实验的成本通常较高,甚至在某些情况下可能并不可行。因此,大多数情况下,只能依赖观测数据来进行因果推断,这也是这个问题复杂性的原因之一。以下是常见的去混淆偏差和去样本偏差的方法。

(1)PSM(Propensity Score Matching):首先通过特征变量 X 预测干预变量,得到一个条件概率 $P(T|X)$,也称为倾向性得分(Propensity Score,PS)。然后,基于这些倾向性得分进行匹配,对于实验组的每一个样本,在对照组中找到一个与之相似的样本,组成一个样本对。最后,基于所有的样本对进行因果建模。

(2)重加权(Re-weighting)[34]:通过调整观测数据样本的权重,使其达到与随机实验数据分布相似的目的。其中一种可行的方式是利用倾向性得分,首先通过机器学习模型预测得到倾向性得分,然后对这些得分进行分组,按照每个分组内随机实验数据的比例进行调整权重。调整后的数据用于进行因果建模和估计因果效应。

(3)因果效应估计在因果推断领域,准确估计因果效应是至关重要的一环[35]。因果效应估计涉及了从数据中推断出一个变量对另一个变量的影响程度,是因果推断的核心任务之一。通过对不同的因果效应估计方法进行研究和比较,可以更好地理解干预的效果,并作出更准确的决策。因此,接下来将探讨一系列因果效应估计方法。

S-Learner 是一种常用的因果效应估计方法(如图 4.9 所示),它通过在整个数据集上训练一个单一的模型来预测每个样本的因果效应。这种方法的优点在于原理简单,易于理解,并且可以直接使用现有的模型,如逻辑回归、梯度提升树和神经网络等。此外,S-Learner 方法可以避免对实验组和对照组分别建模导致双模型误差累积的问题。然而,它的缺点在于基础模型仍然是响应模型,因此对因果效应的建模是间接的,可能存在一定的偏差。

X-Learner 是另一种常用的因果效应估计方法(如图 4.10 所示),特别适用于对照组和实验组样本量差距较大的情况。传统方法在这种场景下往往效果不佳,而 X-Learner 模型能够有效地解决这一问题。该方法通过建模因果效应来直接评估处理效应,并充分利用了样本数据。然而,与 S-Learner 相比,X-Learner 涉及多个网络,流程较为复杂,因此实施起来可能相对困难一些。

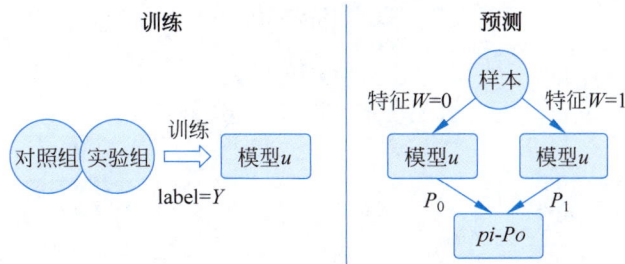

图 4.9 元学习：S-Learner

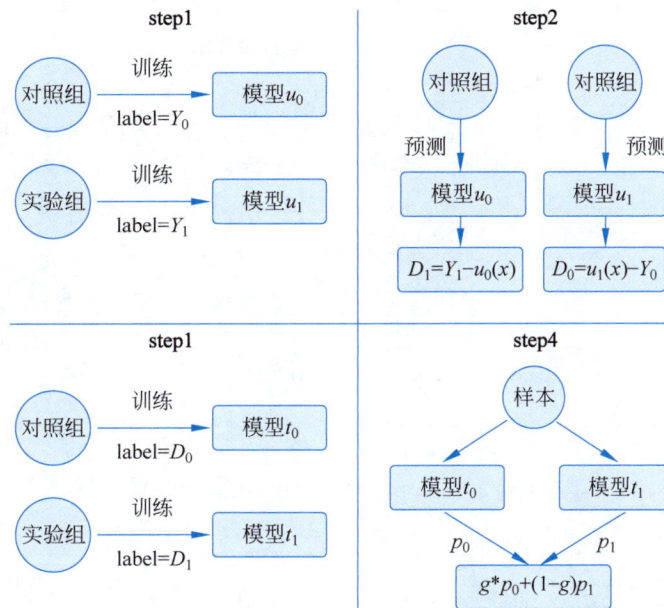

图 4.10 元学习：X-Learner

因果树是一种基于树的方法（如图 4.11 所示），属于基于树的因果效应估计方法。该方法直接对因果效应进行建模，通过对特征空间进行重复划分，以达到局部特征空间的数据同质化，从而估计因果效应。在生成树的过程中，每次分裂都会寻找一个最优的分裂特征，以最大化子节点间的因果效应差异。尽管该方法能够充分利用样本数据，但其可扩展性较差，且基础模型固定，对 Loss 的改造相对不够灵活。

DRnet[36]，即剂量反应网络（Dose-Response Network）（如图 4.12 所示），是一种多任务学习的方法，用于学习因果关系。其训练目标是针对每个干预变量范围内的任意一个剂量 s 都能给出一个估计值，因此对于一个个体 x，因果效应显示为一个曲线。

GALILEO[37]，即因果强化学习（如图 4.13 所示），旨在训练一个反事实的世界模型。它通过对抗学习的机制，找到最差的策略，使得最差策略的效果最佳。最终在 MuJoCo 数据集和真实任务中，GALILEO 能够表现出更好的 MSE 指标和策略效果。

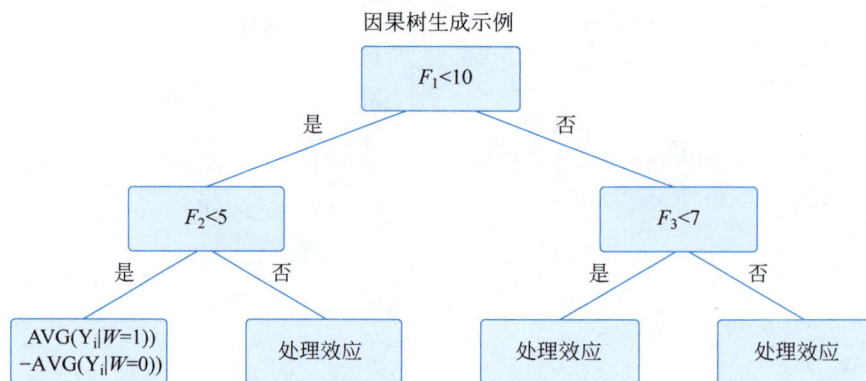

图 4.11　树模型：Causal Tree

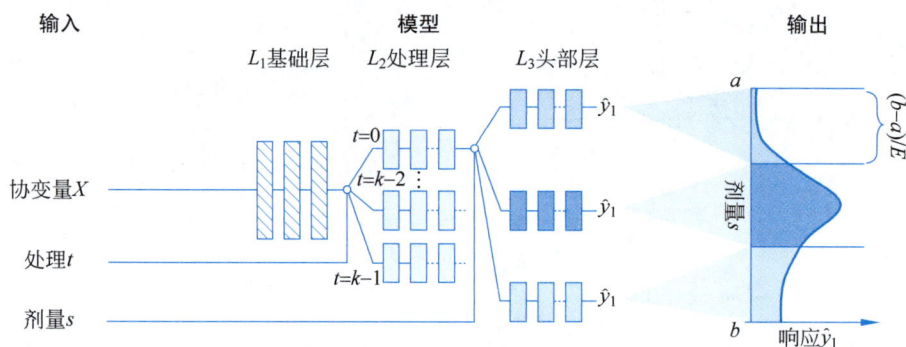

图 4.12　剂量反应网络 DRnet[36]

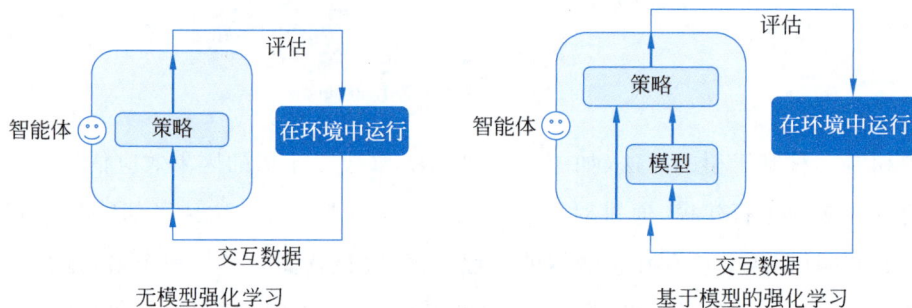

图 4.13　因果强化学习：GALILEO[37]

　　因果模型的评估通常基于机器学习方法来估计个体因果效应(ITE)，这时 ITE 又被称为增益(Uplift)，而这种估计方法则被称为弹性模型或者增益模型(Uplift Model)。在增益模型中，不可能同时观察到同一个体在不同干预策略下的响应，因此无法得到每个样本的增益的真实标签，所以无法直接计算增益的精确率、召回率等指标对模型进行评估。为了评估增益模型，通常是将实验组和对照组进行排序分组，对比相应组内实验组和对照组的得分差异，通过衡量分组的增益精度来评估模型效果。

为了能够定量地比较两个不同因果模型的性能，实践中更多使用的是 Qini 曲线和基于 Qini 曲线计算出的增益曲线下面积（Area Under the Uplift Curve，AUUC）。Qini 曲线的绘制流程为：将测试集的实验组和对照组的样本放在一起根据模型预测的增益从高到低排序，实验组和对照组的样本总数记为 N。精确到每个样本维度，按照公式分别计算前 t 个样本的 Qini 系数（t 的取值从 1 到 N），得到 Qini 曲线：

$$g(t) = Y_t^T - \frac{Y_t^C N_t^T}{N_t^C}$$

其中，Y^T 代表实验组的个体表现总和，N^T 代表实验组的总数；Y^C 代表对照组的个体表现总和，N^C 代表对照组的总数；下标 t 代表上述统计量的范围为根据增益排序的前 t 个样本。最后，根据获得的 Qini 曲线，计算其与随机干预直线之间的面积，即可获得 AUUC 指标。AUUC 值越大表示模型的效果优于随机选择的结果，因此 AUUC 值越大越好。

综上所述，讨论了因果建模涉及的三个基本假设、经典的去偏差方法、因果效应估计以及去偏和因果效应的评估方法。这些内容在因果推断领域扮演着重要的角色，为理解和估计因果关系提供了有力的工具和方法。接下来，将继续探索因果技术，并对该技术进行总结，具体总结如图 4.14 所示。

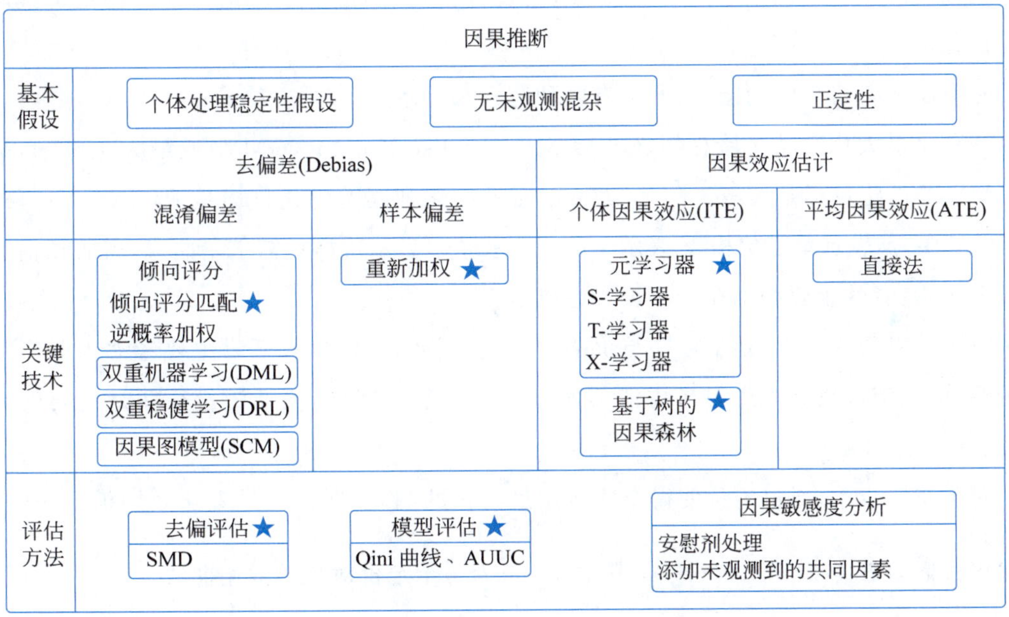

图 4.14　评估方法总结

对于因果推断，业界提供了多种开源框架。例如，微软的 EconML 为个体因果效应处理提供了一般流程，包括观测数据的分析框架和观测数据与随机实验数据结合的分析框架。优势在于该框架是业界首个提出的完整因果建模流程框架。

另一个例子是 Uber 的 CausalML,可被视为一个算法包,与 EconML 有一些重叠,例如 Tree Based 方法、Meta Learner 和工具变量法。此外,CausalML 还包含了一些学术界比较前沿的基于神经网络类的算法,使得对更大规模数据和结构化数据的因果分析成为可能。CausalML 的框架优势在于它能够解决增益模型问题,同时也可以解决优化问题、因果影响分析和个性化问题,功能完备,并且支持深度神经网络。

表 4.1 是对这些开源框架的总结。

表 **4.1** 开源框架[38]

工 具 包	支 持 方 法	语言	链 接
Dowhy	倾向分层,倾向评分匹配,逆概率加权,回归	Python	https://github.com/microsoft/dowhy
Causal ML	基于树的算法,X/T/X/R-学习器	Python	https://github.com/uber/causalml
EconML	双重稳健学习器,正交随机森林,元学习器,深度工具变量	Python	https://github.com/microsoft/EconML
CausalToolbox	贝叶斯加性回归树(BART),因果森林,以贝叶斯加性回归树/随机森林为基础学习器的 T/X/S-学习器	R	https://github.com/soerenkuenzel/causalToolbox

上面对因果推断技术这一定价技术进行了详细讨论,接下来讨论另外一种定价技术——运筹优化。

对商品售卖行为中的定价,通常有两种范式来表示。

一种是最大化商品交易总额(Gross Merchandise Volume,GMV)或最大化利润,最大化 GMV 的优化目标是 $G(p) = p \times d(p)$,而最大化利润的优化目标是 $R(p) = (p-c) \times d(p)$,其中,p 表示单品价格,c 表示单品成本,$d(p)$ 表示价格—需求量曲线,需要预估。从公式上看,二者的主要区别在于是否考虑成本。

对于约束条件,由于销量往往与价格成反比,因此,在定价较低时主要考虑当前库存是否足够,而在定价较高时主要考虑能够卖出多少商品。因此,最低销量往往是主要的约束条件。

对于花费成本,通过定价使得全局效用最大化的问题,通常用最大化效用模式来表示,其优化目标为 $E(p) = \sum_{i=1}^{n} e_i(p_i)$,其中,$e(p)$ 为每个定价对象的效用曲线。

可以通过一个例子来说明这种范式对应的场景:假设有许多条任务需要完成,同时有一个总的成本预算。每条任务有不同的报酬,但完成每条任务的概率也是不同的。问题是如何找出一个最优的分配方式,使得在给定的成本预算下,全局的任务完成概率最高。

上述问题的具体数学模型即全局有 N 类任务,每类任务有 D 个,为每类任务定价 p 元时,任务完成率为 $q(p)$、Logit 型,总成本为 B,如何完成定价才能让所有任务完成率最高,其简化数学表述如下：

$$\max \sum_{i=1}^{N} D_i \times q_i(c_i) \Leftrightarrow \min - \sum_{i=1}^{N} D_i \times q_i(c_i)$$

$$\text{s.t.} \sum_{i=1}^{N} D_i \times q_i(c_i) \times c_i \leqslant B$$

其一，在这个优化模型中，优化目标的一个关键部分是 $q_i(c_i)$，它代表了在不同价格下任务被完成的概率。这需要利用机器学习模型进行预估，而这种预估可以借助前面提到的因果推断技术。其二，这里的总成本约束实际上是指总成本的期望值约束。只有当任务完成时，任务的报酬才会被支付，因此，实际成本是每个任务的报酬乘以任务的完成概率。在优化模型中，决策变量是 c，即每个任务的定价结果。

在探讨如何解决这个运筹模型之前，先来了解一下 $q_i(c_i)$ 的形式。如前所述，这个概率需要通过因果推断技术进行建模来获取。在实际应用中，可以直接利用因果推断模型对因果效应进行预估，也可以借鉴经济学中常用的一些效用曲线，并对其中的超参数进行估计。在经济学中，常见的效用曲线形式包括指数对数形式、Log-Log 形式和 Logit 形式，如表 4.2 所示。这些曲线在自然经济规律下都具有边际收益递减的特性。实际上，当对定价结果施加限制时，这些曲线在某个价格区间内是相似的。因为在特定的价格范围内，通过调整超参数，这几类曲线可以实现基本的重叠。

表 4.2　效用曲线的形式

指对数形式	$d(p) = e^{a-bp}$	$e(p) = \log(a+bp)$
Log-Log 形式	$d(p) = a \times p^b$	$e(p) = a \times p^b$
Logit 形式	$d(p) = \dfrac{e^{a-bp}}{1+e^{a-bp}}$	$e(p) = \dfrac{e^{a+bp}}{1+e^{a+bp}}$

这里选择 Logit 曲线作为定价与完成率的因果效应曲线，并利用因果推断模型针对每个任务进行曲线超参数的预估。针对这种 Logit 型的非凸优化问题，一般的解决方法如下：

由于 q 是一个 Logit 型函数，随着 c 的严格递增，因此可以求解 $g(c)$ 的反函数

$$c_i(q_i) = -\frac{a_i}{b_i} - \frac{1}{b_i}\big[\ln(1-q_i) - \ln(q_i)\big], \quad q_i \in (0,1), \quad i=1,2,\cdots,N$$

这时可以将原问题进行等价转化，直接将任务完成的概率作为决策变量进行求解，从而将原问题转化为凸问题。

$$\min - \sum_{i=1}^{N} D_i \times q_i$$

$$\text{s.t.} \ g(q) \leqslant 0$$

$$g(q) = \sum_{i=1}^{N} D_i \times q_i \times c_i(q_i) - B$$

对凸优化问题,可以尝试使用拉格朗日对偶的方法进行求解。在这种情况下,构造对应的拉格朗日对偶函数

$$L(q,\lambda) = -\sum_{i=1}^{N} D_i \times q_i + \lambda \left[\sum_{i=1}^{N} D_i \times q_i \times c_i(q_i) - B\right]$$

$$= \sum_{i=1}^{N} \lambda D_i q_i c_i(q_i) - D_i q_i - \lambda B$$

然后求解 KKT 条件,得到 λ,具体流程如下

(1) KKT 条件(Karush-Kuhn-Tucker Conditions):

$$g(q^*) \leqslant 0$$

$$\lambda^* \geqslant 0$$

$$\lambda^* \times g(q^*) = 0$$

$$\nabla_{q_i}[\lambda^* D_i q_i^* c_i(q_i^*) - D_i q_i^*] = 0, \quad i = 1, 2, \cdots, N$$

(2) 求解 KKT 条件:

$$q_i^* = \frac{W\left[\exp\left(a_i + \dfrac{b_i}{\lambda^*} - 1\right)\right]}{W\left[\exp\left(a_i + \dfrac{b_i}{\lambda^*} - 1\right)\right] + 1}, \quad i = 1, 2, \cdots, N$$

(3) 用二分法求解约束边界时的 λ 值:

$$g(q) := \sum_{i=1}^{N} D_i \times q_i \times c_i(q_i) - B = 0$$

其中,朗伯 W 函数[39]有一条重要的性质,$w(x)\exp(w(x)) = x$。基于这条性质,可以基于平稳性条件,即每个 q_i 分量的偏导,求出 q_i 与 λ 之间的关系式。有了 q_i 与 λ 的关系式之后,就可以求解互补松弛条件,即原问题的边界。要求 g 函数的根,首先要看一下它的性质。当 λ 趋于 0 时,g 函数是大于 0 的,而且 g 函数是随着 λ 单调递减的,因此可以知道,这个函数有且只有一个零点。基于这条性质,就可以通过二分查找,找到 g 函数的零点,即 λ 的值。有了 λ 的值之后,就可以根据 q_i 与 λ 之间的关系式求出 q_i,进而定价 c_i。

4.3　配送动态定价实践

在介绍完因果推断和运筹优化两种定价技术后,将转向配送动态定价实践。在日常生活中,通过美团等外卖平台点餐已经成为了一种方便快捷的方式,然而,背后的配送环节却

是需要精密规划和高效管理的。特别是对用户来说,长时间等待餐品配送或者因无人接单而取消订单都会严重影响他们的用餐体验。

如图 4.15 对配送差评的原因进行分析,如果一个订单没有骑手配送,顾客可选择取消这一单,这时候会对顾客进行全额退款,但商家会在顾客下单的同时就开始准备餐品。这就带来了一个问题:如果顾客取消的时候商家已经准备好了餐品,那这一餐就会浪费。此外,接单慢导致的超时和因为无人接单导致的取消单是用户体验很大的痛点。

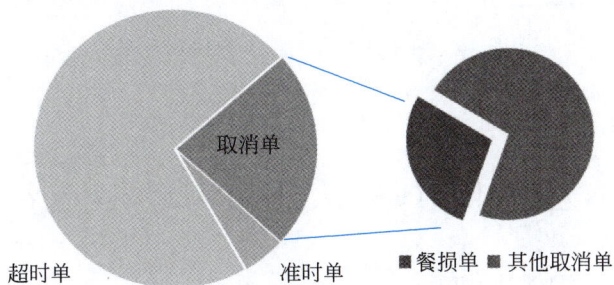

图 4.15　配送差评原因分析

如果拿出一部分预算,通过额外激励的方式提供给骑手,让订单得以配送,可实现四方共赢。对于顾客来说,外卖能够正常送达,保障了用户按时用餐,避免了饿肚子的尴尬;对于骑手来说,能够获得额外的收入奖励,增加了他们的工作积极性;对于商家而言,既能避免餐品的浪费,又能从外卖履约中赚取利润,提升了经营效益;对于美团平台来说,通过提升用户体验,促进平台的长期发展。因此,对于无骑手配送的情况进行额外的补贴激励,是一项非常有意义的举措。但如何将这笔资金有效地使用出去,则需要运用到前面介绍的相关技术。

首先,对问题进行抽象和数学建模。从订单生命周期的视角,将时间划分为不同的时间片,每个订单都可能处于三种状态之一:被骑手接单、被用户取消、进入下一个时间片。可以通过给运单分配额外的报酬激励来进行干预,但所有的支付报酬都受到总预算的限制。目标是在预算用完后,尽可能提高订单的接单率。因此,问题的决策点在于每个时间片下,为每个运单分配多少报酬激励。这实际上是一个典型的马尔可夫决策过程,优化目标是在所有时间片下,使得所有订单的接单概率最高。对于一个订单来说,在 t 时间片被接单的概率,等于其在 t 阶段还存在的概率乘以被接单的概率。而这里的"还存在的概率"指的是在前 $t-1$ 个时间片,既没有被接单也没有被取消的概率,因此,这涉及条件概率的累乘。问题的约束主要包括总支出期望的约束和单个单补贴金额的约束。因此,需要决定的是每个时间片下每个运单的补贴金额 c。

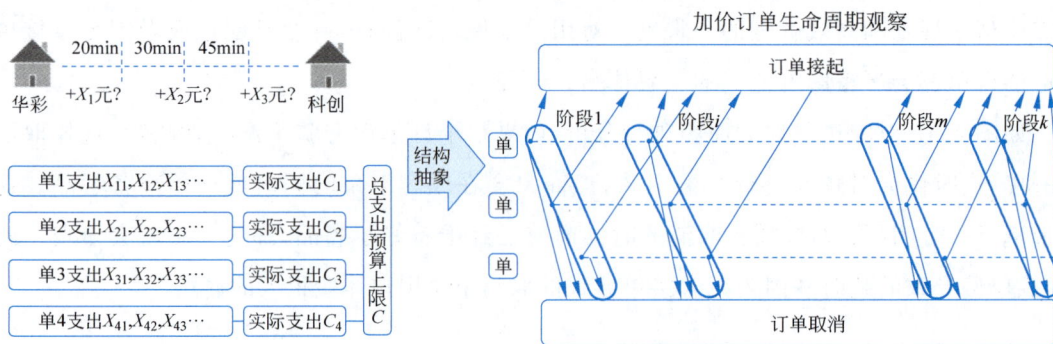

图 4.16   订单生命周期——分时间片来看

上述问题具体数学建模如下：

$$\max \sum_{i=1}^{N} \sum_{t=1}^{T} \left[\left(\prod_{j=0}^{t-1} (1 - p_i^j(c_i^j) - q_i^j) \right) p_i^t(c_i^t) \right]$$

$$\text{s.t.} \sum_{i=1}^{N} \sum_{t=1}^{T} \left[\left(\prod_{j=0}^{t-1} (1 - p_i^j(c_i^j) - q_i^j) \right) p_i^t(c_i^t) c_i^t \right] \leqslant B$$

$$0 \leqslant c_i^t \leqslant C_i$$

直接求解这个问题是相当困难的。为了简化求解过程，可以将问题拆解为两个阶段进行求解。当然，这只是一种拆解方法，针对这个问题，还存在其他的拆解和求解方法。在两阶段的拆解方法中，具体分为多阶段成本分配和单阶段定价决策两个子问题。在多阶段成本分配的子问题上，问题的目标可以抽象为一个状态转移方程：

$$G_t(B) = \max_{b \in [0, B]} \{ g_t(B) + G_{t+1}(B - b) \}$$

对于这类问题，可以采用多种方法求解，比如动态规划方法或者强化学习方法，不过这里不做深入展开。而针对时间片内的定价决策，问题可以抽象为一个经典的效用最大化问题，即在单阶段预算确定的情况下，如何进行每个订单的分配，以使得总体的完成率达到最高。在这个单阶段问题中，需要运用因果推断和运筹优化技术来解决如图 4.17 所示。

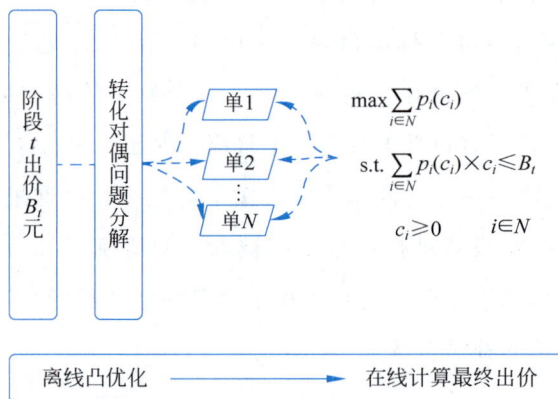

图 4.17   相同阶段定价决策

先来介绍因果建模部分。首先要说明一个情况,即价格激励对完成率的提升,主要影响着骑手接单这个阶段。因此,在进行因果建模时,直接建模了订单价格与订单接单概率之间的关系。然而,建模的困难在于随机数据无法支持模型的训练,而观测数据存在混淆偏差。举个具体的例子来说,一般而言,价格越高,订单被接单的概率就越高。但是,价格高的订单往往配送距离更长,这意味着这些订单更难送达,因此接单率反而更低。因此,从观测数据来看,价格越高,订单的接单概率反而更低。

针对这种混淆偏差,需要通过前面所讲述的去偏方法进行处理。在这里,采用了 PSM 与数据填充相结合的方法如图 4.18 所示。首先,对订单进行随机采样,形成对照组。然后,基于对照组每个订单的价格,在价格上加 0.1 元,找出与对照组最相似的一组订单进行匹配,从而得到实验组。同样的方法可以获得多个实验组。在匹配过程中,由于各个订单之间的价格差异较大(例如,一份 5 元的订单与一份 20 元的订单之间本身就存在着巨大差异),导致难以找到合适的匹配样本。在这种情况下,采用填充的方法来补充样本。填充的原则是对于接单的订单,即使加价也依然能接单;而对于不接单的订单,则即使降价也依然无法接单。

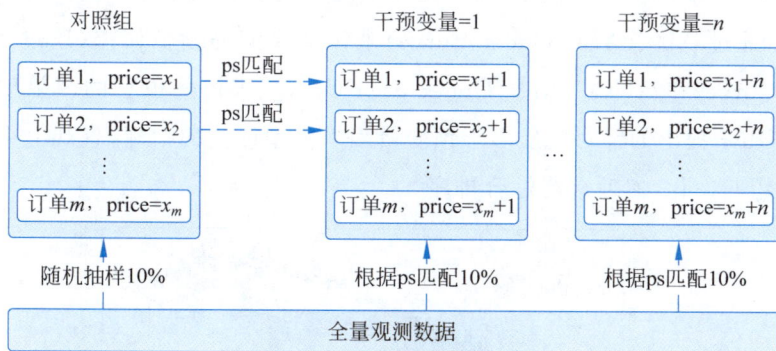

图 4.18　处理方法 PSM 去偏＋数据填充＋SMD 评估

经过去偏之后,通过标准化均数差(SMD)对去偏效果进行评估,如表 4.3 所示可以看到在关键特征上,SMD 的指标均有明显的改善。

表 4.3　SMD 指标对比

特征(脱敏)	干预变量=0.1,0.2		干预变量=1.1,1.2	
	去偏前 SMD	去偏后 SMD	去偏前 SMD	去偏后 SMD
geo *** ck	4.987	0.189	5.233	0.565
geo ***	8.237	0.324	7.206	0.484
nat *** ect_l *** th	0.081	0.068	0.098	0.086
l *** len *** h	0.588	0.048	0.572	0.050
l *** erse *** gth	2.029	0.279	1.890	0.290
13 *** ng_le *** th	3.387	0.311	3.632	0.427
di ***	78.45	2.34	81.02	3.16

数据处理完成后，可以进行模型的构建和评估如图 4.19 所示。在建模上，利用 Logit 曲线单调递增与边际收益递减的特性，将其作为接单率的先验曲线通过交叉熵损失函数进行对 Logit 曲线的超参数估计。在特征交叉和信息提取上，选择通过 DeepFM，对交叉特征和高阶特征进行建模，以实现对每个订单因果效应预估的目标。

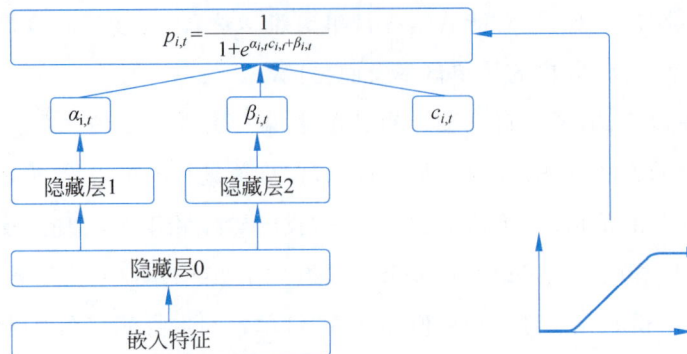

$$p_{i,t} = \frac{1}{1 + e^{a_{i,t}c_{i,t} + \beta_{i,t}}}$$

$\alpha_{i,t}$ $\beta_{i,t}$ $c_{i,t}$

隐藏层1 隐藏层2

隐藏层0

嵌入特征

图 4.19 **模型构建**

在模型评估上（如图 4.20 所示），从模型预估的准确度和因果刻画的准确度两个视角展开讨论。首先，通过 AUC(Area Under Curve)来评估模型的预估误差，通过 AUUC(Area Under Uplift Curve)和 AUCC(Area Under Cost Curve)来评估模型的因果刻画情况。这里，AUCC 是 Uber 提出的针对同质多干预变量因果模型评估的指标，直观上可以理解为将干预变量的作用归一化，然后进行综合排序。

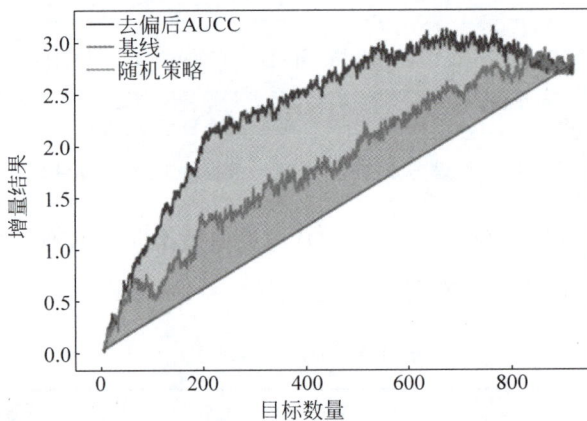

图 4.20 **模型评估（多干预变量评估问题）**

当获得了因果效应预估模型 p_i 后，就可以对运筹优化问题进行求解。假设接单意愿处于凸段，此问题可建模为：

$$\max \sum_{i \in N} p_i(c_i)$$

$$\text{s. t.} \sum_{i \in N} p_i(c_i) \times c_i \leqslant B_t$$

$$c_i \geqslant 0, \quad i \in N$$

这个问题的求解方法在前面已经介绍过,可以完全套用。这里再介绍一种在假设下的求解加速方法。首先,假设运单的接单意愿都处在边际收益递减的阶段,求解空间中因果模型已经不存在凹凸性的转换,此时直接对原模型套用拉格朗日对偶的求解方法。同样也可以通过互补松弛条件得出 λ 与 c_i 的关系式。此时原问题可转换为

$$\max_{c_i \geqslant 0} \sum_{i \in N} \left[p_i(c_i) + \lambda^* \left(\sum_{i \in N} \frac{B_t}{N} - p_i(c_i) \times c_i \right) \right]$$

$$\text{KKT 条件}: \begin{cases} c_i^* \geqslant 0, i \in N \\ \sum_{i \in N} p_i(c_i) \times c_i \leqslant B_t \\ \lambda^* \geqslant 0 \\ \lambda^* \left(\sum_{i \in N} \frac{B_t}{N} - p_i(c_i) \times c_i \right) = 0 \end{cases}$$

这时可直接通过成本约束式二分查找 λ,即可求解原问题。这种求解方法可以减少朗伯 W 函数的二分查找求根的运算,这是一种技巧。面向标准的凹凸性转换问题,还可以通过问题分解后的分支定界法进行求解,也可以通过遗传算法、粒子群算法等智能优化算法进行求解。上述转换流程如下:

$$\sum_{i \in N} \max_{c_i \geqslant 0} \left[p_i(c_i) + \lambda^* \left(\frac{B_t}{N} - p_i(c_i) \times c_i \right) \right]$$

$$\Downarrow$$

$$\max \left[p_i(c_i) + \lambda^* \left(\frac{B_t}{N} - p_i(c_i) \times c_i \right) \right]$$
$$\text{s. t. } c_i \geqslant 0$$

$$\Downarrow$$

$$c_i = \max \left\{ \text{root} \left[(1 - \lambda \times c_i) \times \frac{\partial p_i(c_i)}{\partial c_i} \Big|_{c_i = c_i^*} - \lambda^* p_i(c_i) = 0 \right], 0 \right\}$$

$$\Downarrow$$

$$\lambda^* \overset{f(\lambda^*)}{\rightarrow} \sum_{i \in N} p_i(c_i) \times c_i = B_i$$

$$\Downarrow$$

$$f(\lambda^*) = 0$$

4.4　时空成本决策支持

本节将介绍定价领域的一些前沿探索方向,如时空成本决策支持[40-43]。一般通过成本分配将定价问题转换为同一时空下的子问题,再行求解。因此,时空成本分配决定下一阶段问题的成本约束,非常重要。成本规划既可以保障骑手收入,又可以调节局部供需,不会让某些地方骑手过于聚集,某些地方的订单无人配送,进一步保障骑手的收入公平。

时空成本决策有很多视角,如图4.21所示。从空间来看,有城市级、区域级、商圈级;从时间来看,有月级、周级、天级、时段级;这些视角可以组合出多个时空的维度。上级维度的分配结果构成了下级维度的约束。可以在不同维度上进行更优的成本决策,以达成上文提到的目标。

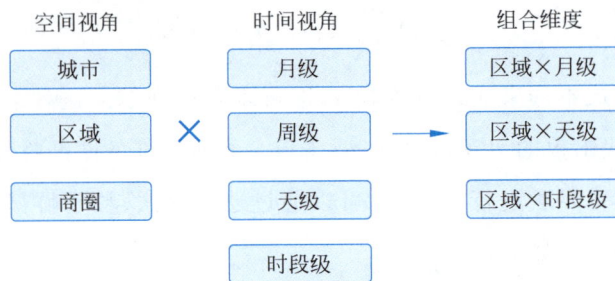

图 4.21　时空成本决策的视角

时空成本决策面临着两个主要难点。首先,必须对成本决策的长期影响进行有效建模。在进行成本分配时,需要考虑当前阶段决策对下一阶段的影响,同时要从长期的角度来评估成本决策的累积效益。其次,成本决策往往涉及宏观视角,这增加了问题模型学习的难度。如果通过细粒度的建模(比如运单视角),最后将其聚合以获得成本决策,就容易出现累积误差。

针对上述挑战,文献[44]提出了一种解决方案,即利用强化学习方法进行宏观视角的建模,并对成本分配行为的长期累积效益进行刻画。然而,强化学习的建模过程面临一个挑战,即真实环境与游戏环境存在巨大的差异。在真实环境中,试错成本很高,因此必须构建一个能够模拟真实环境的模拟器,为强化学习提供适当的试错环境。这一步骤是进行时空成本决策的关键环节。为了构建环境模拟器,可以采用模仿学习方法。

模仿学习涵盖了几种技术路线,简要介绍如下。

(1) 行为克隆(Behavior Clone),这是一种监督学习方法,通过专家轨迹(即真实环境中的决策)来学习状态到行动之间的映射规律。尽管这种方法直观易懂,但其效果主要取决于专家轨迹的质量。当专家轨迹不足时,其泛化能力不足是其主要困境之一。

70

（2）逆强化学习（IRL），同样基于专家轨迹，但是它的目标是学习整个环境中的奖励函数。尽管这是一种经典方法，但其训练成本非常高，因为每次奖励函数的迭代都需要进行完整的强化学习过程，实际应用中训练成本非常大。在 2016 年的一篇论文中提出了一种生成对抗模仿学习（GAIL）的方法，基于生成对抗网络（GAN）的训练思想完成奖励函数的学习过程。这个方法的一个重要贡献是证明了逆强化学习的一次迭代与生成对抗网络的一次更新等价，从而降低了逆强化学习的训练成本。

（3）基于生成对抗模仿学习（GAIL）构建环境模拟器（如图 4.22 所示），这个网络的损失函数与 GAN 的损失函数非常相似，实际上也是通过判别器的输出来评估环境的仿真程度。在这个训练架构中，生成器的目标是基于真实的专家轨迹生成仿真的轨迹，而判别器的目标是对生成器生成的轨迹和真实的专家轨迹进行区分。通过这样一个对抗性的训练过程，最终生成器可以完成对仿真环境的构建，以供强化学习决策过程使用。

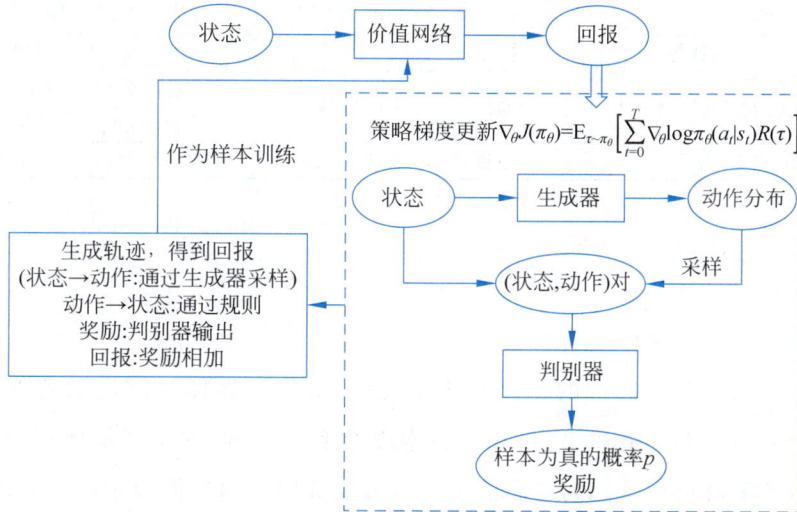

图 4.22　基于生成对抗模仿学习构建环境模拟器

对于决策难点中的复杂约束条件，需要采用更为复杂且高效的运筹方法来予以解决。在处理基础的凸优化问题时，可以采用第一种方法诸如拉格朗日对偶等精确解法，以实现精准且迅速的求解。而对于非凸优化问题，则可以考虑第二种方法使用动态规划（DP）、分支定界（B&B）等方法，以达到精确求解的目的。然而，这类方法的复杂度较高，在处理大规模问题时面临困难。举例而言，DP 方法的复杂度至少为 N 的平方，而 B&B 方法需要不断的分支定界，其复杂度同样显著。以美团每日处理订单的情景为例，上述方法的运行时间可能相当可观，甚至不太适用。

在此背景下，第三种方法则是启发式方法，例如遗传算法、粒子群算法等。这类启发式算法具有广泛适用性，相较于精确方法，求解速度更快。然而，这类方法的难点在于启发函数的设计,同时解的误差界难以确定,也难以在实时环境中进行在线应用。在工业领域应用中,这一问题显得尤为严重。例如,对于一笔订单的微小误差,亦会在数百万订单的背景下造成巨大损失,从而使得这类方法在工业领域的可行性受到质疑。

还有第四种方法即基于机器学习优化与运筹(ML4OR)的方法。这类方法在配送网络规划等领域得到应用,并且已经在工业界流行起来。其备受推崇的原因在于其在理论层面的充分证明,以及在实际应用中呈现出的优异成果。该方法不仅在求解精度方面表现出色,且能够快速解决复杂模块。然而,该方法的链路较为复杂,也在很大程度上依赖于机器学习的质量。

上述决策技术选型总结如表 4.4 所示。

表 4.4　决策技术选型

方　　法	优　　点	缺　　点
拉格朗日对偶	精度高,复杂度低	只能求解凸问题
精确解法(DP、B&B 等)	精度高	复杂度高,难以求解大规模问题
启发式/元启发式方法	通用性强,速度较快	启发函数设计难,无法确认解的误差界,难以在线应用
ML4OR 的方法	精度高,求解速度快	链路复杂,依赖 ML 质量

4.5　小结

本章深入探讨了配送定价的建模与优化,揭示了定价在即时配送中的重要性和复杂性。通过分析定价问题的概述、定价相关技术以及实际案例,展示了如何利用动态定价策略优化配送效率和降低成本。内容涵盖了从基本定价理论到具体应用的多方面,强调了因果推断和运筹优化技术在定价中的关键作用。通过本章内容,读者可以全面了解配送定价的理论基础和实践方法。

第 5 章　即时配送的大数据预测技术及应用

本章讨论即时配送中的大数据预测技术。

5.1　业界常见预测问题介绍

预测问题在工业界,特别是互联网产品中很常见(如图 5.1 所示)。例如:在视频推荐中,需要预测点击率(Click-Through Rate,CTR);在网页搜索中,预测相关性;在广告系统中,也需要预测点击率;在电商系统中,则是预测转化率(Conversion Rate,CVR)。这些预测模块与其他模块相互协同,共同提升业务效果。

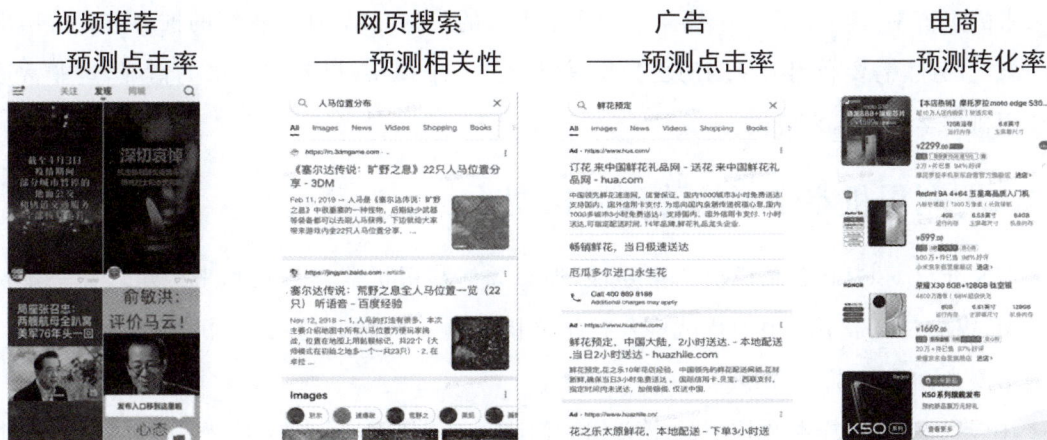

图 5.1　互联网产品中的预测问题

5.1.1　预测点击率与预测转化率

进一步对每一类系统展开讨论。首先是推荐系统,通常包括对 CTR 和 CVR 的预估。在视频推荐中,CVR 通常指用户点击视频后观看超过一定时长的比例。此外,推荐系统还需考虑多样性问题,避免给用户推荐过于相似的内容,产生审美疲劳。多样性模块并非单纯的预测问题,该模块与 CTR 和 CVR 预估模块共同提升视频推荐系统的观看时长和日活用户(Daily Active Users,DAU)数量,这是视频业务的主要目标。

其次是搜索引擎,其中关键的预测模块是相关性,另一个同样重要的模块是权威性。权威性是网页重要程度的指标,Google 公司的 PageRank 算法便是一个著名的计算权威性的例子。相关性和权威性共同提升搜索结果的丰富性和准确性,从而提升搜索量。

再次在广告系统中,CTR 是关键的预测模块,拍卖机制同样至关重要。拍卖机制涉及博弈问题,通过机制的设计可以最大化广告平台的收益和广告主的投资回报率(Return on Investment,ROI)。此外,广告系统也要考虑相关性约束,以确保广告的展示符合用户需求,从而提升 CTR 和收益。这些模块共同提升广告平台的收益和广告主的 ROI。其中,预测模块在广告系统中扮演着重要角色,CTR 预估尤为关键。广告预测技术的发展历史悠久,可以作为预测技术演进的典型代表,接下来进行详细介绍。

从广告平台的业务目标出发,其核心目标之一是最大化盈利能力,而盈利能力的关键指标之一是 eCPM(每千次展示平台可获得的收益)。对于按点击计费的广告而言,eCPM 的计算公式可以分解为 CTR 乘以 Bid,其中 CTR 代表点击率,而 Bid 则是广告主对一次点击的出价。由于出价是广告主的行为,因此,最大化收益的关键在于准确预测 CTR,进而计算不同广告的展示收益,实现收益最大化的目标。

CTR 预估适合使用机器学习技术解决的原因有两方面:第一,需要利用历史数据来预测未来的点击率;第二,在这个场景中包含了大量的信息,难以通过传统的推理方式得出准确结果。因此,需要利用大量的历史数据来"拟合"一个模型,以预测未来的情况,这非常适合使用机器学习技术来解决。

5.1.2　利用机器学习构建预测模型

上文介绍了 CTR 预估模块的重要性,那么如何利用机器学习技术来构建这样一个预测模型,以应对广告系统中的挑战呢?接下来围绕这一问题,重点关注机器学习技术的三个基本要素:样本、特征和模型。

在广告系统中,样本和特征的定义相对清晰。一个广告曝光给用户后,如果用户点击了该广告,则被认为这是一个正样本;反之,则被视为一个负样本,历史上所有展示的正样本和负样本可以构建一个样本集合。在特征方面,通常可划分为三大类特征:(1)用户特征,包括用户历史行为统计和建模等;(2)广告特征,包括广告本身的文本描述或图片等信息,从中可提取丰富的特征;(3)环境特征,如星期几、是否节假日、广告展示时的页面元素、天气等外界环境信息。将特征完整刻画出来,结合之前的样本集合,便构造了一个机器学习问题的完整数据集。接下来,可以设计模型去求解这个问题。

在广告系统中,早期使用较多的模型是逻辑回归(Logistic Regression,LR)模型。LR模型是关于特征和参数的线性表达式,通过 Sigmoid 函数将表达式的值映射到 0 和 1 之间,因此可以作为一个二分类问题的概率值。LR 模型的特点是非常简单易行,具有很强的可解释性,可以清晰地说明每一个特征的重要程度。而且计算速度很快,非常适用于处理广告场景的大量离散特征的并行计算。大约从 2008 年开始,各大互联网公司的广告平台普遍采用 LR 模型进行 CTR 预估,可以说,LR 是广告系统 CTR 预估的第一代模型。但它的不足在于模型本身表达能力不强,因此需要大量的基于人工经验的组合特征设计来提升预测效果。

LR 模型的数学表述如下:

$$\hat{y}(x) = \frac{1}{1 + e^{-\boldsymbol{w}^{\mathrm{T}} x}}$$

$$\boldsymbol{w}^{\mathrm{T}} x = w_0 + w_1 x_1 + \cdots + w_n x_n$$

得到模型后,需要对它的效果进行评估。针对模型输出的分数,可以设定一个阈值来假设是否点击。例如,设定概率大于 0.5 时,认为用户会点击展示的广告;而概率不大于 0.5 时,则视为不点击。通过这样设定概率阈值,可以预测一个样本是正样本还是负样本,而同时每个样本也有真正的是否点击的标签。如果对实际的正样本预测正确,则称为真阳性(True Positive,TP),如果将实际的正样本预测为负样本,则称为假阴性(False Negative,FN),对负样本的预测类似,表 5.1 展示了预测值和实际值的四种情况。

表 5.1　CTR 预测:离线评估

实际值	预测值	
	阳性	阴性
正	TP	FN
负	FP	TN

通过真阳性率(True Positive Rate,TPR)和假阳性率(False Positive Rate,FPR)可以评估模型的效果,其中 TPR 和 FPR 定义为

$$\text{TPR} = \frac{\text{TP}}{\text{TP} + \text{FN}}$$

$$\text{FPR} = \frac{\text{FP}}{\text{FP} + \text{TN}}$$

当设定不同的概率阈值时,预测一个样本为正样本或负样本的结果会发生变化,TPR和 FPR 也会随之改变。例如,将阈值设定为 0.1、0.2……0.9 等不同值,就可以得到一系列TPR 和 FPR 取值,并绘制成一条曲线,如图 5.2 所示。如果模型对正负样本是随机预测

的，则这条曲线是一条斜率为 45 度的直线。如果模型表现良好，那么曲线在这条直线的上方，可以通过计算曲线下方的面积（Area Under Curve，AUC）来评估模型的效果。AUC 是 CTR 预估模型的常用评估指标，如果 AUC 达到 0.8 左右，可以说明模型的效果非常优秀。

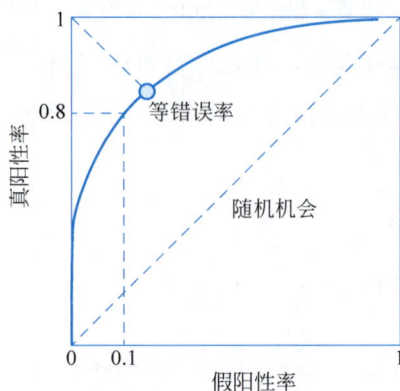

图 5.2　ROC 曲线

如果离线评估 AUC 有提升，那么预期上线后可能会产生业务收益，例如提升点击率或收入。这时可以考虑上线小流量实验，例如，抽取 5% 的流量进行 AB 实验，比较实验组和对照组在业务指标上的差异。举例来说，如果通过 AUC 提升了 1 个百分点，收入增长了 100 万，那么这个模型效果就比较好。然而，在实际情况中，很多时候会发现业务效果未达预期，即上线后收入和点击率没有增加。这时需要进一步分析原因，并进行策略迭代和再次实验，直到业务效果变得正向，才可以考虑进行全量推广。

5.2　即时配送中的预测问题

5.1 节介绍了工业界常见的预测问题，及其在互联网产品中的广泛应用。这些问题在优化产品体验和提高业务效益方面发挥着关键作用。本节将聚焦即时配送领域中的预测问题，即时配送在当今互联网生态系统中扮演着重要角色，而预测技术的应用对于提升即时配送的效率和质量至关重要。

5.2.1　预测送达时间

在外卖配送场景中，存在着多种预测问题需要解决，其中最常见的是预测送达时间（Estimated Time of Arrival，ETA）。在产品交互中，用户会在三个页面上看到预计送达时间：列表页、下单页和详情页。列表页上的时间是在用户还未点餐时展示的，在此阶段无法得知餐品制作的时间长短，因此通常是相对粗略的预估。而在下单页，用户已经点完餐,所有信息都已确定,因此这个时间会更准确。在详情页,用户完成点餐后会显示一个小地图,其中标注了骑手的定位,预计送达时间会实时刷新。通过用户调研,发现 93% 的用户在点餐时会考虑送达时间,大约一半的用户认为时间是他们决策是否下单的一个关键因素。

用户看到的时间是从下单到最终送达的时长,而 ETA 背后的算法需要对中间过程进行比较详尽的预测。用户下单后,会发生许多事件,这些事件都对配送时间有重要影响,如图 5.3 所示,底色模块都是需要进行建模和预测的。总体而言,在商家出餐和骑手到达小区交付之间的过程比较复杂较难预测,因为涉及诸多不确定因素,如室内情况、等待电梯以及交通状况等,而传统 ETA 问题中的行驶阶段则相对容易预测。

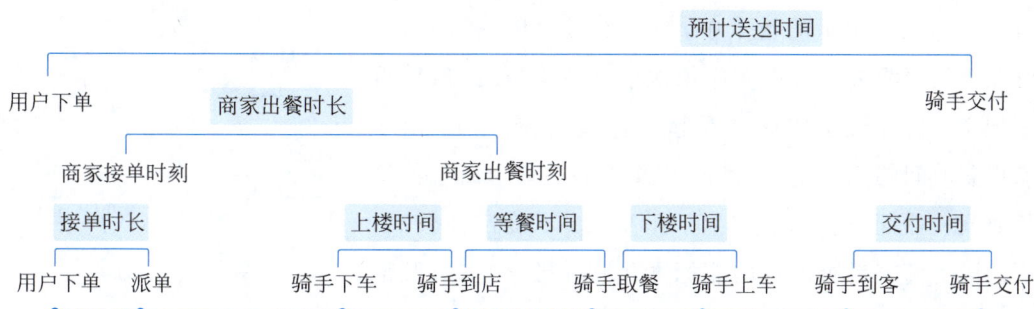

图 5.3　配送过程的时间预测

除了前述问题,还需要对骑手配送的序列和时间进行建模,将在 5.4 节详细展开。此外,还需要预测供需情况,外卖配送是一个供需波动非常大的场景,就餐时段订单量集中,而闲时订单则相对较少,准确预测供需对于运力规划和时间预留至关重要。另外,在用户和骑手方面,还会对用户和骑手的体验进行建模,包括用户的满意度和复购率,以及骑手的订单接受意愿和持续接单情况(留存率)等。

5.2.2　即时配送预测模块的作用

即时配送的预测模块在多方面发挥着重要作用。

第一,预测模块与终端用户进行交互。如为用户提供餐品送达的时间预期,方便用户根据个人需求进行选择,向骑手展示商家出餐的时间,这可以帮助骑手合理安排到店时间,以便及时取餐。

第二,预测模块作为算法模块,支持决策。如帮助系统判断骑手与订单的匹配度,从而优化配送路线和配送效率。

第三,预测模块在业务规划方面发挥关键作用。通过对供需情况的准确预测,可以指导骑手的排班安排或提前规划运力,以应对不同时间段订单量的波动,更好地满足用户的需求并提高服务水平。

5.3 即时配送预测问题的常见挑战及解法

5.2 节介绍了即时配送中的预测问题,本节将重点探讨解决这些问题过程中遇到的挑战及解法。

5.3.1 预估商家出餐时间建模

首先是商家出餐时间预估,其主要应用在骑手调度上,目的是让骑手能够在商家正好出餐的时间到达店里,避免骑手长时间等待或餐品长时间滞留。如图 5.4 所示的情景中,如果不考虑出餐时间,骑手可能会按照距离的远近顺序依次前往商家取餐,然后再逐一配送。这种做法表面上看起来合理,但实际上,由于商家出餐时间的不确定性,可能导致骑手在某个商家等待较长时间。然而,商家出餐时间预估存在不确定性较高,主要是因为商家后厨流程的非标准化和非数字化,以及部分订单出餐时间过长的长尾问题。

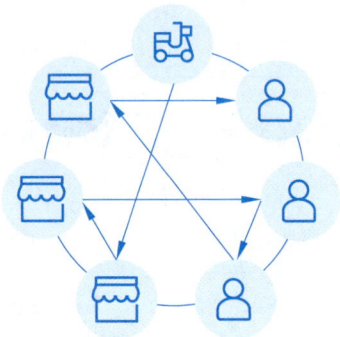

图 5.4 商家出餐示例图

针对预估不准确的挑战,解决思路之一是建模预估商家出餐时间的概率分布,为调度决策提供更丰富的信息,提高决策的合理性。举例来说,如果根据概率分布得出商家的出餐不够稳定,那么需要为骑手预留更多的时间,这种方法能够提高效率,有效缓解等餐长尾问题的出现。

在建模预估商家出餐时间的传统回归方法中,建模的目标是一个具体的数值。设 $\hat{y}_i = f(X_i, \theta)$ 是模型的预测值,如果预测值和实际值有一定的差距,这个差距的绝对值就是模型的损失,即损失函数(Loss Function,Loss)。通常希望整体的平均绝对误差(Mean Absolute Error,MAE),即平均损失最小。其具体数学形式为

$$\mathrm{MAE} = \frac{1}{n} \sum_i |\hat{y}_i - y_i|$$

但是如果要建模概率分布,建模的目标就变成了累积分布函数(Cumulative Distribution Function,CDF),$F_i = f(X_i, \theta)$。此时,根据连续分级概率评分(Continuous Ranked Probability Score,CRPS)的方法替换上述常规回归方法的损失函数,其表达式为

$$\mathrm{CRPS}(F, y) = \int_{-\infty}^{y} F(x)^2 \mathrm{d}x + \int_{y}^{\infty} [1 - F(x)]^2 \mathrm{d}x$$

如图 5.5[45] 所示,CRPS 用于评估概率分布在真实值附近的聚集程度,CRPS 越小说明预测效果越好。以 CRPS 作为损失函数,可以求解出模型参数。

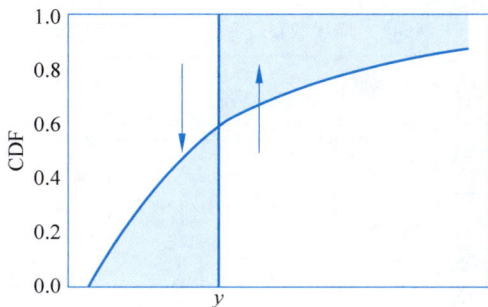

图 5.5　CDF 曲线[45]

5.3.2　删失数据处理

下面讨论删失数据的问题。在实际进行建模时,并非所有的样本都能够完整获取,特别是在即时配送业务中,存在许多无法获得完整数据的情况(如图 5.6 所示)。举例来说,考虑研究治疗方案对患者的影响,有时无法准确得知患者症状始于何时,这可能是一种左侧的缺失数据。或者有时无法确定患者何时康复,可能是在一段时间之后,才能知道确切的康复时间点。此外,在某些时间段内,如果患者未曾出现,也无法观察到其情况。因此,许多现实世界中的数据无法被完全数字化,这就会导致一些数据的缺失。

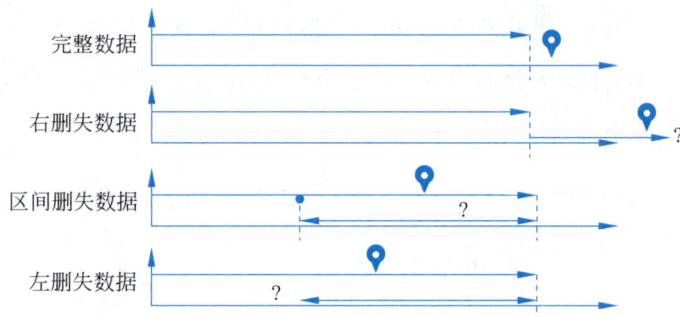

图 5.6　删失数据问题

在商家出餐时间预估中也会遇到类似的情况(如图 5.7 所示)。一种情况是,当骑手点击"已取餐"按钮时,如果已经在商家店里等待一段时间了,那么此时就能准确获得出餐时间,因为之前的等待时间没有出餐,然后骑手在出餐后立即取走,这是一种完全的样本。另一种情况是,骑手到达商家时已经出餐很久,即刻取走餐品,无法准确得知商家何时出餐,只知道在某个时间点左侧,这是一种左删失的样本。类似地,还有一种情况是,骑手到店时商家尚未出餐,前往其他商家取餐后再回来,此时商家已经出餐,骑手取走。因此骑手离开的那段时间无法得知具体的出餐时间,只知道在之前一次到店时没有出餐,在后来再次到店时已经出餐,这是一种区间删失的样本。

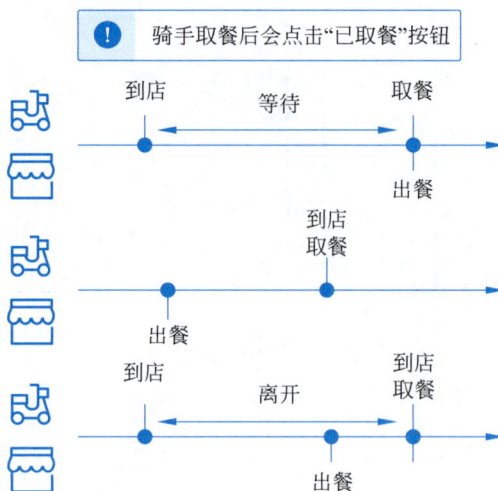

图 5.7　出餐环节的删失数据

常规的回归模型因为要求使用完整样本所以无法处理这类数据。但实际上，删失样本仍然能提供很多有效信息，真实情况中，这些样本大约占总体的 50%。那么能否将删失样本的信息也加以利用呢？这需要结合概率分布建模来实现。CRPS 损失函数能够有效应对概率分布预估问题。以区间删失样本为例，如图 5.8[45] 所示，在区间删失的样本数据中，无法获取中间部分的信息，但对于已知的左侧和右侧部分，可以设定函数使损失尽可能小。比如，在左侧知道尚未出餐，因此将其概率设定得尽量小，而在右侧已经出餐的部分，则使其概率尽量大。通过结合概率分布预估，可以将删失数据充分利用起来，从而提升模型的效果，进而在实际业务中提升骑手取餐、用户点餐的双侧体验。

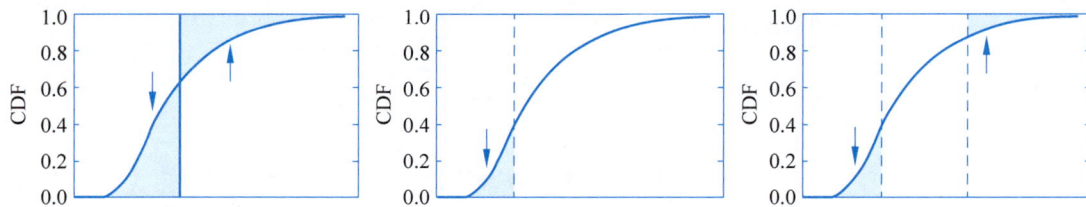

图 5.8　删失数据建模[45]

5.3.3　建模目标选择

下面将介绍建模目标的选择问题。在这个问题上，许多人可能会有一些习惯性的错误。以预计送达时间为例，在点餐过程中，用户经常会关注预计送达时间。在公司的问卷调查中，有 93% 的用户在点餐时会考虑到时间，47.02% 的用户认为时间是决定点餐的主要因素。这些数据表明了时间在用户体验和业务运营中的重要性。

接着更深入地探讨：上述问题和地图导航中的预计到达时间是否是同一类问题？是否属于同一类预测问题？这个问题涉及两个层面：首先，需要确定是否属于一个预测问题；其次，需要清楚这两个情景中的预测问题是否具有相同的本质。

在外卖配送场景，用户和平台之间存在着一种合约关系。用户支付了配送费以及商品的费用，而配送时间则是承诺的一部分。虽然双方没有签订任何的合同，但合约关系依然存在。在后续的履约过程中，必须遵循这个承诺的时间来安排最合适的骑手。骑手也会根据这个时间约束去进行配送。如果订单未能按时送达，用户可能会感到不满意并向平台投诉。如果用户购买了准时送达的保险，平台可能还需要进行赔偿。同时，骑手的体验也会受到影响，他可能因此无法获得完整的酬劳。综上所述，可以得出这是一个基于预测的决策问题。

而对于地图导航场景而言，其中并不存在任何合约关系。当用户查询路线时，预计到达时间仅作为一个参考指标。用户的实际行程和预估到达时间之间并不会相互影响。如果预估的时间不够准确，用户可能会仅发表意见或选择其他导航产品。因此，这就是一个典型的预测问题，只需尽可能准确地进行预测即可。

在业务领域中也存在一些常见的误区，即直接将业务目标（如时间、收入等）作为模型的标签，然后堆砌一些特征，供机器学习模型进行拟合，而不考虑其中的中间过程。然而，在实际应用中，有几个关键因素需要考虑。首先，预测结果不能够影响后续的事实。例如，在预测股票走势时，即使能够相对准确地进行预测，但如果将其发布出来，可能会影响到股票的走势。其次，预测的实例之间应该是相互独立的。例如，在预测配送时间时，如果两个订单的预计送达时间都是 40 分钟，但它们被分配给了同一个骑手，这可能会改变预测结果。最后，需要考虑对预测目标影响因素的了解程度。举例来说，当尝试预测股价时，由于一些影响因素是未知的，结果可能无法准确预测。只有当对这些影响因素有一定了解，并将这些信息提供给模型时，才能够有效地进行学习。

总结来说，外卖配送 ETA 是一个基于预测的决策问题（如图 5.9 所示）。所预测的到达时间直接影响用户是否下单的意愿，通常 ETA 越短，转化率越高。同时，是否按时送达也会影响用户的留存率。如果订单按时送达，用户的体验会更好，其复购率也会越高。除此之外，如果 ETA 较长，可以考虑将多个订单合并配送，这样的做法会使得性价比更高，降低配送成本。通过考虑不同业务目标的影响，可以建立相应的模型进行预测：转化率和复购率属于平台规模，而性价比或顺路率则属于平台成本。将这个问题抽象为三个预测问题，最终可以得出决策规模与成本之间的关系。因此，这个问题涉及如何考虑建模目标，并将其抽象为决策过程的一部分。

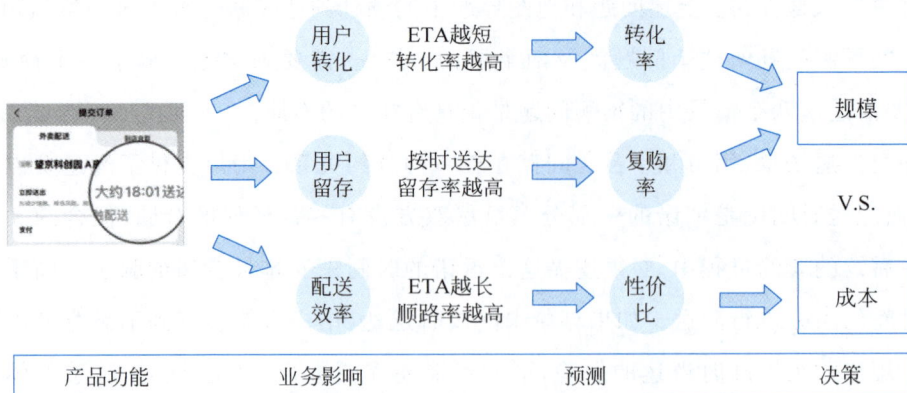

图 5.9　外卖配送 ETA：基于预测的决策问题

5.4　骑手配送顺序和时间预测

前文对配送中的预测问题进行了整体概述,本节主要就配送调度中最基础的两个预测问题进行针对性讨论。配送调度系统的一个核心的能力在于评估骑手与订单的匹配程度。这一环节直接影响配送效率和用户体验。为了合理地进行骑手与订单的匹配,调度系统需要获取两个关键预测信息输入:骑手可能的配送顺序和配送时间。这两个输入信息的准确与否直接决定了系统对于骑手、订单匹配度评估的准确性,进而决定了派单的合理性。接下来,我们将深入探讨骑手配送顺序和时间预测的相关内容,以便读者更好地理解配送调度系统的运作原理。

在配送调度中,系统最核心的功能就是确定骑手与订单的匹配程度,并根据匹配度为骑手分派订单。那么,调度系统如何评估骑手与订单的匹配程度呢?这涉及配送顺序和时间预测的问题。举个例子,如图 5.10 所示,假设一个骑手收到了 ABCDE 五个订单,那么他到底是按照 ABCDE 的顺序配送,还是按照 ADBEC 的顺序进行配送?不同的配送顺序意味着完全不同的配送路线和配送时间,而配送路

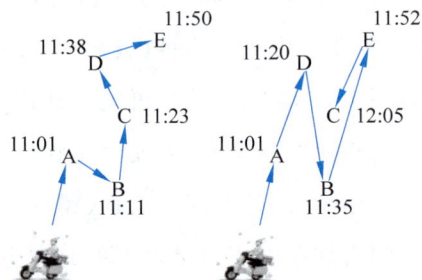

图 5.10　配送示例

线可以用于评估订单的顺路与否,配送时间则可以用于评估订单的配送体验。订单配送的顺路性和配送体验也是调度系统最关注的核心指标。因此,对于调度系统而言,最重要的输入就是这两个关键预测问题的预测结果:骑手会采取何种配送顺序?以及按照这种顺序配送需要多长时间?

5.4.1　时空数据预测

具体定义一下上述问题。对于一个骑手以及 N 个订单，需要预测骑手会按照什么顺序去配送这些订单。在这个问题中，唯一存在的预测约束在于，一个订单的取货点必须在送货点之前。同时，对于配送顺序中的每个节点，需要确定骑手具体的完成时间。这里涉及了两个序列：骑手配送节点序列以及配送时间序列（如图 5.11 所示）。

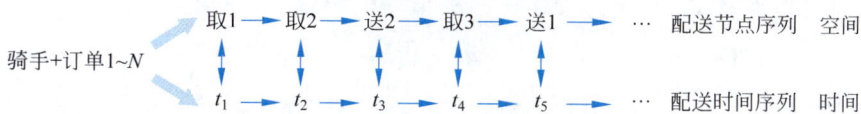

图 5.11　配送模型定义

骑手配送顺序预测和配送时间预测是比较典型的时空数据预测问题。接下来简要介绍一下时空数据。时空数据通常与日常生活密切相关。例如，大家平时关注的 $PM_{2.5}$ 数值，指的是某一时间在某一位置上的 $PM_{2.5}$ 值，其中时间是具体的时刻，而位置则是空间上的坐标。所有与时间、空间相关的数据都可以归属到时空数据的范畴。图 5.12 是对时空数据类型及其表达形式的总结，图 5.13 反映了各种任务在现有研究中的比例分布情况，更细节具体的数据和描述可以参照时空数据挖掘相关论文综述[46]。从图 5.13 所示，预测问题在时空数据挖掘领域中占据着重要地位。而今天所介绍的骑手相关预测问题，也属于时空数据预测的范畴。

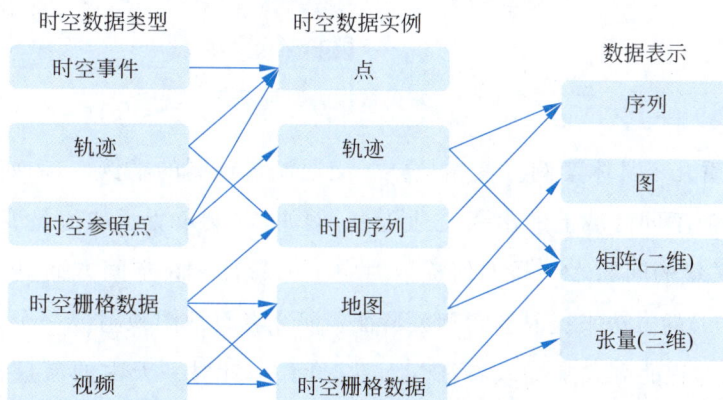

图 5.12　时空数据类型及其表达形式

时空数据预测指的是基于历史数据去预测未来的发展趋势。引用综述[46]中的一句话："时空预测学习的目标就是基于历史数据去预测未来的发现。"在具体的预测任务中，可以是预测未来某一个单点事件，比如预测未来某一个区域是否会发生犯罪事件；扩展到连续事件的预测，则涉及时序预测问题；而在空间方面的扩展，则可以是对空间图（Spatial

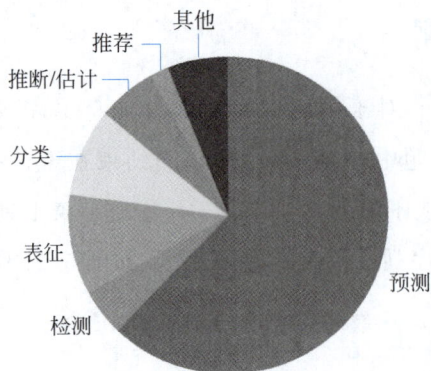

图 5.13 现有研究文献中各类任务占比

Maps)的预测。时序预测比较容易理解,涉及时序数据的连续变化;而空间图的预测,则是关注在一个空间范围内,数据的分布情况;当然,也可以同时在时间和空间上进行扩展栅格数据(ST Raster);除此之外,还有一类比较常见的时空预测问题,轨迹预测,比如预测人在行走中的移动路径,或车辆的行驶方向等,如图 5.14 所示。

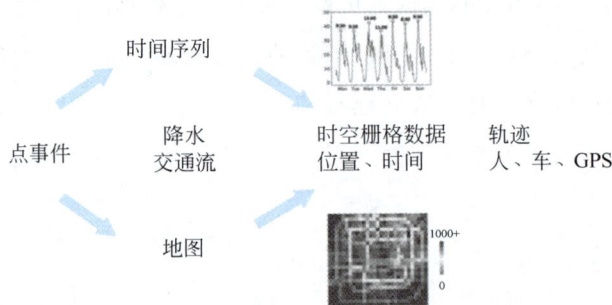

图 5.14 常见数据类型与任务

（1）下面来看几个具体案例。首先是一个交通流量预测的案例[47]。如图 5.15 所示,这个任务旨在预测不同区域上的出入交通流量,例如,右上角所示的流量变化曲线。在具体预测之前,最关键的问题之一是如何提取时空上的特征。在空间方面,研究者采用了卷积神经网络(CNN)的方法来提取空间相关特征。研究者将地图映射成一个个格点区域,然后利用类似图像卷积的方式来提取特征。而在时间上,针对一天内的流量特征,研究者采用了长短期记忆(LSTM)网络进行特征提取。而对于不同日期的特征,他们结合了注意力机制(Attention Mechanism)来进行特征聚合,这是时间上的聚合。通过对时间和空间上特征的提取,研究者进一步将其应用到后续的预测模型中,以预测未来的流量数据。这是一个相对典型的时序预测案例,其中时空特征的提取问题至关重要。

（2）接着是一个类似的人流量预测问题[48],该研究旨在预测北京不同区域的人流出入情况。如图 5.16 所示,首先,将北京划分成规则的格点,其中图像上的每个像素代表一个格

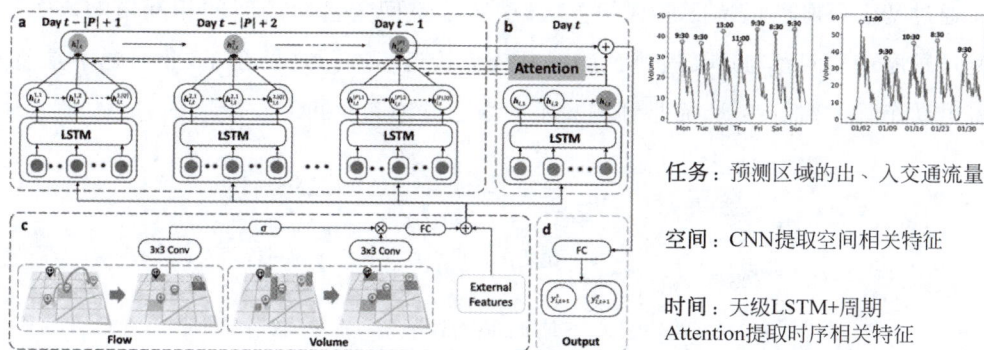

图 5.15　交通流量预测案例[47]

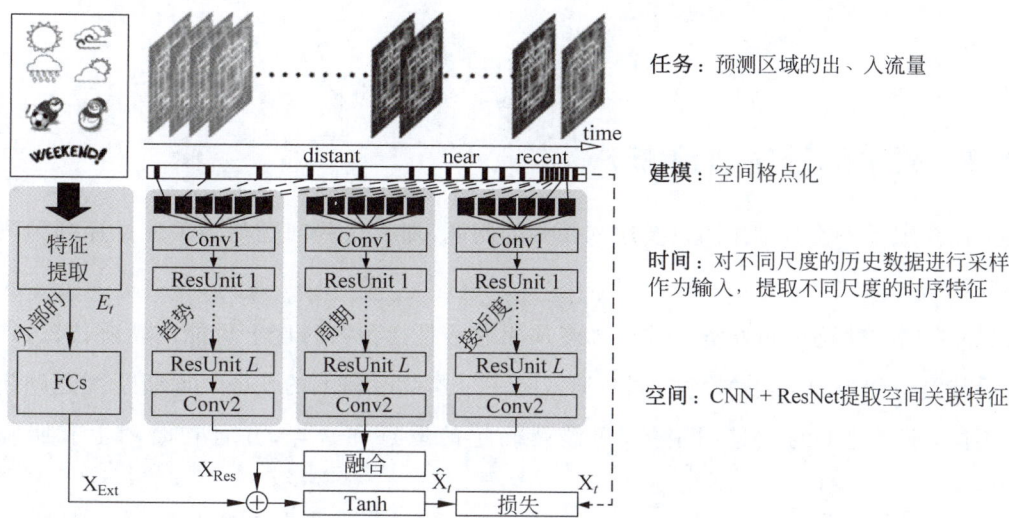

图 5.16　人流量预测案例[48]

点区域,其像素值表示流量。通过已知的历史人流出入数据,进行未来情况的预测。与之前的案例不同之处在于,研究者对不同尺度历史数据进行采样作为输入,包括远期、中期以及近期的三类数据。对于远期数据采用稀疏采样,而对近期数据则采用密集采样,以提取不同尺度的时间特征。而在空间上,则是通过 CNN 和 ResNet 结合来进行特征提取。这类时空预测工作的核心仍然在于时间和空间特征的提取。

(3) 接着,来看一个轨迹预测的案例[49]。如图 5.17 所示,该研究涉及拥挤场景下人的移动轨迹预测,主要考虑的是人在自主移动过程中受到其他人影响下的移动情况。在具体对个体轨迹进行预测时,论文采用了 LSTM 模型。而在考虑人与人之间相互影响时,引入了 Social Pooling 的概念。所谓的 Social Pooling 指的是在考虑周边人影响时,选取周边一定距离范围内的人进行特征聚合。例如,在预测黑色点时,需要考虑周边其他人对其的影响。其中,蓝色和黄色点距离较近,红色点较远,因此只结合蓝色和黄色点对应的特征进行聚合。通过基于距离进行特征聚合的方式,引入了空间上多轨迹间的相互影响。实际上,骑手配送顺序预测问题与这类轨迹预测问题较为接近。不同之处在于,此问题不是预测骑手骑着电动车具体如何移动,而是预测骑手的取送顺序和时间。

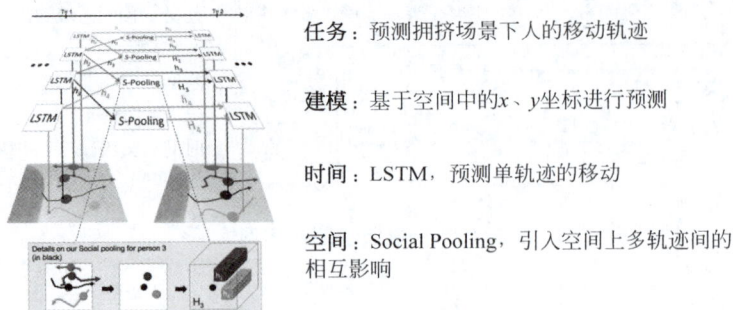

任务:预测拥挤场景下人的移动轨迹

建模:基于空间中的x、y坐标进行预测

时间:LSTM,预测单轨迹的移动

空间:Social Pooling,引入空间上多轨迹间的相互影响

图 5.17　轨迹预测案例[49]

5.4.2　骑手配送序列预测

上面介绍了一些时空预测以及序列预测的问题,那么这些问题与骑手配送序列预测有何不同呢?

(1)在时空轨迹预测方面。时空轨迹预测通常是指预测时序上可能的轨迹位置,这些位置可能是空间中的任何一个点,同时通常是一个连续时间上的任务。而骑手配送顺序预测则不同,该问题中的点是固定的,只涉及确定的取点和送点,并且在时间上有明确的约束。

(2)在序列预测方面,例如,点击率预估、导航时间预测,通常是针对单一任务进行预测,或者给定一个序列来预测另一个序列。而在骑手配送行为预测上,骑手的配送顺序会直接影响配送时间,反之配送时间同样会影响配送顺序,这两组序列预测任务是强耦合的。举个例子,图 5.10 中,在不同的配送顺序下,节点 D 的完成时间可能会有很大差异;同样地,如果节点 D 的剩余配送时长不同,也会影响骑手决策是否要优先配送 D。这是骑手配送序列预测问题与常见序列预测问题最大的差异。骑手配送序列预测是一个多任务耦合的预测问题。同时,在建模方面,还需要应对较多的骑手个性化以及复杂动态的现实配送环境问题。

要如何解决这些问题呢?在实际应用中,可以从单一序列预测开始解决,分别针对配送顺序和配送时间进行预测,然后通过序列的多任务协同进行联合优化。

(1)首先是单序列的骑手配送顺序预测。在这个任务中,需要预测在给定骑手和订单的情况下,骑手的实际配送顺序。此任务的核心在于理解并学习骑手的配送行为,以准确预测其配送顺序。这里采用了基于模仿学习的方法进行骑手配送顺序的预测。简而言之,试图通过模仿骑手的决策过程来预测具体的配送顺序。

具体到方法上,主要探索了两大类方法,即基于搜索优化的算法和基于骑手行为学习的方法。基于搜索优化的算法主要通过定义目标函数并结合搜索优化方法来获取骑手可能的配送顺序。其中,主要的挑战是目标函数的定义以及搜索方法的选择。这种方法的优点在于其良好的可解释性,以及在实际应用中快速高效的特点。而基于骑手行为学习的方法则是直接学习骑手的配送决策行为。相对于搜索优化方法,其优势是能够针对较为复杂的决策环境进行更加精细的建模。接下来,将详细介绍上述这两种方法。

第一种方法是基于专家知识驱动的搜索优化算法。该方法的核心思想是,根据给定的目标函数,通过搜索获取能够使目标函数值最佳的配送顺序。该方法的假设是,最优的目标函数值意味着优化结果与骑手实际行为最相似。在定义目标函数时,可以通过人工定义的方式,综合考虑顺路度、时长、骑手体验等多种因素的影响,直接给定经验目标函数。这在业务的初期通常是非常有效的。例如,可以将目标函数设定为距离最短,从而将问题简化为一个最短距离的配送问题。然而,在实际应用中,通常会同步考虑到其他因素,例如配送时长。目标函数确定以后,主要的挑战在于搜索求解。对于配送顺序,一种简单的搜索方式是暴力搜索,即遍历所有可能的顺序;然而,这种方法的问题在于求解效率过低,需要遍历的可能配送顺序规模巨大。为了提高搜索效率,我们考虑了更高效的启发式搜索算法,并设计了一个两阶段的搜索过程。首先,是初始化阶段,在这个阶段采用简单的规则生成初始的配送顺序。例如,在图 5.18 中的示例里,给定了一个初始的顺序,商家用小房子表示,用户用一个人像代表,即形成了一个取送的顺序。然后,是第二阶段的局部搜索,通过一些经验规则调整初始配送顺序。最后,找到其中超时最多的节点,尝试前移,或者找到剩余时长最多的节点,尝试后移,观察是否能够优化目标函数。通过这样的方式,能够找到目标函数值相对较优的配送顺序,作为预测结果。这样就得到了第一个配送顺序预测的解决方案。那么,接下来如何进一步优化呢?

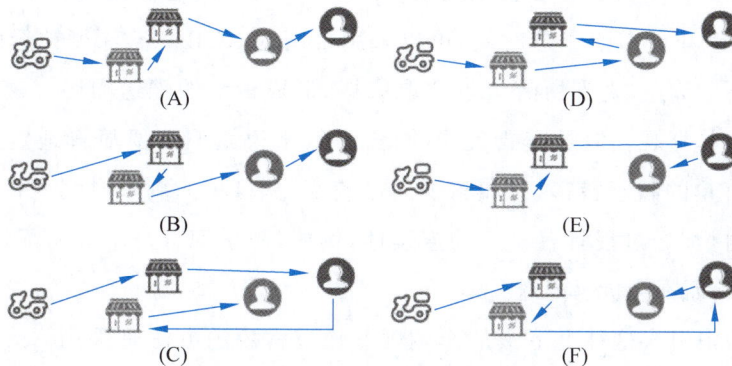

图 5.18　搜索优化—专家知识驱动

为了进一步提升预测效果,一个手段是尝试优化目标函数,如图5.19所示,为目标函数引入更丰富的目标因子。例如,引入效率、顺路度、体验、空驶等因子,此时目标函数优化问题也就变成了一个多目标优化问题。其中,面临的一个比较直接的问题是,如何定义不同目标因子的权重,人工定义显然不太现实。为了解决这个问题,我们采用了基于逆强化学习的骑手目标函数学习方法,用来学习不同目标因子的权重。这里采用的演示集是骑手的真实配送顺序,优化目标是最大化演示集轨迹的出现概率。通过逆强化学习的方法,可以通过数据驱动的方式学习到比较合理的目标权重结果。然而,一个无法解决的问题是,随着引入目标函数项变得越来越多,目标函数项的设计会变得越来越复杂。但是人工设计的目标函数项很难刻画复杂的配送决策环境,这也是基于目标函数优化的一个瓶颈点。

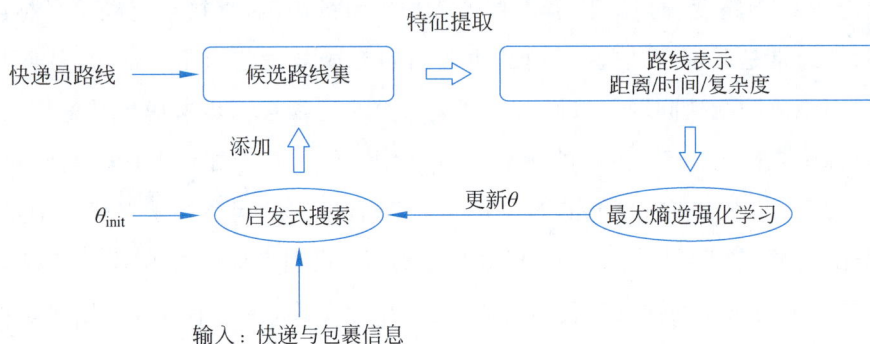

图 5.19　搜索优化—目标函数学习

（2）为了解决目标函数的瓶颈点问题,一种可行的方式是直接去学习骑手面对复杂环境的决策行为,也就是行为克隆。这里需要的是对骑手在不同环境状态下的决策行为建模。例如,可以采用MDP建模,如图5.20所示,首先需要定义状态和具体的动作。状态可以包括骑手状态,比如位置、背单量等,订单的状态,比如重量、剩余时长等。动作则是选取下一个配送节点。利用骑手的历史配送数据进行训练,将问题建模成一个二分类问题,判断对应节点是否为下一节点。这时候,可以采用常用的 XGBoost、深度神经网络（DNN）模型。每次选取下一节点,直到所有节点选取完毕,形成最终的配送顺序。这种方法的优点在于建模相对简单直观。但是需要关注的是,一般来说我们需要显式地定义状态转移过程,包括骑手、订单的状态转移,比如骑手的位置变化,订单的剩余时间变化。是否有更好的方法呢? 同时,配送过程具有一定的连续性,例如,骑手朝着一个方向配送,大概率会继续朝着同一方向,而不会折返配送。

如何在模型中引入这种上下文的影响呢? 比较常用的方法是采用 Seq2Seq（Encoder-Decoder）建模（如图5.21所示）,通过 Encoder Decoder 的方式来预测骑手配送顺序。在这种方法中,Encoder 的主要功能是提取所有订单的上下文特征,而在 Decode 过程中,通过隐

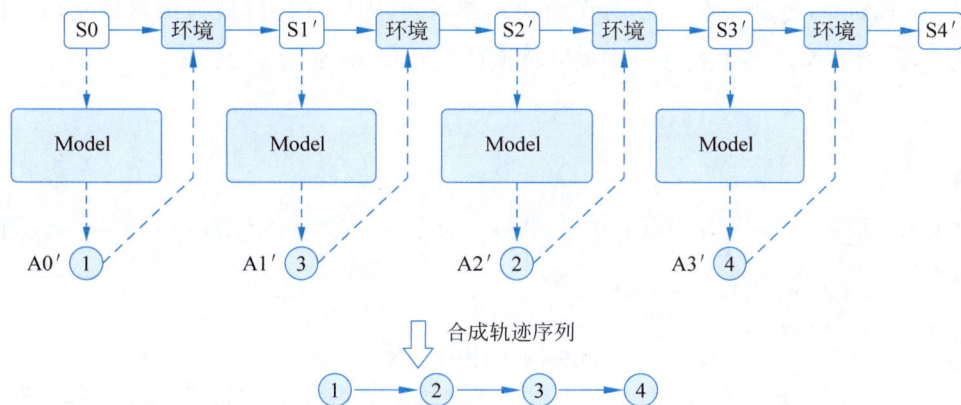

图 5.20　骑手行为学习—行为克隆

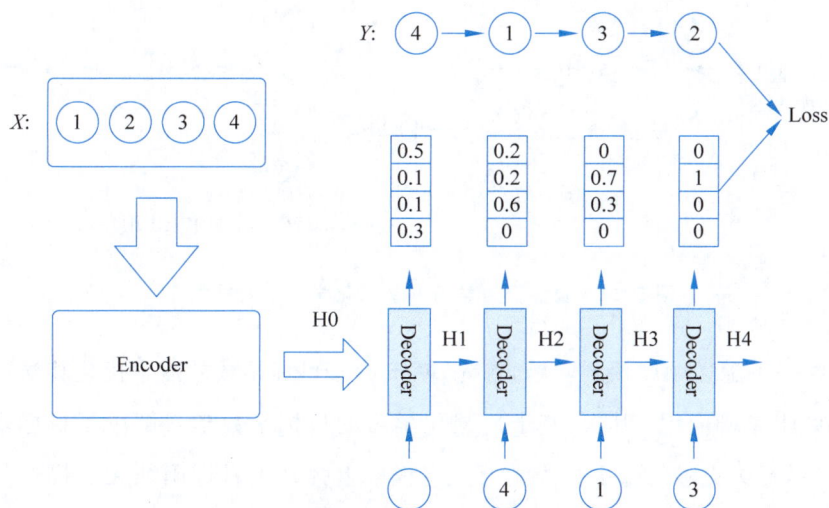

图 5.21　Seq2Seq 建模

状态的转移来隐式地表达配送过程的连续性。在具体建模中,可以采用 LSTM、Transformer 等常用的结构。这类方法的优点在于采用端到端建模的方式,一般来说不需要人工定义状态转移问题,同时能够比较好地关注序列上下文信息。然而,在实际应用中,尤其是在带有 LBS 属性的序列预测中,这种状态转移从实践来看并不能很好地表达出来。因此,在实践中需要强调的一点是,对于一些重点状态,比如骑手位置、剩余时间等,为了达到较好的预测效果,一般还需要单独进行建模。也就是说,隐状态转移与人工状态转移配合使用才能达到比较理想的效果。更进一步,在实际训练应用中,会发现一个序列预测中非常常见的问题,即训练集中没有覆盖到的决策问题如何处理。

具体来说,在模型应用时,可能会遇到一些训练样本空间中从未出现过的状态,简单行为克隆学习到的模型往往无法很好地进行预测。这也就是序列预测中常提到的暴露偏差

(Exposure Bias)问题。一般来说,为了解决这类问题,同时提高模型的预测精度,可以采用逆强化学习、对抗学习等方式进一步提升模型的泛化能力(如图 5.22 所示)。

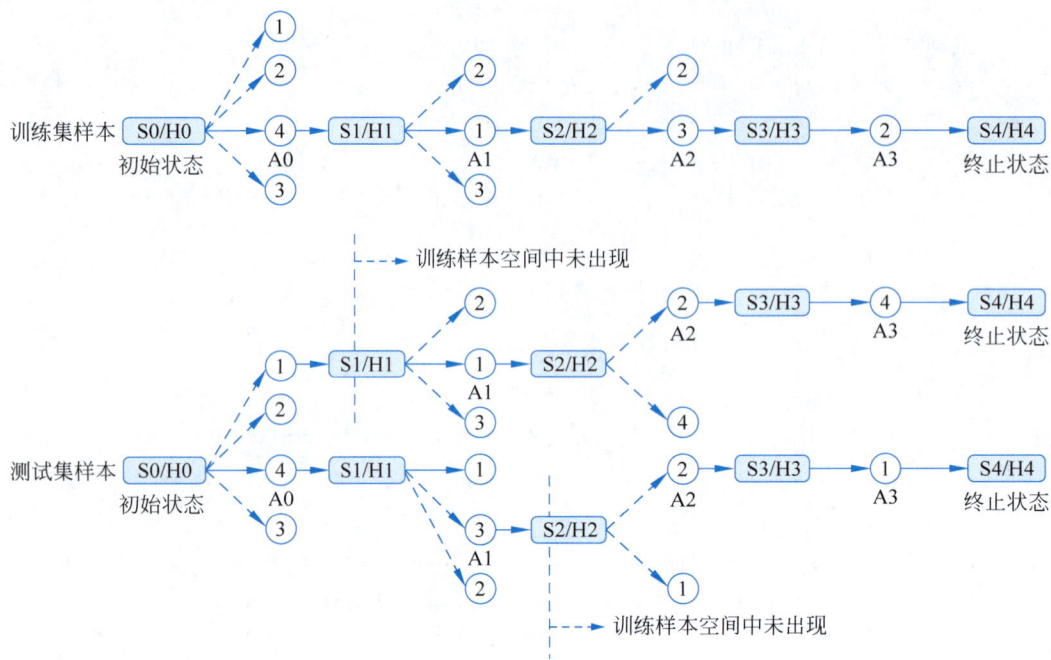

图 5.22 骑手行为学习—逆强化学习或对抗学习

（1）总结一下配送顺序预测问题,首先,基于专家目标函数的搜索优化算法满足了配送顺序预测的线上基础应用;其次,基于逆强化学习的目标函数学习解决了目标函数权重设计问题。最后,行为克隆的骑手行为学习一定程度上弥补了目标函数无法描述复杂场景的骑手决策问题,通过逆强化学习、对抗学习可以进一步提升模型的预测能力。

（2）介绍完配送顺序预测问题后,接着讨论配送时间预测问题(如图 5.23 所示)。在配送过程中,涉及许多时间过程。例如,用户下单后会有等待时间,然后才是签收;商家收到订单后会有接单时间,然后是准备餐品的时间;而对于骑手,则更加复杂,首先会接单,然后骑行到商家去取餐,在取餐过程中,需要下车步行到商家、在商家等餐,然后步行离开商家,到用户的地方同样涉及类似的多个时间段问题。具体来说,对于骑手的时间,可以将时间分为骑行段、取餐段、交付段这三大段。接着需要做的就是对每一个分段都进行建模。最简单的方式是采用机理建模的方式,即根据骑手配送执行的顺序,将各个分段的时间进行累加,得到最终的配送时间。在这里,每个分段的时间可以采用历史统计特征的方式,也可以单独进行建模预测。

更进一步,我们对每个分段都需要进行详细建模(如图 5.24 所示)。比如,骑手接单前需要对骑手的接单位置、接单时间进行预测;在取餐段,需要对商家的出餐时间、骑手的入

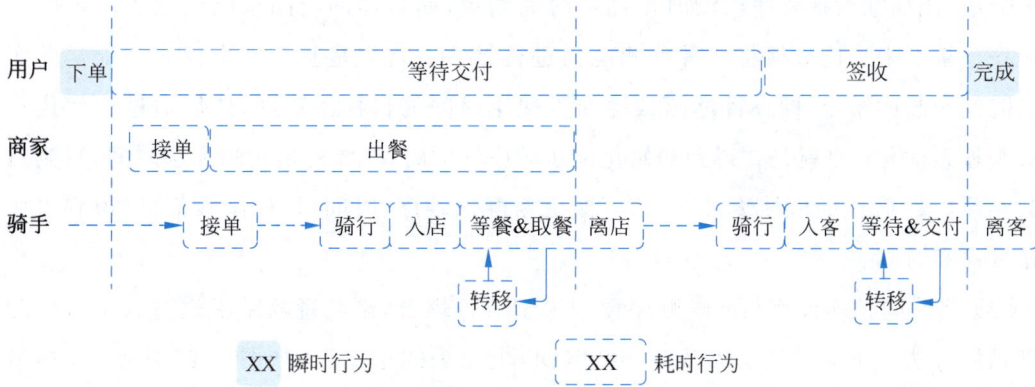

图 5.23 配送时间预测问题

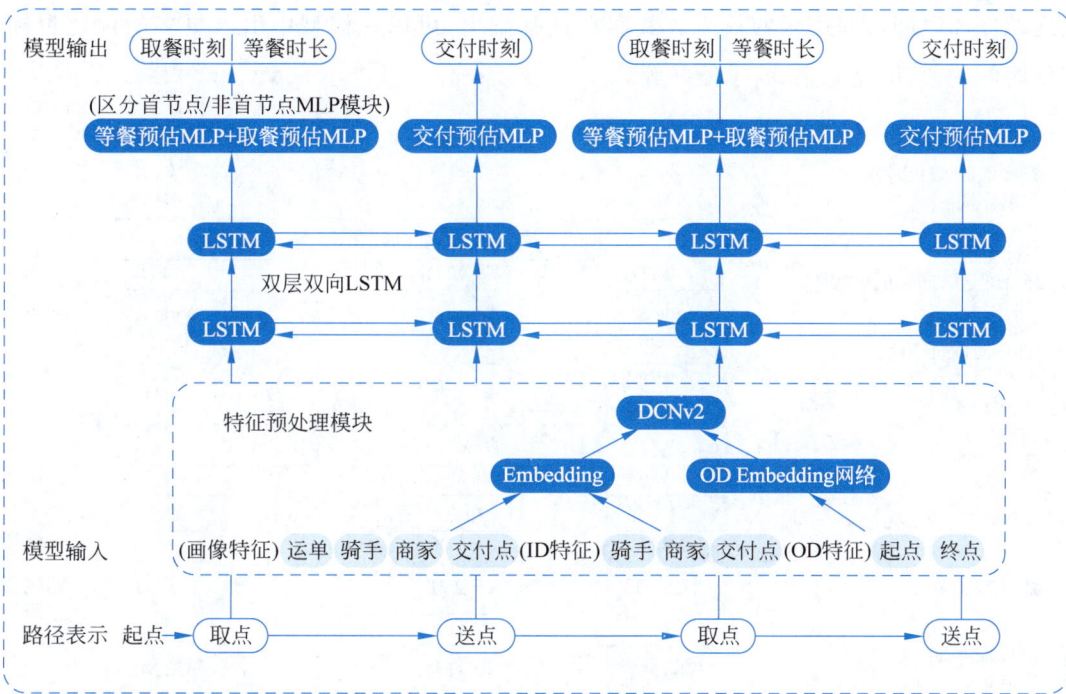

图 5.24 精细化配送环节建模

离店时间进行预测等。而在模型选用上,我们经历了从 XGB、DeepFM 到 RNN 模型,再结合多任务的方式进行进一步的优化。在具体预测任务上,一方面,需要对配送时长进行预测,另一方面,也进一步扩充到超时概率预测、时间分布预测等任务上。通过这些预测任务的组合,为调度提供完整的时间信息输入。实践中最重要的是:不要忽略任何一个可能引起预测误差的时间环节。这与大家通常接触到的单点建模问题有所不同,是一个系统性优化问题。

前面内容已经介绍了如何单独预测配送顺序以及时间。但实际上两者互相穿插,没有完全分离,比如在讨论顺序预测时提到了时间约束,而具体的时间预测依赖于既定的配送该顺序。接下来讨论如何将两种预测能力进行结合。首先是基于搜索优化的配送顺序预测与时间预测的结合,即在目标函数中加入配送时间的目标函数项,然后通过迭代优化的方式来搜索优化;也就是在得到初始化配送顺序的同时,获取初始化的配送时间,得到目标函数结果。然后在局部搜索过程中,不断更新配送顺序、时间、目标函数值,以得到更优的配送顺序和时间。

(3)将时间预测模型与配送顺序预测模型进行耦合,来实现骑手配送行为学习的配送顺序预测方法。下面是美团团队在 2021KDD 上发表的论文[7],如图 5.25 所示,在模型结构中,将模型分为顺序预测和时间预测两个模块,将顺序预测结果作为时间预测的输入,同时将时间预测的输出作为顺序预测的输入。通过两个模型的互相依赖和协同训练,来达到配送顺序和时间协同优化的效果。其实在这基础上,可以在模型中引入更多的优化目标,比如时间约束、顺路约束、骑手偏好等。

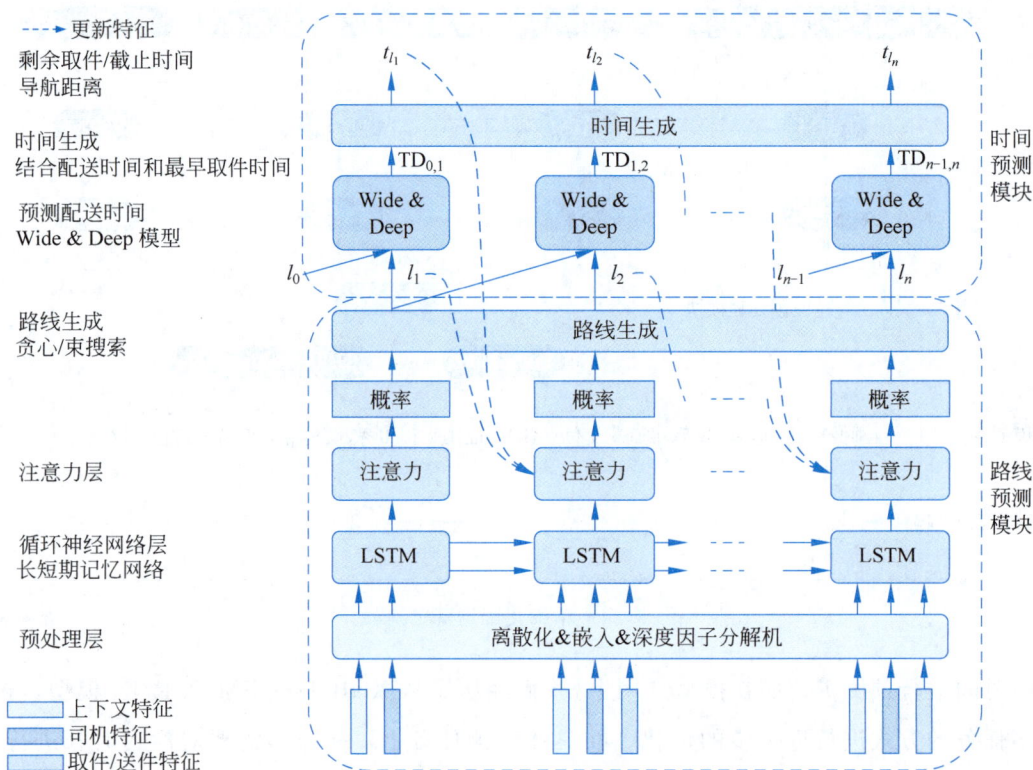

图 5.25 模型结构[7]

目前已经整体介绍了配送顺序和时间预测的方法,接下来简单介绍一下评估方法。从评估角度来看,主要评估预测结果与骑手真实配送状态的相似程度。在配送顺序预测上,可以参考排序相关的指标,其中一个比较特别的是顺序一致率,即两个顺序的公共前缀长度占比。因为在配送顺序预测中,一旦某一节点预测错误,那后续节点的预测将变得没有意义。而在时间上的评估则主要关注预测的 MAE、N 分钟置信度等指标。

5.4.3　骑手配送序列预测问题与挑战

下面讨论目前骑手配送顺序和时间预测存在的主要问题和技术挑战。如图 5.26 所示,在具体预测前,系统会收集骑手的实时状态数据,这里会存在一定的时间差。而在订单指派给骑手后,骑手会有一个接单时间差,然后在具体执行前,又会有一个时间差。也就是说,在整个系统运行过程中,会有非常多的时间差。这也就导致了预测使用的数据输入与真实环境是有差异的,如何弥补这种差异是目前的一个重要问题。同时,除预测和骑手实走顺序外,我们在骑手配送过程中也会根据骑手的实时状态为骑手推荐配送顺序,骑手可以参考推荐顺序进行配送。因此,系统中同时存在预测顺序、推荐顺序和骑手实走顺序这三种不同的配送顺序,由于具体顺序产生的时间和环境不同,三者间可能存在差异,而在理想情况下,我们的优化目标其实是三者尽量一致。这是一个非常复杂的问题,涉及系统、骑手的协同、协作问题。

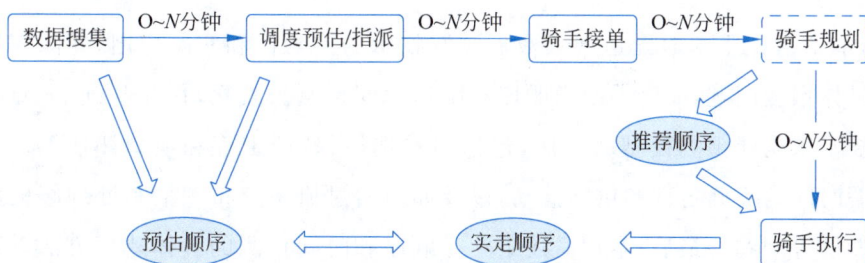

图 5.26　骑手、系统协同

而具体到技术挑战层面,涉及的主要是概率预测问题。这里涵盖了时间概率预测和配送顺序多方案概率预测问题。这两个问题在学术研究和工业应用中都相对欠缺,但对于实际应用却是非常必要的技术点。如图 5.27 所示[50],假设有 A 和 B 两个时间分布预测,代表一个任务在两种不同方案下的可能完成时间。如果希望任务尽量保证在 35 分钟内完成,那么可以选择 B 方案;而如果希望任务有较高概率在 25 分钟内完成,则会选 A 方案。时间分布预测对于实际任务具有显著的应用价值。

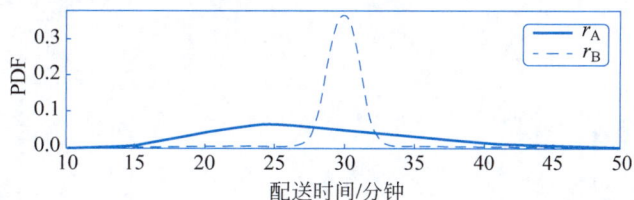

图 5.27　概率预测[50]

通过优化预设的骑手目标函数,结合历史数据预测配送顺序;为配送过程各环节精细建模,预测配送时间;不断迭代满足序列间耦合约束。技术演进图示于图 5.28 中,从最初的规则搜索方法,到树模型,再到深度模型方法提升预测精度,目前主要的精力集中在序列建模以及协同预测上[50-55]。

配送顺序	搜索优化 人工定义目标函数 高效/可解释			
		树/深度模型 特征优化 快速提升预测精度 GBDT、XGB等	深度序列模型 大规模数据、特征 更强的特征组合、表达能力 结构化预测	多任务学习 顺序/时间协同训练 时长、时间分布,超时概率预测 精细化提升预测精度
配送时间	机理建模 基于历史统计特征及简 单模型预测 高效/可解释	DNN、DeepFM等	PtrNet、RNN Transformer等 SeqGAN、GAIL、IRL等	

图 5.28　技术演进图

5.5　小结

首先,本章讨论了即时配送中大数据预测技术的重要性和实际应用,并深入探讨了即时配送的具体预测问题,如骑手配送顺序和配送时间预测。其次,在此基础上,介绍了使用机器学习技术来构建预测模型的方法,包括样本选择、特征工程和模型评估等。接着分析了商家出餐时间的不确定性和供需波动,以及如何通过概率分布预估和处理删失数据来提高预测准确性等问题。最后,本章概述了配送顺序和时间预测的具体建模方法。通过探讨上述问题,可实现对配送流程更精准的控制。

第6章　数字化：智能化决策的基石

在当今的即时配送行业中，数字化技术扮演着不可或缺的角色。简单的手机点餐背后涉及复杂的商家、骑手和平台运营，整个配送生态系统涉及的决策与操作远超表面看起来的简单。用户下单后，一个庞大的系统便开始运转：商家需要准备大量订单，骑手将这些订单送达目的地，而平台则负责处理各种决策信息，比如预估的出餐时间以及配送路线的安排。这背后涉及一个庞大而复杂的决策运营系统，需要精密的优化与管理。本章将深入探讨数字化技术在这一过程中的关键作用，以及它如何成为智能化决策的基石。

6.1　背景介绍

配送业务作为一种线上到线下（Online to Offline，O2O）业务模式，用户在线上完成交易，但实际的履约工作则发生在线下。这个过程背后需要大量的动态地理信息、感知信息以及图文理解信息，这些信息对于线上系统做出智能化决策至关重要。数字化技术在这其中扮演着至关重要的角色，是决策智能化的基石。横向来看，数字化技术包括地图技术、感知技术和图文理解技术。

首先，地图技术被用于划分不同结构的点、线和面。这些结构包括出入口关注点（Point of Interest，POI）、楼栋 POI、交付点等点结构，导航路线等线结构，关注面（Area of Interest，AOI）等面结构。通过地图技术，可以实现对配送区域的精确划分，优化配送路线，提高效率。

其次，感知技术主要关注位置、状态、场景以及骑手安全等方面。保障骑手的安全是配送平台重点研究的问题之一。通过感知技术，可以实时获知骑手的位置、安全状态以及周围环境，及时发现并处理潜在的安全风险。

最后，图文理解技术用于脱敏和处理商家、用户和骑手产生的大量图片、文字和语音信息，帮助线上系统做出更加智能的决策。这项技术使得系统能够更好地理解和处理各种信息，提高了决策的准确性和效率。

综上所述，配送业务的数字化技术领域涵盖了地理信息系统（Geographic Information

System，GIS）、机器学习（Machine Learning，ML）、普适计算（Ubiquitous Computing，UC）、计算机视觉（Computer Vision，CV）、自然语言处理（Natural Language Processing，NLP）等多个方面，为配送行业的发展带来了前所未有的创新与智能化。

6.2 地图技术

本节将深入探讨地图技术在即时配送行业中的重要性和应用。地图技术作为数字化技术的重要组成部分，对于配送业务的优化和智能化发挥着关键作用。首先，介绍点结构中的楼栋 POI 挖掘，然后，探讨线结构方面的内部路挖掘，最后，深入研究面结构中的通行属性挖掘。这些内容将帮助读者全面理解地图技术在优化配送路线、提高效率和安全性方面的应用与价值。

6.2.1 点结构挖掘

首先，从点结构中的楼栋 POI 挖掘开始。楼栋 POI 挖掘是配送行业中至关重要的一环，涉及识别和标记潜在的配送点，如出入口、商业楼宇等。这些数据为后续的配送路线规划和优化提供了重要的支持。通过深入了解楼栋 POI 挖掘的原理和应用，能更好地理解地图技术在配送业务中的实际运用，并揭示其对提高配送效率和用户体验的积极影响。

叫车平台和送餐平台之间存在一些相似之处，彼此都依赖用户和司机或骑手的行为来发现潜在的点位。然而，这两个平台之间也存在显著的差异。举例来说，司机通常会在道路旁边接载乘客，因此服务的焦点主要集中在出入口、十字路口以及主要道路等位置。司机接载乘客的地点，通常被称为"上车点"。相较之下，在送餐服务方面，用户通常会向平台提供更为精细的地址信息，以期望能够及时收到订餐，而不需额外的操作。这种情况导致即时配送场景与网约车平台存在显著不同。在即时配送中，快递员往往通过骑行电动自行车等方式在社区内行驶，因为配送地点通常位于汽车无法抵达的次要道路或者室内。因此，细致准确的地址坐标对于快递员准确找到目的地而言至关重要。快递员配送餐食的地点，通常被称为"送餐点"。

当探讨地图技术在配送行业中的应用时，需将注意力转向交付点推断框架（Delivery Point Inference Framework）。这个框架的出现，为配送行业带来了全新的解决方案，特别是在识别和推断交付点方面。通过结合地理信息和数据科学的方法，该框架能够从海量的订单数据中提取有用的信息，帮助配送服务提供商更有效地规划配送路线、提升效率。下面介绍此框架如何与地图技术相互关联，为配送行业的数字化转型提供更加深入的理解。

交付点推断框架主要分为四个步骤，如图 6.1 所示。首先，是输入数据，利用订单中三类(用户、骑手、系统)不同的数据。其次,通过 AOI 映射和地址解析构建地理空间的层次结构,这一步骤的目的是将订单按照相同 AOI 名称和 POI 名称的地址进行分组。再次,为每个地址组生成数据密度图像,最后,这些图像将用作接下来的步骤中 U-Net 模型的训练数据和推断交付点。

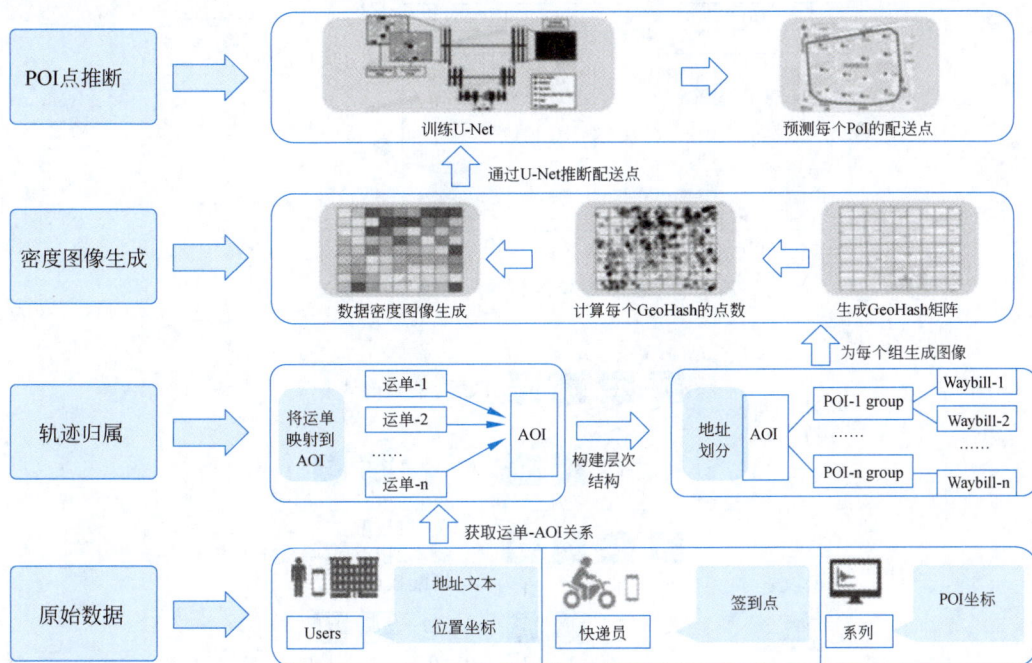

图 6.1　交付点推断框架架构

下面对交付点推断框架的步骤依次进行介绍。

(1) 关于输入数据,每份运单均包含用户位置坐标、骑手签到点以及数据库中原始 POI 坐标。这些数据涵盖了 300 份工业园区建筑物的运单数据样本,将作为整体框架的输入数据。

(2) 在构建地理空间层次结构部分,基于投票机制和文本相似度算法来确定每个订单映射的 AOI,并利用地址解析模型找到每个订单的 POI 名称,这个模块包含两个算法。

第一个算法是 Waybill-AOI Mapping,用于确定每个订单的正式 AOI 名称。该算法分为两步:第一步是使用三种数据的投票机制(如图 6.2 所示),如果三者中有不止一个点落在同一个 AOI 中,则可认为该订单属于该 AOI。

如果三个点都落入不同的 AOI,则进入第二步,即通过用户地址和候选 AOI 名称的文本相似度来选择正确的 AOI,如图 6.3 所示,与候选 AOI 名称相似度最高的 AOI 名称用户地址将作为订单的最终结果。

第二个重要的算法是地址解析,用于获取每个运单的 POI 名称。在这部分,可将BERT 模型应用于用户地址数据作为地址解析模块。为了确保不同标签之间的转换受到

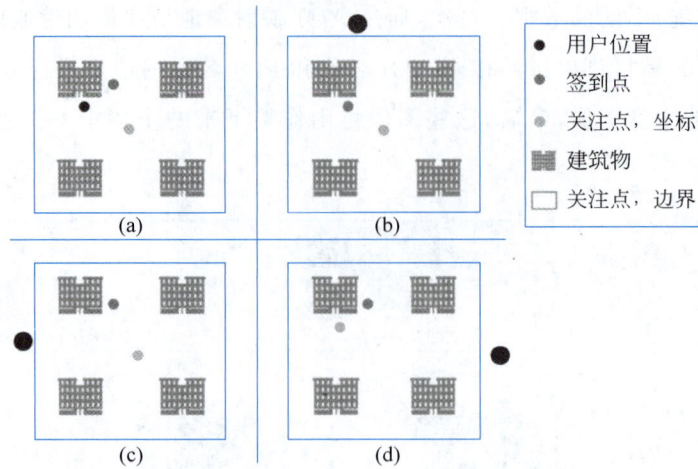

图 6.2　基于投票的订单—AOI 匹配算法

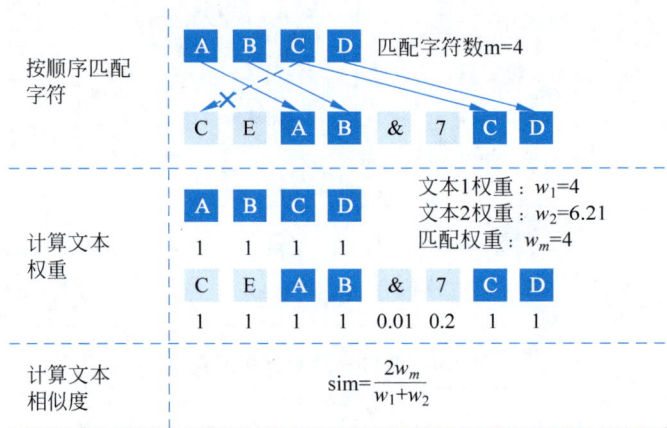

图 6.3　基于文本相似性的订单—AOI 匹配

限制,增加了一个条件随机场(Conditional Random Field,CRF)层来处理 BERT 输出。模型结构如图 6.4 所示。

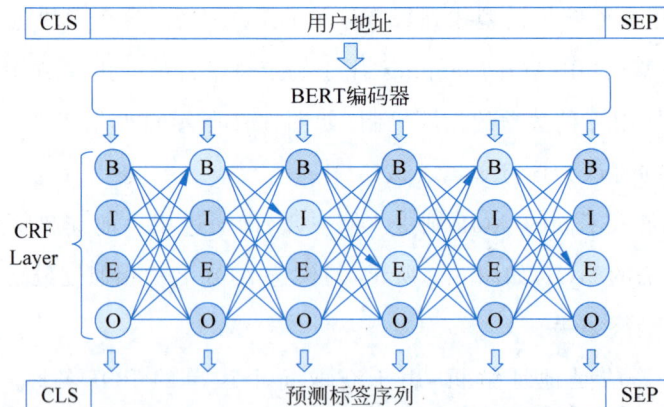

图 6.4　地址解析模型

地理空间层次结构示例如表 6.1 所示，其中 r 表示地址组，相同地址组的订单共享相同的 AOI 名称和 POI 名称。

表 6.1　地理空间层次结构示例

地址组	原始地址文本	AOI(α)	POI(ρ)	其他(θ)
r_1	Room 5××,Floor ××,Building 2,×××Garden	×××公园	建筑 2	房间 5××,楼××
	Left side of×××Garden,at 2nd Building,Room 4××	×××公园	建筑 2	房间 4××
	Room 3××,Building 2,×××Garden	×××公园	建筑 2	房间 3××
r_2	Room 2××,Unit 2××,Building NO.8,×××Garden	×××公园	建筑 8	房间 2××,单元 2××
r_3	Room 1××,Experiment Building,×××School	×××学校	试验建筑	房间 1××

（3）在得到地址组之后，接下来的工作是为每个地址组生成数据密度图像，如图 6.5 所示，并预测交货点的坐标。以相邻地址组数据为负信号，当前地址组数据为正信号生成数据密度图，其中蓝点代表负信号，红点代表正信号。将骑手的"签到点"和用户的位置点分别处理成数据密度图像。然后将数据密度图像输入 U-Net 模型以预测 POI 的真实坐标。具体做法是：首先为每个地址组建立一个固定大小的 GeoHash 数据包，并以数据密度最高的 GeoHash 作为数据包中心。同时使用一个相同大小的矩阵来记录每个 GeoHash 的数据密度，引入相邻地址组的数据来帮助推断当前组的投递点。如图 6.5 所示，深色点表示相邻地址组的数据，浅色点表示当前地址组的数据。骑手的签到点和用户的位置点分别被处理成数据密度图像。每个 GeoHash 的数据密度计算公式为 $S_{\mathrm{GeoHash}(i)}=N_{\mathrm{current}(i)}-N_{\mathrm{neighbor}(i)}$，

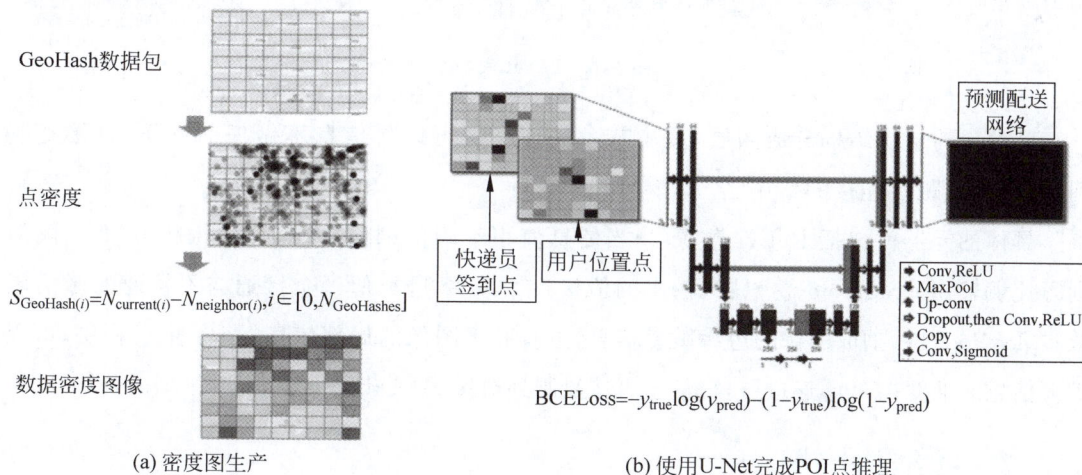

GeoHash数据包

点密度

$S_{\mathrm{GeoHash}(i)}=N_{\mathrm{current}(i)}-N_{\mathrm{neighbor}(i)},i\in[0,N_{\mathrm{GeoHashes}}]$

数据密度图像

快递员签到点　用户位置点

预测配送网络

Conv,ReLU
MaxPool
Up-conv
Dropout,then Conv,ReLU
Copy
Conv,Sigmoid

$\mathrm{BCELoss}=-y_{\mathrm{true}}\log(y_{\mathrm{pred}})-(1-y_{\mathrm{true}})\log(1-y_{\mathrm{pred}})$

(a) 密度图生产　　　　(b) 使用U-Net完成POI点推理

图 6.5　密度图像生成与 POI 点推断

例如，一个 GeoHash 既有正信号也有负信号，当前地址组数据密度为 8，相邻地址组数据密度为 6，则总数据密度得分为 8 减 6 等于 2，分数记录在矩阵的对应位置。此框架应用了 GeoHash8，使用 GeoHash8 的中心点来拟合 POI 的位置。得到数据密度矩阵后，在每个矩阵上标注真值。投递点推理任务大致可以认为是需要在图像像素级进行判别。因此，将交付点推理任务定义为数据密度图像上的一种语义分割任务。U-Net 从矩阵中提取隐藏特征并预测特征图，其中每个像素中的预测 Logit 值表示目标位于该 GeoHash 中的概率。为了保证训练的稳定性，使用二元交叉熵损失来生成监督信号，并在评估模型时检查预测结果的骰子系数。

下面对 U-Net 进行浅析（如图 6.6 所示），其网络被一分为二的左右两部分，按照先下后上的顺序进行操作。左半部分为 Encode 过程，主要是将信息进行编码，进行信息抽取。右半部分则通过抽取出最核心的信息量，再与目标之间构造关系，完成 Encoder-Decoder 过程。

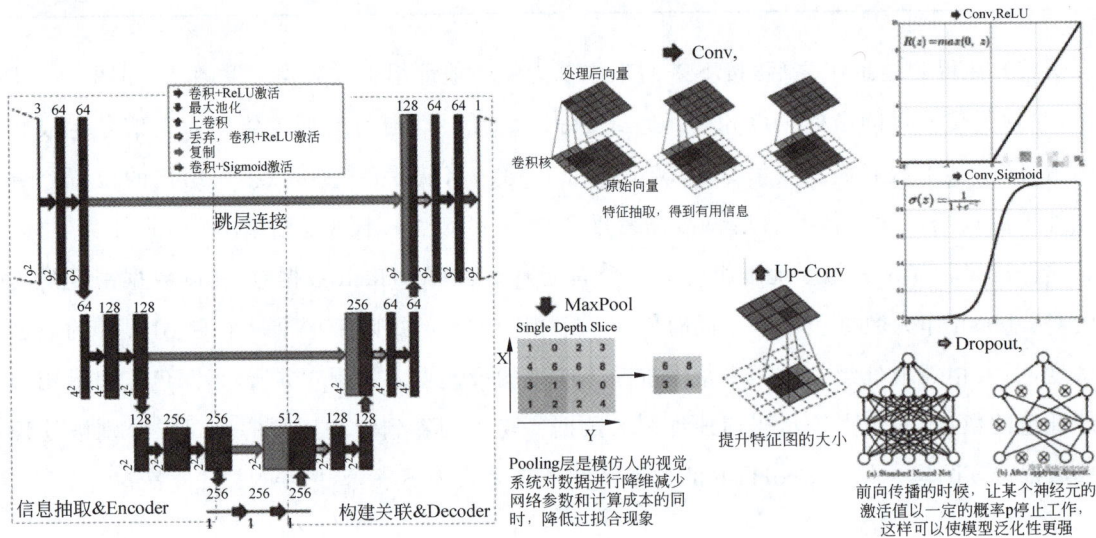

图 6.6　U-Net 浅析

U-Net 的层次结构分成四层，其中灰色的连接层可以将信息不做任何操作，直接复制到对面，实现跳层连接的作用。

具体的元器件包括 ReLU 卷积层，当信息值小于阈值（相位差）时，输出为 0，大于阈值则等比例输出；Sigmoid 卷积层，输出的值接近 0 或者 1，类似一个接通与不接通的激活函数；MaxPool 层，抽取图像的边缘敏感信息，更有利于图像的局部信息抽取；上卷积层，可以扩大信息的维度；Copy 连接层，将信息直接复制到对接层；Dropout 层，提升模型的鲁棒性。

6.2.2　线结构挖掘

接下来将介绍线结构方面的内部路挖掘。与点结构中的楼栋 POI 挖掘相比，内部路挖掘涉及识别和优化内部路线，以确保快递员能够在工业园区或社区内部依路线将货物准确交付到目的地。

传统的路线生成主要依赖于车辆和人工设备的地理信息采集，然而，整体采集成本却相当高昂。如今，社会数据日益丰富且不断增加，同时，干线路线已经非常完备，但小区内部的道路却并不完善。特别是针对城市的末梢神经道路，目前的描述仍然不够全面。

主要的路网生成方法可以归纳为三类（如图 6.7 所示）。第一，基于聚类的方法利用轨迹点的漂移特性，这种漂移在道路的法向量垂面上呈现正态分布。基于这一特性，可以采用基于聚类的方法进行处理。第二，基于轨迹合并的方法，尽管单独的轨迹无法构成完整的道路，但通过拼接，可以挖掘出路网的结构和关系。第三，基于端到端的方法通过预测相应的道路，让模型去学习路网关系的构成，从而生成完整的路网。

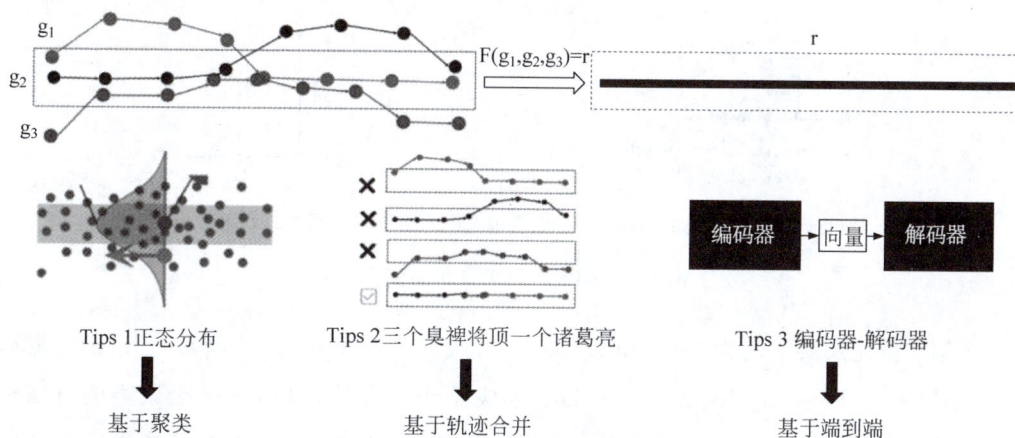

图 6.7 路网生成方法

下面通过一些经典论文来具体介绍上述三类路网生成方法。

（1）第一篇论文英文题为"City-scale Map Creation and Updating using GPS Collections"[56]。主要涉及基于聚类的方法（如图 6.8 所示），该方法的输入是原始的 GPS 轨迹点，这些点往往因为噪声干扰而偏离道路中心线。研究的目标是尽可能采样道路中心线上的 GPS 轨迹点；假设了道路中心线位置上的 GPS 轨迹点密度更高；主要分为四步。

第一，从轨迹点云中获取候选点集 S：首先随机从"未被覆盖"的 GPS 云中挑选一个轨迹点 x_i，然后计算出一个对应的候选点（很接近道路中心线的点）。计算方式是：在 x_i 运动方向的垂直方向。构建一个一维的直方图，遍历 x_i 的相邻点 x_j，计算 x_j 对应的区间（Bin）；再根据其 x_i 的相似度（速度和方向）计算权重，将该权重加到对应区间的权重和中；遍历完毕后，可得到一个权重最大的区间；这个区间的中点就是候选点 s_i（可以理解为一个虚拟点），s_i 的方向为 $h(x_i)$，即 x_i 的方向，将 s_i 的临近点都标记为"覆盖"；循环上步骤直至所有的点都被标记为"覆盖"，此时得到候选点集合 $S = \{s_i\}$。

第二，利用基于图的道路聚类生成方法，将候选点组织成无向图，并生成道路片段。具体流程为：a.根据权重（先前区间的权重）进行降序抽取候选点 s_i。b.根据候选点的方向及一些限制条件，挑选 s_i 附近最好的两个顶点 s_p 和 s_q，能满足 $s_p \rightarrow s_i \rightarrow s_q$ 的运动方向。c.重复 a、b，得到 Road Segment。d.平滑 Road Segment，每个候选点根据平滑的优化方程进行位置变动。

第三，连接道路片段，获取道路 Link，通过轨迹绑路的方式将 Road Segment 连接起来，得到 Link。

第四，采用 SIFT 变体算法来检测道路交叉口。

上述方法的优点在于可以有效地利用 GPS 数据进行道路地图的创建和更新，但也有一些局限性，比如对噪声数据的处理可能会影响最终结果的准确性。

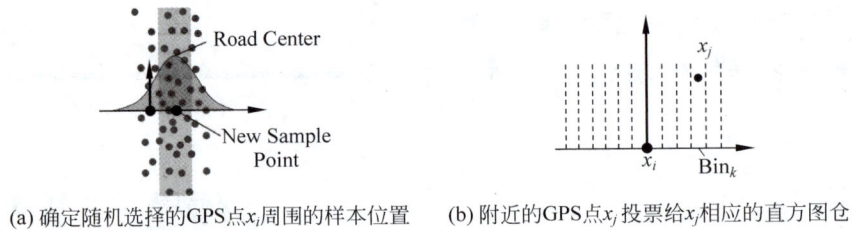

(a) 确定随机选择的 GPS 点 x_i 周围的样本位置　　　(b) 附近的 GPS 点 x_j 投票给 x_j 相应的直方图仓

图 6.8　GPS 点云采样示意图[56]

（2）第二篇论文英文题为"Map Inference in the Face of Noise and Disparity"讨论的是基于核密度估计（Kernel Density Estimation，KDE）生成路网的方法，也属于基于聚类的方法[57]。如图 6.9 所示，该方法采用 KDE 来估计未知的密度函数，这是一种非参数检验方法。通过该方法可以获取概率密度分布，将峰值点作为道路中心线的高置信点。该方法的步骤具体如下。

首先，进行密度估计。利用核密度估计方法获取概率密度分布，将峰值点视为道路中心线的高置信点。接着，进行初步地图生成。通过抽取骨架和提取 Link 来生成初步的地图。然后，进行轨迹地图匹配和拓扑优化。采用绑路（Viterbi 算法）去除冗余的边，从而提高路网的质量。最后，进行几何优化。对道路结构进行重整优化，以得到更为合理的路网。

上述方法都属于传统方法，需要设定超参数，这导致每个参数只有一定的使用范围。然而，在实际情况中，每个区域的轨迹密度存在差异，而不同轨迹的来源也各不相同。有的轨迹采样率较高，点比较密集，有的采样率低，点比较稀疏。简言之，轨迹数据的分布差异极大，很难有普适的参数能解决所有的情况。即使使用图像处理中多种自适应方法，也有可能将噪声放大，或抹除冷门区域的轨迹。因此，深度学习方法成为了下一个候选者。

（3）第三篇论文英文题为"From GPS traces to a routable road map"[58]。主要涉及基于轨迹合并的方法，该论文提出了建立一个力学模型来合并轨迹，并进行道路生成的方法。主要步骤包括以下几点。

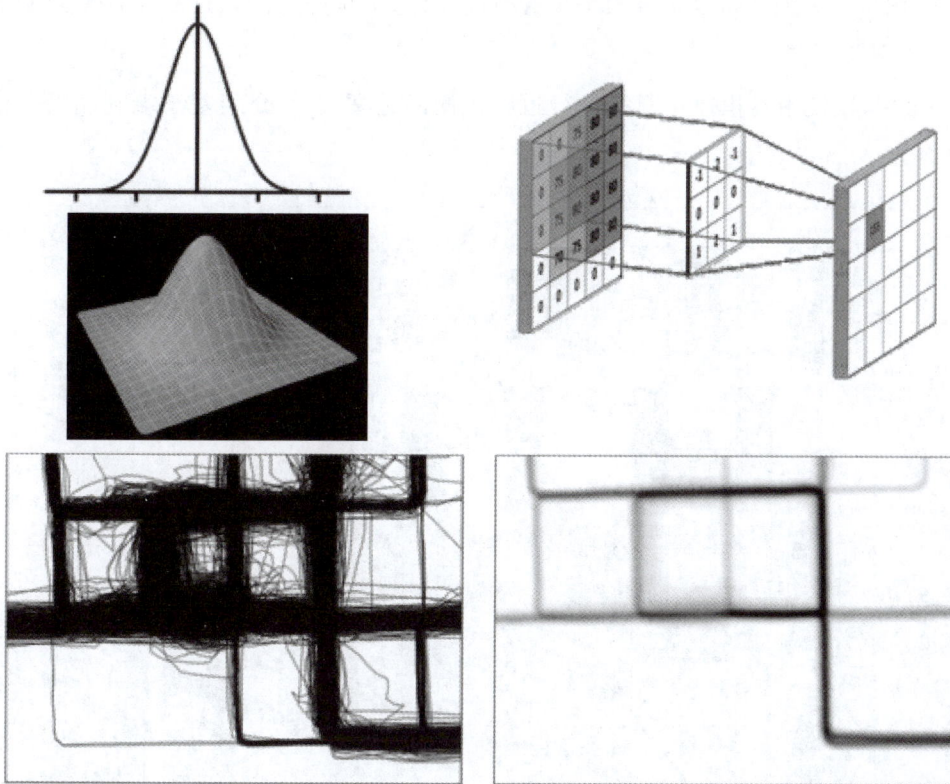

(a) 原始轨迹的二进制掩码。覆盖密度变化达三个数量级，某些区域包含非常明显的噪声。

(b) 核密度估计。较暗的区域对应经常行驶的路段，有些道路非常模糊。

图 6.9 KDE 思想聚类[57]

第一，轨迹合并。该方法引入了两种力来对轨迹进行迭代合并。一种是引力，即每个轨迹点受到其他轨迹段的吸引；另一种是弹簧力，即轨迹点受到来自原始位置的拉力，此处使用弹簧力建模，如图 6.10 所示分别是引力和弹簧力的势能阱。作者通过对这两种力进行建模，迭代改变每个点的位置，直至整个系统稳定，即每个轨迹点受到引力和弹簧力的合力近似为零。

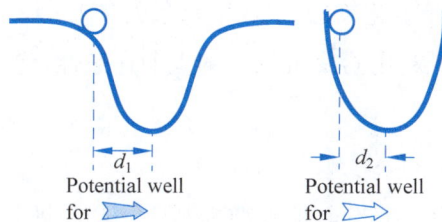

图 6.10 弹簧力建模[58]

第二，区分道路的方向。根据轨迹点和道路段方向的 cos 系数相乘，可以根据方向得到引力（同向）或者斥力（反向）。

第三,图生成。循环每一条合力平衡的轨迹,对每个轨迹上的点逐步添加节点和边,构成一个有向图。

(4)最后,以使用卷积神经网络进行道路预测的论文[59,60]介绍基于端到端的方法,如图 6.11 所示。

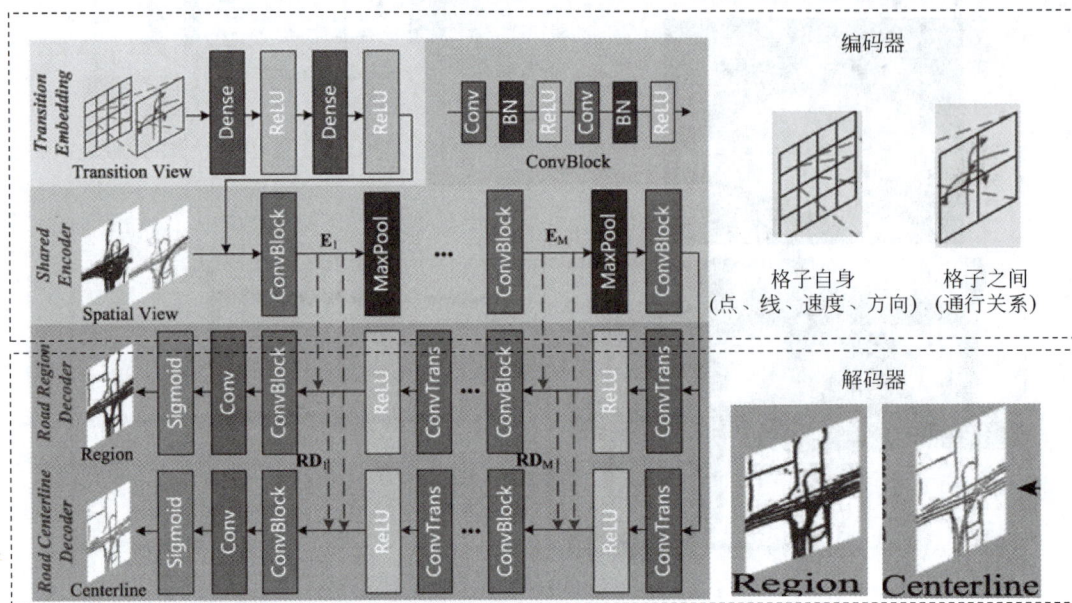

图 6.11　基于端到端编解码的深度学习道路挖掘方法[59,60]

其使用卷积神经网络进行道路预测的方法,包括以下几个步骤。

第一,特征提取。该方法提取了包括点特征、线特征和速度在内的 19 维特征。

第二,道路预测。研究者设计了一个进行多任务学习的网络结构—T2RNet。该网络的输出包括道路中心线和道路区域,旨在通过同步学习道路区域来减少生成中心线的难度。T2RNet 的网络结构类似于 U-Net,但多了一条解码路径,用作多任务学习。

第三,图提取。利用特征工程,提取了格子自身以及格子与格子之间的特征属性。

第四,生成 Link。利用骨骼化算法,生成了每条矢量 Link。

第五,改进道路连接性。利用 Graph 图中的点的连通性,优化连接性。

6.2.3　面结构挖掘

如图 6.12 所示,在新冠疫情期间,能够准确判断一个小区是否封闭对于保障用户体验以及确保骑手履约的顺利完成具有极其重要的意义。

判断小区是否被封闭是一个需要特别关注的问题。如图 6.13 所示,通常会运用基础数据结合挖掘算法来解决这一难题,以准确判断小区的封闭状态。

图 6.12　面—通行属性挖掘场景示意图

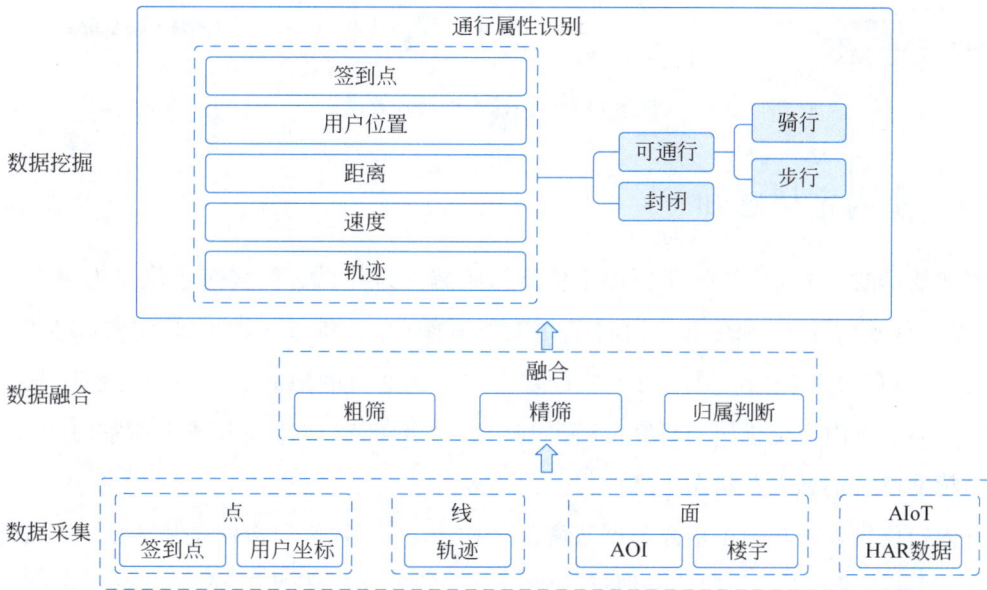

图 6.13　基础数据结合挖掘算法

6.3　感知技术

　　感知技术的背景在近几年才开始引起广泛讨论。这种技术的发展背后存在着重要的原因，如图 6.14 所示。首先，当前存在着海量的数据。与此同时，现今的智能手机配备了异常丰富的传感器，甚至一般智能手机在摄像头部位通常配备了六七种不同类型的传感器。其次，仅拥有大量传感器仍然不足以应对挑战。在移动设备端，强大的算力得以实现，同时还有广泛的边缘计算框架提供支持。最后，物联网（IoT）设备的数量也日益增多，这些设备具有联网功能，提供的数据更加准确，感知源也更加丰富。这种情况为许多场景的拓展提供了可能性。

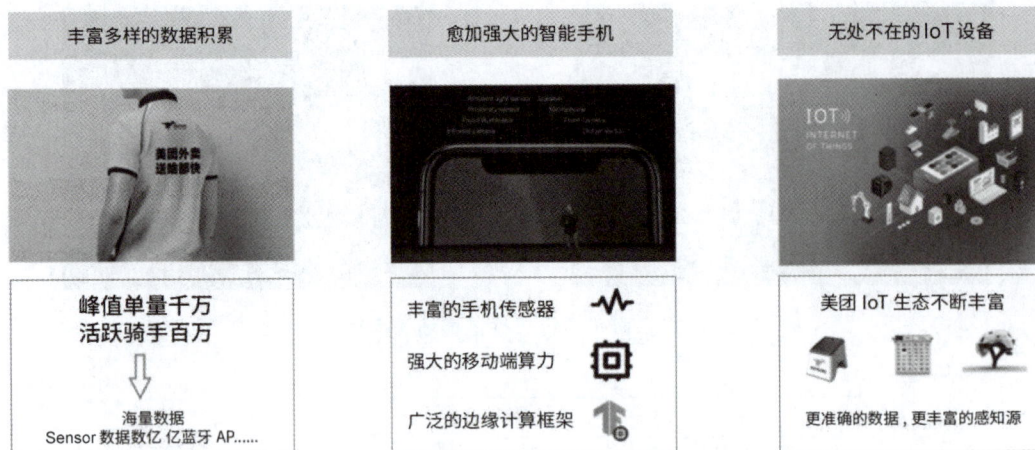

图 6.14　感知技术的时代背景

6.3.1　室内定位感知

感知技术的首个部分着眼于室内定位感知领域。为什么选择室内定位作为研究方向，以服务整个系统呢？原因在于外卖骑手在工作时间中，有将近 35% 的时间实际发生在室内。此外，还有大约 10% 的时间用于接近室内或在到达目的地后步入室内的场景，这类情况通常也属于室内定位领域的研究范畴。基于这些事实，确切地获取骑手在室内或接近室内时的精准位置信息以及状态信息变得尤为重要。

室内定位可以理解为由信号与度量两部分构成。其中，信号指的是用于定位的数据信号源，而度量描述的则是使用信号源进行测距定位的方式。从图 6.15 可以看到，室内定位所使用的信号包括蓝牙、Wi-Fi 和 UWB(Ultra-Wide Band)。举例来说，大兴国际机场采用了较为先进的 UWB 技术进行定位，尽管成本较高；而首都国际机场则采用了蓝牙低功耗(BLE)方案进行室内定位。此外，还有 RFID 技术，它在解决无人超市中的物体移动识别问题时发挥作用，实际上，一个小小的 RFID 标签成本大约只有几毛钱。然而，仅具备信号是不够的，还需要与度量相配合进行定位。例如，接收信号强度指示器(Received Signal Strength Indicator，RSSI)衡量了接收到的 Wi-Fi 或 BLE 信号的强度；信道状态信息(Channel State Information，CSI)则包括了一些更为原始的数据；而飞行时间(Time of Flight，ToF)则是指信号从发射到到达或者发射到返回的时间，利用这些方法来配合实现定位。

此外，还有一些其他的研究[61-63]，例如，研究[61]探讨了基于可见光进行定位的方法，该方法利用惯性测量单元(Inertial Measurement Unit，IMU)实现定位。在手机端，最常用的组件包括陀螺仪、加速计和磁力计等，这些组件组合起来也被称为九轴传感器。另外，还有视觉定位的研究，即利用视觉图像方法来识别和定位。

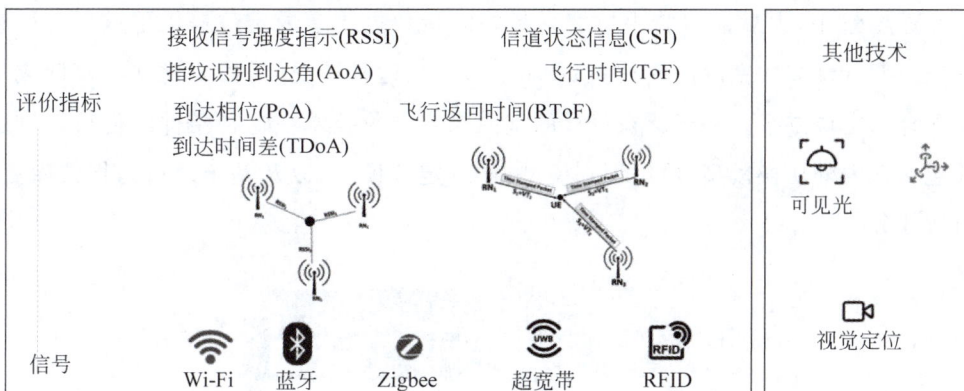

图 6.15　室内定位技术概览

许多关于基于 Wi-Fi 的研究项目通常展现出更为出色的性能。大量的文献也在深入探讨相关议题，这是因为利用数据信号能够以相对较低的成本进行获取。

对于室内定位，产业界主要采用基于射频信号和 Camera＋IMU 技术。基于射频信号的室内定位方案通过部署蓝牙硬件实现，每个硬件成本在 30～60 元不等，具有较长的使用寿命，通常可达半年到两年。而基于 Camera＋IMU 的方案则主要依赖于 IMU 确定用户手机的朝向与姿态，同时通过 Camera 捕获图像中的特征点，用于计算位置变化。

在学术界，主要采用行人航迹推算（Pedestrian Dead Reckoning，PDR）技术。PDR 的核心模块包括步伐检测、步长预估、航向估计和楼层定位等模块。通过航向计算算法，可以依靠 IMU 元器件计算出移动方向与位置。为了更好地容纳设备的姿态变换，通常采用深度学习训练鲁棒性更好的模型（图 6.16）。

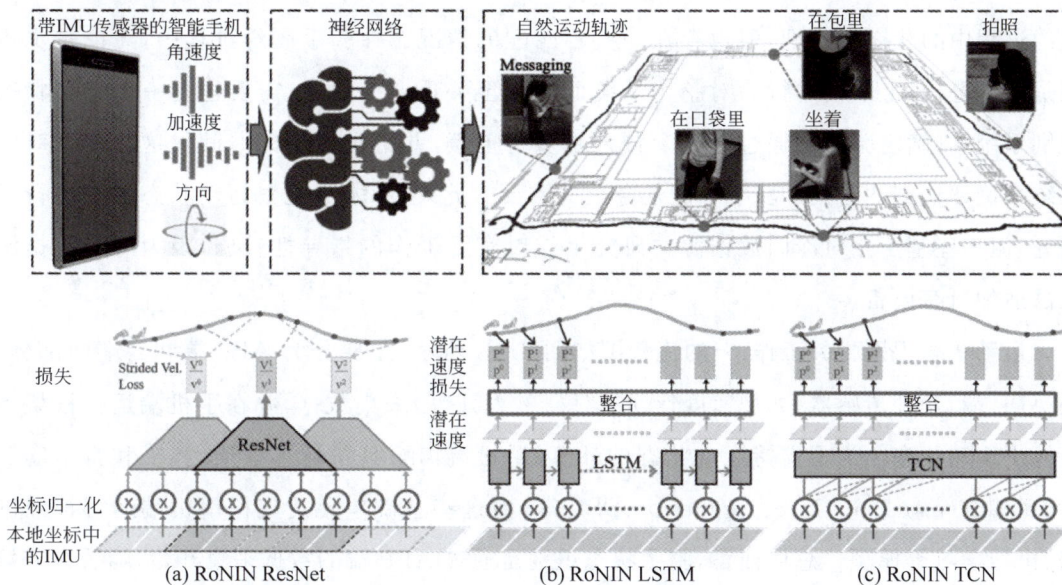

图 6.16　学术界行人航迹推算示例

在配送场景中,大量众包骑手持续采集的海量数据为室内定位提供了重要的信息,同时也存在一部分已知的室内商家位置(图 6.17)。在这种情况下,需要建立一套低成本、无须主动配合的定位方案。基于泛在信号的室内融合定位技术在这种条件下显得特别适用,其主要包含室内外切换模型、楼层识别模型、连续定位模块,以及基于众包的指纹库更新策略等组成部分。

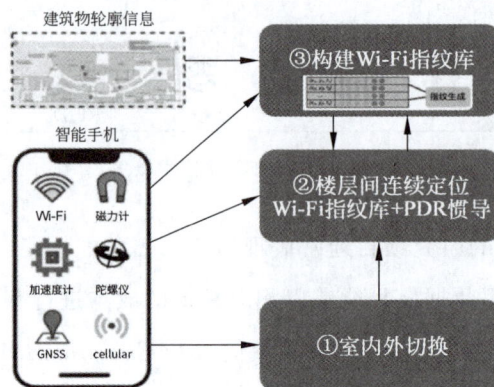

图 6.17　基于众包指纹库的室内定位方法

6.3.2　运动状态识别

感知技术第二个技术点称为运动状态识别。几乎所有的智能手机都具备运动状态识别的能力,底层系统如 Android 和 iOS 都内置了各自的运动状态识别功能。这些底层系统所能识别的状态主要涵盖了驾车、骑行、步行等常见生活场景。尽管其中一些状态与骑手履约过程中的状态相匹配,但也存在一些不匹配的情况。在骑手履约过程中,无论是步行还是乘坐电梯,上下楼的行为对整个系统而言都至关重要。因此,需要建立一个运动状态识别系统,以确定骑手是通过电梯上楼还是步行上楼,并记录上楼的时间。这些信息对于系统准确评估到达时间和骑手分配任务至关重要。此外,学术界也对运动状态感知进行了研究,但一些基于相对冷门数据源的研究工作对实际工作的指导性较弱,因为冷门数据源无法适配所有设备。

运动状态识别相关工作[64]的流程图如图 6.18 所示,主要分为 APP 端和云端两部分。在 APP 端,各种传感器(如加速度计、陀螺仪、磁力计等)采集数据,并在手机端运行框架下计算出运动状态。为了支持运动状态的计算,手机端需要具备运算框架、算子和脚本的支持,比如 TensorFlow Lite、JavaScript、DSL 等,而这些基础单元可支撑手机端运行神经网络、机器学习等模型。总体而言,骑手状态识别是通过 APP 端的数据采集开始,随后在云端进行数据建模。数据建模完成后,在分发到 APP 端后,基础框架利用传感器数据计算出运动状态。值得注意的是，这个架构不是纯粹的后台执行，而是端云协同的，这是经典的普适计算问题。

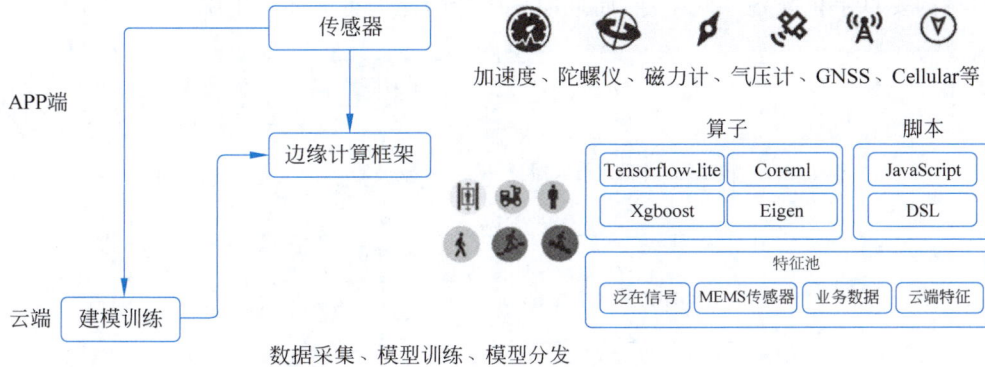

图 6.18　运动状态识别流程

一方面，端上传感器需要完成大量数据的实时收集，而计算框架则要保证一些算子脚本的兼容，这部分工作的挑战也是相当大的。采集的数据通常是高频率、以赫兹（Hz）为单位的，如图 6.19 所示，不同类型的数据需要不同的采集频率[65]。对于运动状态识别效果而言，采集频率越高，效果也越好。这是因为端上数据采集越频繁，数据密度越大，从而提升了对状态的预测能力。然而，这也带来了一个悖论，即随着数据采集量的增加，产生的数据量也会相应增加，进而对整个后台存储造成巨大压力。因此，关键挑战在于需要在保证高频数据采集的同时，控制数据流量，以免过度增加计算压力。

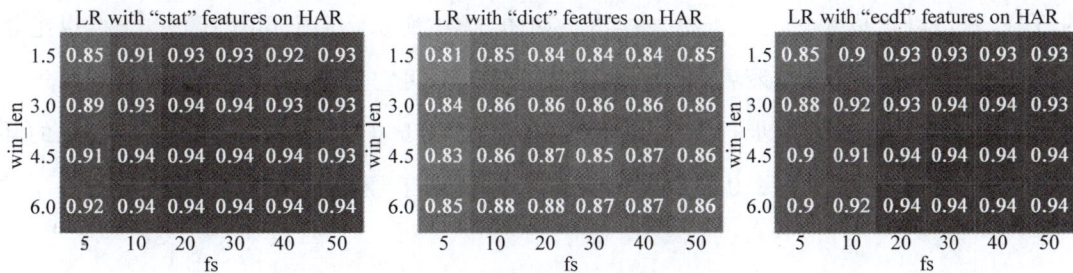

图 6.19　运动状态识别的数据采集

另一方面，是否有可能不采集数据，而是使用一些通用数据集呢？答案是否定的。通用数据集存在一些问题，因为它们通常是在约束条件下采集的，如姿态固定、设备种类有限等。然而，骑手的行为不受约束，姿态各异，设备种类也非常多样化，导致通用数据集对于特定场景的适应性较差。因此，需要完成自己的数据采集，并进行数据标注以完成模型训练。

在数据采集完成后，对数据进行标记也是一个重要问题[66]。这里采用的方法是依据可信数据源来构造可靠的标记体系,其中使用较多的是气压计。或许有人会想,如果气压计能解决数据标记的问题,那直接使用气压预测数值就可以了。然而,问题在于,可能仅有大约 5% 的安卓手机配备了气压计,而近期气压计的比例可能还在下降。

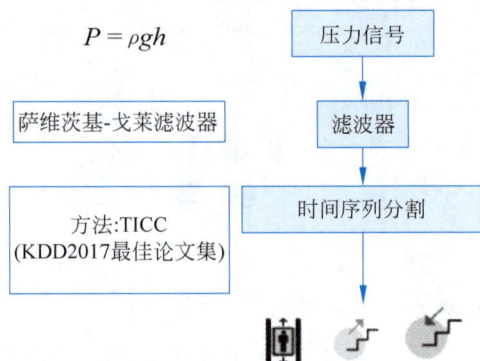

$$P = \rho g h$$

图 6.20　高准度数据打标

数据分割几乎占标注工作一半的工作量,完成后基本上会知道这一段的数据大概有三、四种模态,还需要确定具体哪一段是可行的,哪一段是不可行的。针对上述问题,需要采用专家经验的方式进行打标,通过采集一些具有固定画像的数据,然后通过时空交叉约束得到其序列模式。举个例子,固定采集某一个小区的数据时,已知小区里大概的模式是骑手需要先下车步行一段路,再步行楼梯上楼,然后步行楼梯下楼再回来。这个模式配合轨迹分段就可以很好地把每一段到底在做什么事情匹配得很好,然后利用这样的方法,就可以生成大量的人工标注样本。如图 6.21 所示,利用 TICC 算法[63]可以把轨迹区分成四段。第一段和最后一段是同样的颜色,说明它们是同一种类型,再依照气压变化幅度就可以知道它是步行下楼步行上楼的。相比于电梯,可以看到它整个变化的陡度,抖动情况就会比步行更为剧烈。依靠气压以及人工经验的方法就可以完成标注的工作。

然后总结起来,整套架构需要解决几个问题。首先,安卓和 iOS 设备中气压传感器的架构不同,因此需要针对不同系统进行处理。其次,传感器的语义和状态特性交叉单一模型难以捕捉每种传感器的特性,因此,需要设计适用于各种传感器的算法。其中,静止与非静止的判定算法,如 WPD 法,可以用来检测步行状态和非步行状态。此外,根据不同传感器的数据,在乘坐电梯时可以观察到不同的波动幅度,因为电梯过程是先加速再减速的模式,这在信号上会有相应的表现。另外,在步行状态下,根据传感器数据中的顺时针或逆时针方向,可以确定是在上楼梯还是下楼梯[5,67-72]。

运动状态识别建模过程中的核心技术点包括样本打标、系统传感器差异和上下楼状态

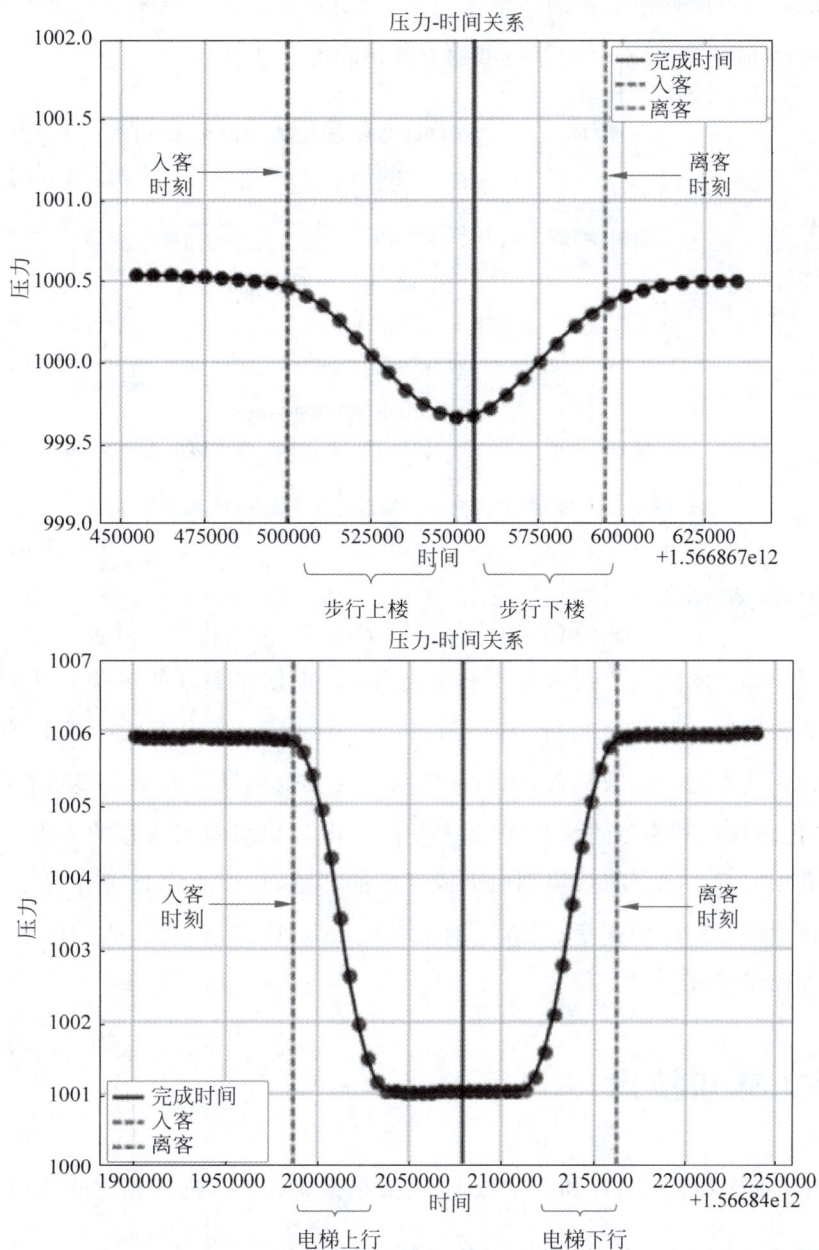

图 6.21　典型的步行/电梯上下楼案例

识别（如图 6.22 所示）。首先，样本打标是关键的一环，因为传感器在采集数据时可能遇到一些问题，例如数据不准确或不完整。为了解决这一问题，可以采用基于图像或业务场景的时空交叉约束的方法，以及利用气压的序列分割进行样本打标。其次，由于安卓和 iOS 系统在传感器方面存在差异，需要针对不同系统采用不同的建模方法，以确保模型的准确性和可靠性。最后，对于无气压计的情况，需要引入环境信息来识别上下楼的状态，这可以帮助系统更准确地判断骑手的行为。整体而言,运动状态识别的建模过程涉及多个关键技术点,需要综合考虑各种因素以确保模型的有效性和可靠性。

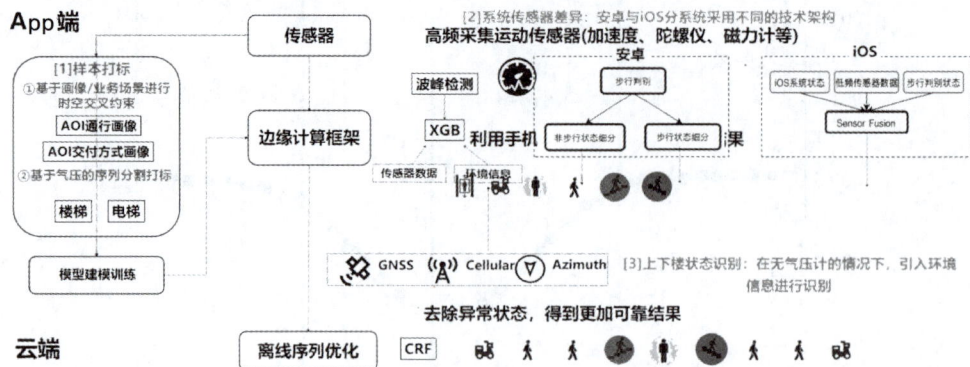

图 6.22　运动状态识别建模过程中的核心技术点

6.3.3　安全感知

简要介绍感知技术第三个技术点——安全感知。根据 WHO 的一些公开数据显示,正确佩戴安全头盔可以显著降低骑行中的死亡风险。因此,目标是开发一款智能化的头盔,能够智能地识别骑手是否佩戴头盔,从而保障骑手的安全。设计方案主要依托多源数据融合,利用红外传感器识别头盔的佩戴情况,利用加速度计识别佩戴头盔的姿态,以防止作弊行为,同时,利用光感传感器有效辨别白天或黑夜的环境,从而决定是否开启尾灯。主要的元器件包括传感器(红外、加速度、光感)、通信模块(NB、BLE)以及其他元件如尾灯、电池、运算单元和存储单元等。

6.4　图文感知技术

在系统中,涉及大量的图片和文字数据,需要根据业务需求进行相应的处理和分析。

6.4.1　图文感知技术中的计算机视觉技术

主要进行以下几项工作。

第一,需要对商家照片进行预处理。这些照片可能包含环境中的人脸,同时可能存在图像倒置等问题,因此需要进行图像的预处理工作。

第二,进行商家门头识别,以便识别商家的具体位置和身份。同时也会进行文本相似性的匹配,以便将商家信息与数据库中的相关信息进行比对和匹配。

第三,还需要进行小票的识别工作,并实施图像检索技术,以便在系统中快速检索和定位相关的图片信息。

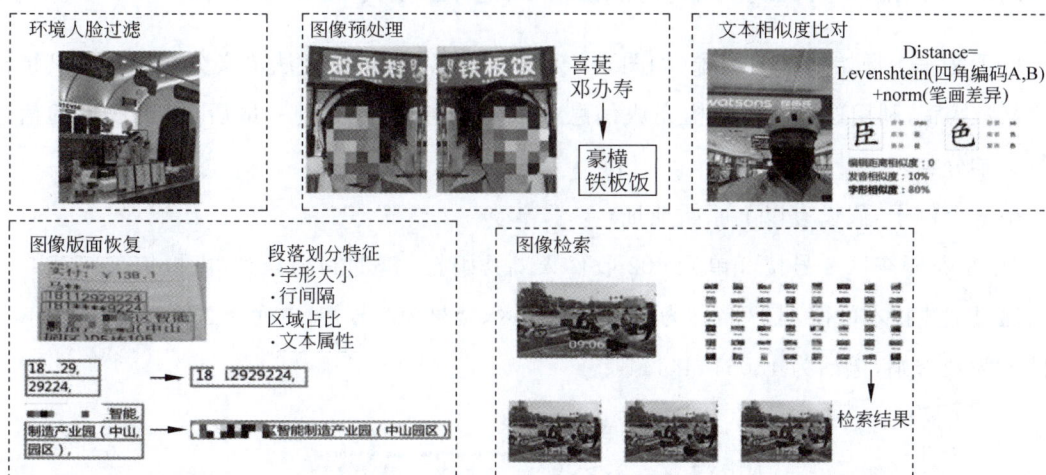

图 6.23　图文感知技术——CV 技术

6.4.2　自然语言处理技术

自然语言处理领域涉及两大类技术问题（如图 6.24 所示）：自然语言理解（Natural Language Understanding，NLU）和自然语言生成（Natural Language Generation，NLG）。

NLU 主要包括句法语义分析，用于理解和解析文本。在机器翻译任务中，可以利用状态机构建语法树来解析句子，从而实现翻译功能。还有信息抽取问题，例如从一段地址文本中提取电话号码、人名等信息。此外，还有文本挖掘问题，例如商家说了一句话，需要知道它表达的意思。

NLG 主要涉及生成自然语言的技术。其中，机器翻译是一个典型的应用，通过将一种语言转换成另一种语言来实现翻译。此外，信息检索和对话系统也是 NLG 技术的应用领域，它们可以根据用户的查询或者对话内容生成相应的文本输出。

图 6.24　图文感知技术——NLP 技术

6.4.3 自然语言处理技术在地址信息处理方面的应用

以下是一个原始地址的例子(如图 6.25 所示)。首先,进行句法语义分析以理解其结构和含义;然后,利用这些基本结构完成信息抽取,提取出有用信息;最后,对提取出的信息进行文本分类。

举一个例子,假设有以下原始地址:

"望京花园东区 3 号楼 2 单元 402 收件人刘秀娟打 186544444444"(虚拟信息)

通过上述技术可得,小区名称为望京花园东区,楼号为 3 号楼,单元为 2 单元,门牌为 402,收件人为刘秀娟,电话为 186544444444。

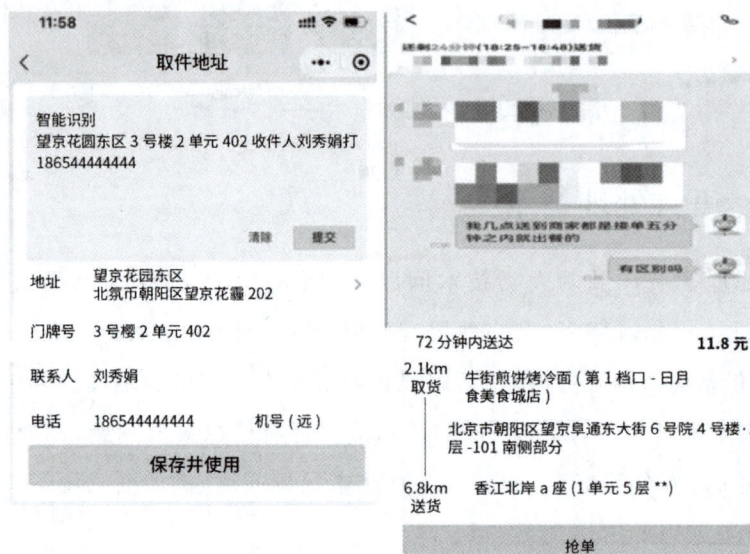

图 6.25 配送 NLP 技术举例

6.5 小结

本章详细介绍了即时配送中的数字化技术及其在智能化决策中的关键作用。通过深入探讨地图技术、感知技术和图文感知技术,本章展示了上述这些技术如何优化配送路线、提高配送效率、保障骑手安全,并处理大量的图文信息。配送系统通过应用这些技术能够更准确地预测和响应配送过程。通过上述内容,读者能够深入理解数字化技术在即时配送中的重要性。

第7章 算法策略落地实践的工程问题

在第 6 章中,深入探讨了数字化技术在即时配送行业中的关键作用,揭示了地图技术、感知技术和图文感知技术在提高配送效率和安全性方面的重要作用。本章将在前文基础上进一步展开,聚焦算法策略在实际工程中的应用和实践,详细介绍大数据技术体系,并探讨大数据工具如何处理和分析庞大的配送数据。同时,本章将涵盖机器学习工程的整个落地过程,从数据收集到特征工程、模型训练、部署、预测,以及 AB 实验等关键步骤,展示如何将理论成果转化为工程实践,实现即时配送系统的智能化和自动化。本章内容不仅包括机器学习工程实践的核心知识点,还涉及大数据技术和分布式编程的相关概念,旨在提供一个全面的视角,让读者理解和掌握将先进算法策略应用于解决实际工程问题的方法和技巧。

7.1 大数据技术体系

数据资产决定了模型的性能上界,算法设计和优化确保模型的性能基线。计算能力的提升为模型的高效迭代和复杂模型的有效训练提供了技术保障。历史上,计算资源和数据获取的局限性曾是技术进步的阻碍,但随着算力的突破,复杂模型的训练和实际部署成为可能。

图 7.1 展示了过去七十年间算法理论的重大突破,从图灵自动机的提出到深度学习技术的普及,再到当前的因果建模方法。摩尔定律的推进带来了存储成本的显著下降和计算能力的快速提升。这些变化使得大规模数据集的存储变得可行,从而催生了大数据技术的发展。进入 21 世纪,人类社会正式步入大数据时代。数据的积累和计算能力的提升共同推动了当前人工智能浪潮的兴起,尤其是 2016 年 AlphaGo 战胜世界围棋冠军李世石的事件,标志着人工智能技术的显著进步,并引起了全社会的广泛关注。大数据技术因此成为支持人工智能发展的重要基础。

在探讨了数据在算法模型中的重要性之后,下面将聚焦于大数据技术的核心挑战和解

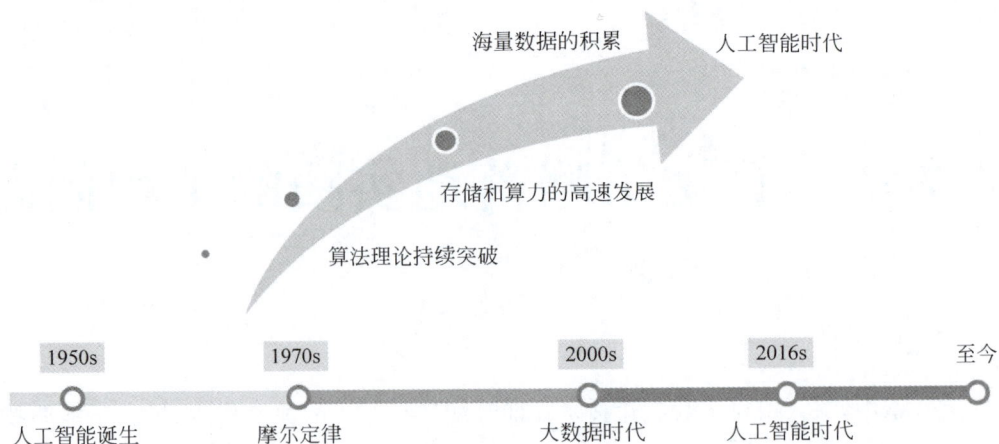

图 7.1　人工智能发展

决方案。随着数据量的激增,传统的数据处理方法已无法满足现代应用的需求,特别是在存储和计算方面。因此,如何高效地处理和分析大规模数据集成为技术发展的关键问题。

大数据技术的发展源于对这些挑战的应对,其起源可追溯至 Google 公司发表的一系列开创性论文,如图 7.2 所示,这些论文介绍了分布式文件系统[73]、分布式计算框架[74]和分布式存储系统[75]等概念,它们分别针对海量数据存储、数据处理和数据查询的问题提供了创新的解决方案。其中,"MapReduce"论文提出了一种在大型集群上简化数据处理的方法,其名称"Simplified Data Processing on Large Clusters"直观地反映了其目的;Google 公司将这些技术内部实现并应用,随后以开源的形式发布,即 Apache Hadoop 和 Apache Hbase。随着 Hadoop 的不断迭代和优化,在大数据技术领域的应用和影响力持续扩大。特别是在 2012 年推出的 Hadoop 2.0 版本中,通过引入 Yarn 对资源管理进行了抽象和优化,进一步提升了系统的效率和灵活性。这些进展不仅推动了大数据技术的发展,也为搜

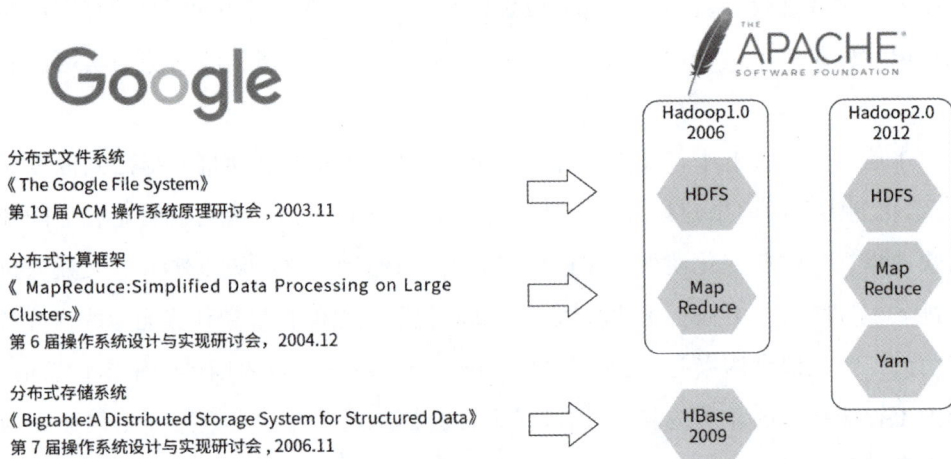

图 7.2　人工智能的基石——大数据技术

索领域及其他行业带来了革命性的变化。在此背景下,本节将进一步探讨大数据技术的具体实现和应用,以及它们如何成为现代数据处理的基石。

在深入了解大数据技术的核心问题及其对现代数据处理的重要性之后,接下来将探讨这一领域的关键技术发展。如图 7.3 所示,大数据技术的发展历程中,Hadoop 的出现标志着一个重要的转折点。Hadoop 不仅是一个开源的软件框架,它还代表了一种能够处理大数据集的革命性方法。这一技术的发展与一位名叫 Doug Cutting 的软件工程师的贡献密不可分。

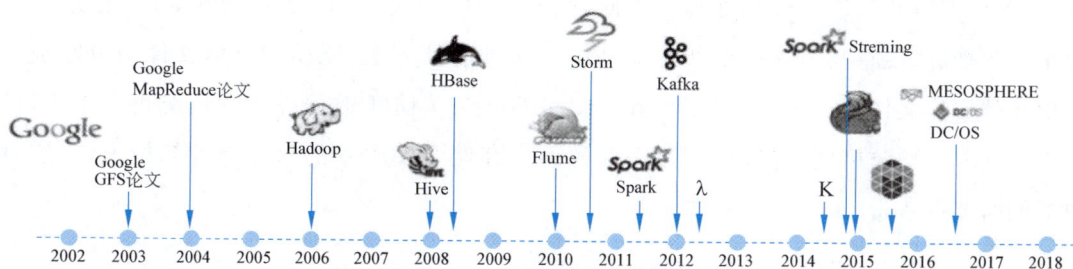

图 7.3　大数据技术的爆发式发展

Doug Cutting 在 1997 年开发了 Lucene,这是一个全文本搜索库,后来成为 ElasticSearch 的基础。受此启发,他在 2000 年开始基于 Lucene 开发 Nutch,一个全网搜索引擎,旨在整合网页爬取、索引和查询等功能。随着项目的发展,Nutch 开始面临处理大规模数据时的性能瓶颈。为了克服这一挑战,Doug 在 2004 年基于 Google 文件系统(GFS)的论文理念,开发了 Nutch Distributed File System (NDFS),显著提升了 Nutch 的性能。这一创新不仅解决了 Nutch 的扩展性问题,也为后来的大数据技术发展奠定了基础。

Doug Cutting 的这一成就最终促使他加入 Yahoo 公司,并在那里得到了进一步的支持和资源,以完善 NDFS。他以儿子的玩具大象命名了这一项目,即 Hadoop。Hadoop 的诞生不仅是对搜索引擎数据处理需求的直接回应,也反映了大数据技术在搜索领域的必然发展。随着 Hadoop 的开源,大数据技术开始在全球范围内迅速传播和发展,开启了数据处理的新纪元。

接下来将关注大数据领域的关键技术工具。在算法工程师的日常工作中,他们经常需要处理和分析大规模的数据集,这不仅要求他们具备深厚的理论知识,还需要掌握一系列实用的大数据工具。这些工具不仅能够帮助工程师们高效地存储和处理数据,还能够促进算法模型的开发和优化。在众多的大数据技术中,Hadoop、Hive 和 Spark 因其强大的功能和广泛的应用而成为算法工程师最常使用的工具。它们分别解决了大数据存储和计算、写和运行的不同需求,为算法的开发和实施提供了强有力的支持。接下来,将详细介绍这三个工具的特点和应用场景。

首先聚焦于 Hadoop,这是一个为处理海量数据而设计的开源框架。Hadoop 的核心价值在于其能够跨越多个服务器进行数据的存储和计算,从而实现数据的分布式处理。这种能力对于算法工程师来说至关重要,因为它使得处理大规模数据集成为可能,而这些数据集的大小往往超出了单个计算机的存储和计算能力。

为了更直观地阐释 Hadoop 的工作原理,下面通过一个实验室中的实际情景来进行说明。如图 7.4 所示,某同学试图使用 Python 字典来执行词频统计任务,这相当于 MapReduce 中的映射(Map)阶段。然而,面对庞大的数据量,单个字典结构无法在有限的内存中完整加载,这就要求对数据进行分割处理。为此,此同学编写了一个 Python 脚本,每当读取两千万字的数据后,便将其写入一个新的文件中。通过这种方法,原始的巨型文件被分割成多个更小的切片文件,从而使得数据处理变得可行。为了防止数据丢失的情况再次发生,此同学还采取了预防措施,将这些切片文件的副本存储在实验室的另一台计算机上,以实现数据的跨节点备份。

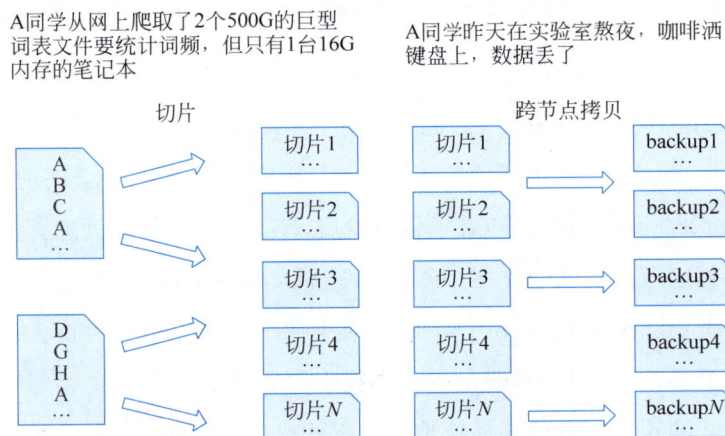

图 7.4　HDFS——从一个实验室的故事说起

在讨论了如何处理大规模数据集的初步策略后,接下来需要了解 Hadoop 分布式文件系统(HDFS)是如何解决海量数据存储的问题。如图 7.5 所示,HDFS 为用户呈现一个虚拟的文件系统目录结构,它能够处理和存储极大的文件。在 HDFS 中,大文件被自动拆分成多个 128MB 大小的块(Block),每个块在集群中跨多个节点存储三个副本,以此来提高数据的可用性和容错性。例如,当用户向 HDFS 集群上传一个 250MB 的文件时,该文件会被拆分成两个块,一个是 128MB,另一个是 122MB,每个块都会在不同的节点上存储三个副本,总共形成六份文件。在实际部署中,即使集群规模达到数千甚至数万台计算机,单节点的故障也是不可避免的。HDFS 通过在不同节点上分散存储备份文件,最大化地确保了数据的安全性和可靠性。

然而,这种设计也带来了数据更新方面的挑战。由于存在多个数据副本,对单一行数

HDFS架构

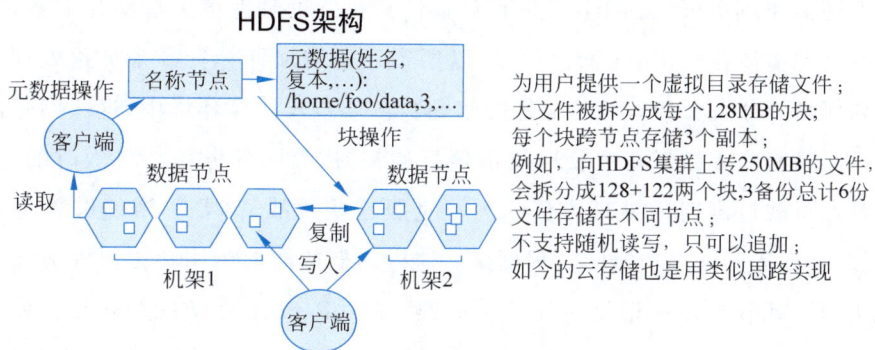

为用户提供一个虚拟目录存储文件；
大文件被拆分成每个128MB的块；
每个块跨节点存储3个副本；
例如，向HDFS集群上传250MB的文件，
会拆分成128+122两个块,3备份总计6份
文件存储在不同节点；
不支持随机读写，只可以追加；
如今的云存储也是用类似思路实现

图 7.5　HDFS 架构

据的修改将涉及所有副本的更新,这会导致高昂的操作成本。鉴于此,HDFS选择了一种折中方案,它不支持对文件的随机读写,而是仅支持数据的追加(Append)或者整体覆盖(Overwrite)。这样,数据的写入操作就变成了一种批量操作,更适合处理大量数据集的场景。这种设计决策虽然限制了文件的随机修改能力,但却为大规模数据处理提供了高效的解决方案。

在前述情境中,处理较小的文件相对直接。可以编写一个 Python 脚本,该脚本首先将数据转换为元组并存储到磁盘上。随后,通过读取这些临时文件,利用 Python 字典进行词频统计,完成局部聚合后再次存储。最终,将所有局部聚合的结果汇总到内存中进行全局聚合,从而将数据转换成期望的格式。这一过程体现了 MapReduce 框架中的核心概念(如图 7.6 所示):Map 阶段负责处理数据并生成中间结果,而 Reduce 阶段则将这些中间结果合并,以产生最终的输出。这种方式能够有效地处理和分析大规模数据集,提取有价值的信息。

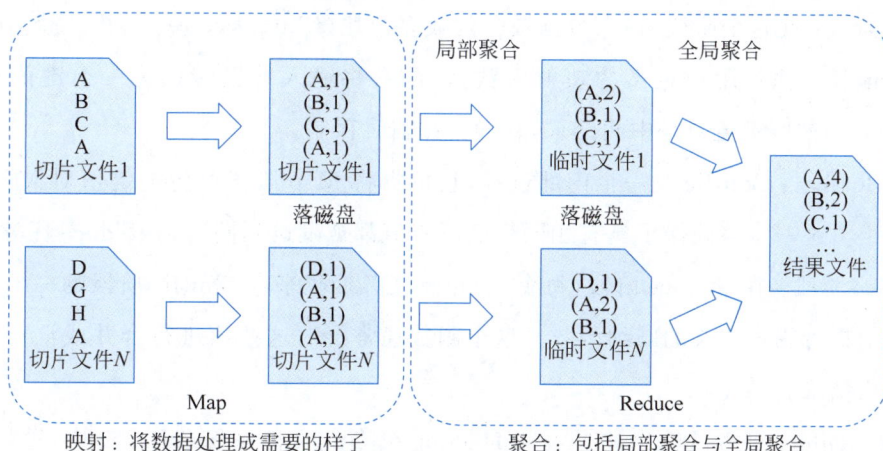

图 7.6　MapReduce 简介

随着上述故事的展开,此同学意识到单台计算机的处理速度无法满足需求,于是他借用了师兄的笔记本计算机,共计三台设备,以期望通过增加计算资源来加速处理过程。这就引出了如何高效分发和处理切片文件的问题。在分布式计算环境中,这一问题涉及多个复杂因素,例如,跨节点如何有效获取局部聚合的临时文件,任务执行失败时的应对策略,以及单个节点负载过高时的处理方法。为了克服这些挑战,需要一个能够整合跨节点通信、容错机制和任务调度等功能的编程框架。这样的框架能够为用户提供在分布式环境中编程的能力,而 MapReduce 正是这样一种框架。MapReduce 框架的简化设计使用户能够更加专注于业务逻辑本身,而不必过多关注底层的分布式计算细节。接下来,将通过查看 MapReduce 框架的典型原理图 7.7 来进一步理解这一框架的工作机制。

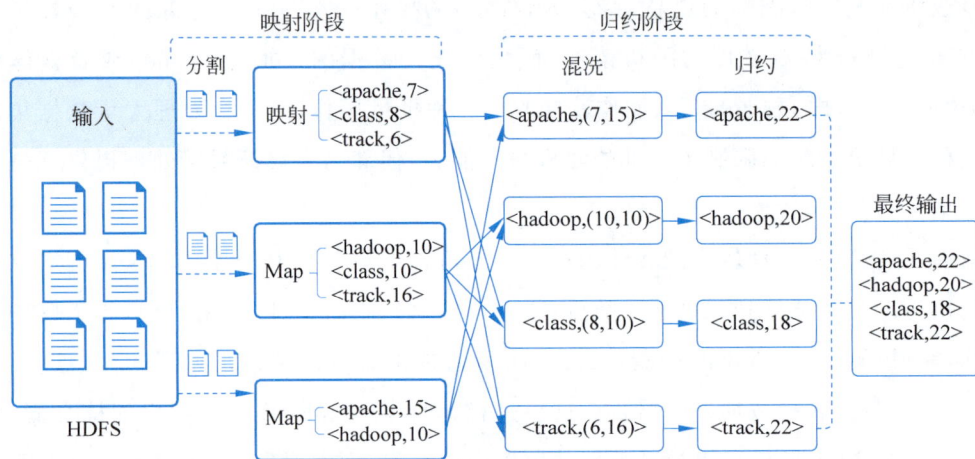

图 7.7 MapReduce 框架原理图

MapReduce 框架的工作机制通过几个关键步骤来处理和分析数据。这些步骤包括:

Map 阶段:在这个阶段,输入数据被分割成多个块(Chunks),每个块由一个 Map 任务处理。Map 任务执行用户定义的映射函数,该函数将输入数据转换为一组键值对(Key-value Pairs)。这些键值对是中间结果,它们会被临时存储。

Shuffle 阶段:Shuffle 是一个内部过程,它负责将 Map 阶段产生的键值对根据键进行排序和分组。这一步骤确保了具有相同键的所有值都被发送到同一个 Reduce 任务。

Reduce 阶段:在 Reduce 阶段,每个 Reduce 任务接收来自 Shuffle 阶段的一组键值对,并对这些值执行用户定义的归约函数。这个函数通常会对这些值进行合并或汇总,以产生最终的输出结果。

输出:Reduce 任务的输出被写入到 Hadoop 分布式文件系统(HDFS)中,这样用户就可以访问最终的处理结果了。

在整个过程中,MapReduce 框架负责管理任务的调度、执行和监控。它还处理节点故障和任务失败的情况,确保即使在节点故障的情况下,数据处理也能正确完成。MapReduce 的设计使它非常适合在大规模集群上并行处理大量数据,因为它将复杂的数据处理任务分解成了可以独立执行的简单任务,并且通过框架自身的容错机制来保证数据处理的可靠性。

尽管 Hadoop 在分布式编程方面取得了显著成就,但其使用门槛相对较高。为了进一步降低这一门槛,Hive 应运而生。Hive 是由 Facebook 于 2007 年启动的 SQL on MapReduce 项目的产物(如图 7.8 所示),它将 SQL 的常见操作(例如 Select、Where、Group、Join)封装成 MapReduce 框架模板,并通过 SQL 解析,匹配合适的 MapReduce 框架模板后,提交给集群运行 MapReduce 框架任务。

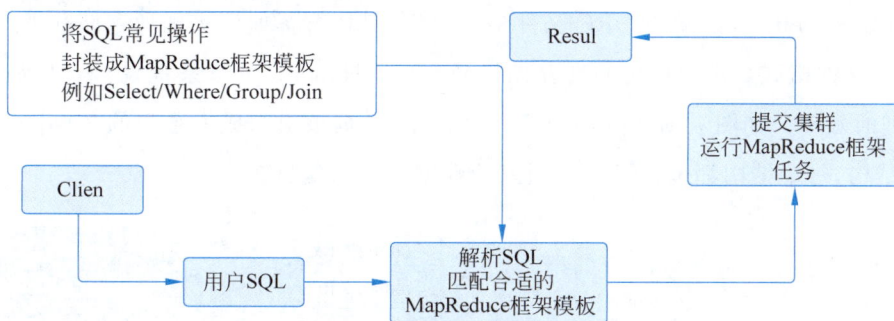

图 7.8　Hive——让 MapReduce 框架写得更简单

图 7.9 展示了用 Hive 创建表的过程。例如名为"mart_tsinghua.eta_log"的表,该表包含"user_id"、"comment_id" 和 "order_id" 三个字段。通过编写建表语句,能够将存储在 HDFS 上的文件映射为虚拟表。利用一条 SQL 语句,便能够调动数百个节点参与运算。在实际业务场景中,字段的数量可能会达到数百个之多。

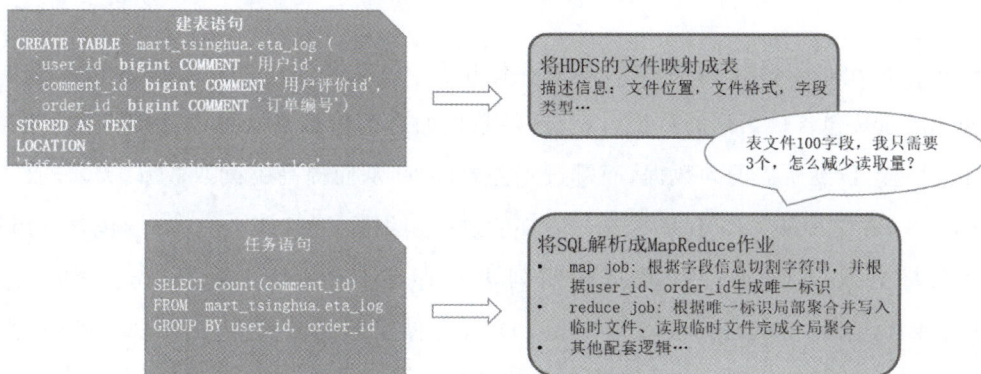

图 7.9　Hive

以表 7.1 为例,3 个字段 4 行数据,行存储在磁盘上显然行存储时,需要将数据加载到内存,切分数据得到需要的字段。

表 7.1　逻辑视图

	列 1	列 2	列 3
行 1	1	2	3
行 2	4	5	6
行 3	7	8	9
行 4	10	11	12

在工业界,Hive 表通常包含几十亿行数据,上百个字段,这会导致大量的无用磁盘 IO。为了解决这一问题,列存储技术应运而生。列存储技术的核心思想是通过加索引的方式将同一列的数据存储在一起。

下面以 Facebook 开发的 ORC 文件格式为例,具体解释如何实现列存储并加入索引。

ORC 文件格式是一种优化的列存储格式,专为 Hadoop 生态系统设计,以提高大规模数据处理的效率。如图 7.10 所示在 ORC 文件中,数据被组织成一系列的"Stripe"和"Row-Group"结构,每个结构都包含了一系列列的数据和索引信息。

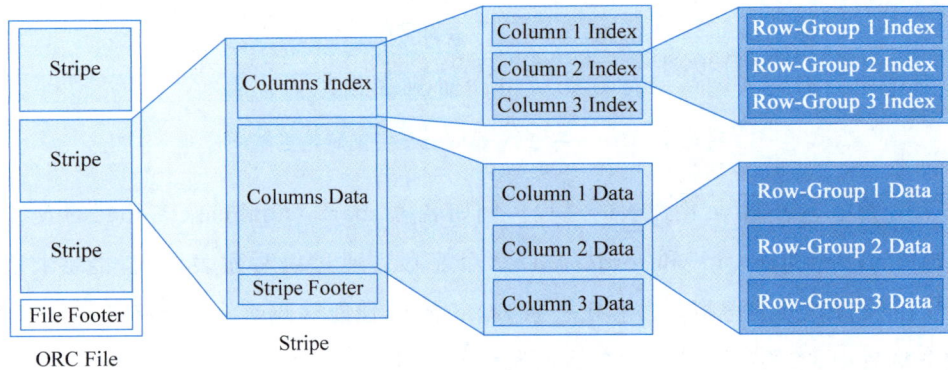

图 7.10　如何实现列存储

Stripe：Stripe 是 ORC 文件中的基本存储单位,它包含了一组列的数据和索引信息。每个 Stripe 通常包含一组列的数据,以及这些数据的索引信息。这种设计使得在读取数据时,可以快速定位到所需的列数据,而跳过不需要的列,从而提高了读取效率。

Row-Group：Row-Group 是 Stripe 内部的进一步细分,每个 Row-Group 包含一组行的数据。在每个 Row-Group 中,数据按照列进行存储,每一列的数据被进一步细分为"Column Data"和对应的"Index"。Column Data 存储实际的数据值,而 Index 则包含了数据的元信息,如数据的位置、类型、数据量等描述性信息。

Columns Index：在每个 Stripe 的开始部分,有一个 Columns Index,它提供了该 Stripe

中每一列数据的位置信息。这使得在读取数据时,可以迅速找到所需列的数据所在位置。

Stripe Footer 和 File Footer:这些部分包含了文件级别的元数据信息,如版本信息、压缩信息等,以及 Stripe 级别的元数据信息,如每个 Stripe 的列数据的偏移量和长度。

通过这种结构化的设计,ORC 文件格式实现了高效的列存储和索引机制。当需要读取特定列的数据时,可以通过 Columns Index 快速定位到对应的 Column Data,而不需要读取整个文件或无关的列数据。这种机制显著提高了数据读取的效率,尤其是在处理包含大量列的大规模数据集时。同时,由于 ORC 文件格式支持多种压缩选项,它还能够有效地减少存储空间的占用,进一步提升数据处理的性能。

在探讨了 Hadoop 和 Hive 在大数据处理中的关键作用之后,下面将介绍另一个重要的技术——Spark。Spark 是一种基于 Scala 开发的分布式通用数据处理引擎,它在数据处理领域树立了新的行业标准。与传统的 MapReduce 框架相比,Spark 提供了更高效的数据处理能力,尤其在大规模数据集的处理上表现出色。

Spark 的设计初衷是为了解决 MapReduce 框架在迭代计算和交互式数据挖掘方面的不足(图 7.11)。在实验室环境中,数据处理工具如 Numpy 和 Pandas 通常用于处理单机数据,但它们的处理能力有限。例如,Numpy 在处理数据时最多只能处理百万级别的数据条目。然而,Spark 能够轻松应对几十亿级别的数据集,这使得它在处理大规模数据集时具有显著优势。

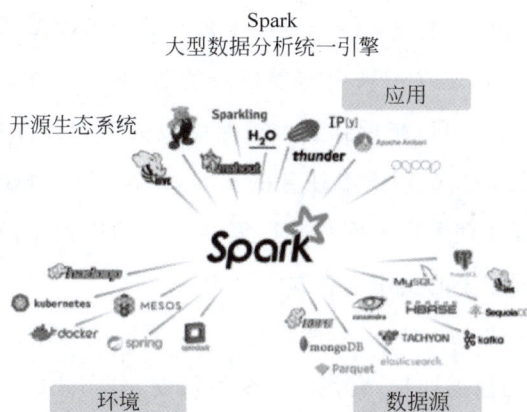

图 7.11　Spark——通用式数据处理引擎

Spark 起源于加州大学伯克利分校(UC Berkeley)的 AMPLab,是一个开源的分布式计算系统。自 2009 年创立以来,Spark 经历了多个重要的发展阶段,包括正式开源、加入 Apache 基金会、成为 Apache 顶级项目,以及发布多个版本,如 Spark 1.0、2.0 和 3.0。这些版本带来了新的特性和改进,如 DataFrame/SQL 的引入,使其成为主推 API。

随着 Spark 的发展,其背后的团队和主要成员也成立了 Databricks 公司,该公司致力于进一步推动 Spark 的商业化和技术创新（如图 7.12 所示）。Databricks 公司的成功也体现在其市值上，达到了 200 多亿美元，成为技术改变世界的一个经典案例。Spark 的发展历程不仅展示了开源项目如何影响全球技术生态，也体现了学术研究如何转化为具有实际商业价值的创新产品。通过不断的技术创新和社区贡献，Spark 已经成为大数据处理领域的一个重要工具，广泛应用于数据科学、机器学习、实时分析等多个场景。

UC Berkeley AMP Lab	正式开源	进入Apache基金会，Spark主要成员创立Databricks公司	Spark 1.0发布成为Apache顶级项目	Spark 2.0发布 Dataframe/SQL成为主推API	Spark 3.0发布
2009	2010	2013	2014	2016	2020

图 7.12　Spark 发展历程

下面的示例代码[76]展示了如何使用 Spark 和 XGBoost on Spark 进行机器学习任务，具体是对鸢尾花数据集进行分类预测。代码首先通过 StringIndexer 对目标变量（类别）进行索引转换，这是预处理步骤中常见的做法，它将类别标签转换为数值型标签，以便后续的模型训练。接着，代码选取了四个特征：花萼长度、花萼宽度、花瓣长度和花瓣宽度，这些特征是鸢尾花分类任务中的关键变量。在特征和目标变量准备好之后，代码使用 VectorAssembler 将特征组合成一个向量列，为 XGBoost 模型的输入做准备。随后，通过设置 XGBoost 的参数，创建了一个 XGBoostClassifier 实例，并指定了特征列和类别索引列。最终，模型通过调用 Fit 方法在数据上进行训练，生成了一个可用于预测的分类模型如图 7.13 所示。

这段代码的亮点在于，虽然在逻辑上与单机版的 XGBoost 类似，但它是在 Spark 分布式环境中执行的，这意味着它可以扩展到更大规模的数据集和计算资源。通过利用集群的并行处理能力，Spark 能够加速机器学习任务的执行，提高处理大数据集时的效率和性能。这种方法特别适用于需要处理大量数据和进行复杂计算的机器学习任务，展示了 Spark 在大数据分析和机器学习领域中的实用性和强大能力。

在讨论 Spark 如何优化 MapReduce 性能时，引入了弹性分布式数据集（RDD）的概念。RDD 是 Spark 中最基本的数据抽象，它代表一个不可变、分布式的数据集合，可以进行并行操作。RDD 的设计允许数据在节点失败时自动恢复，提供了高度的容错性。

如图 7.14 所示提供的代码示例中，首先通过 sc.textFile 方法从不同的输入路径（inputPath1，inputPath2，inputPath3）读取数据，并将其转换为三个 RDD 对象：lines1、lines2 和 lines3。接着，lines2 和 lines3 通过 union 操作合并成一个 RDD，即 unionRdd，这个操作将两个 RDD 中的元素合并，不关心数据是否重复。然后，lines1 和新创建的 unionRdd 通过 join 操作进行关联，创建了另一个 RDD，即 joinRdd。join 操作通常是基于某个共同的键将两个 RDD 的元素结合起来。最后，joinRdd 通过 saveAsTextFile 方法保存

```
val spark = SparkSession.builder().getOrCreate()
val schema = new StructType(Array(
  StructField("sepal length", DoubleType, true),
  StructField("sepal width", DoubleType, true),
  StructField("petal length", DoubleType, true),
  StructField("petal width", DoubleType, true),
  StructField("class", StringType, true)))
val rawInput = spark.read.schema(schema).csv(      "input_path")

val stringIndexer = new StringIndexer().
  setInputCol("class").
  setOutputCol("classIndex").
  fit(rawInput)
val labelTransformed = stringIndexer.transform(rawInput).drop(      "class")

val vectorAssembler = new VectorAssembler().
  setInputCols(Array("sepal length", "sepal width", "petal length", "petal width")).
  setOutputCol("features")

val xgbInput = vectorAssembler.transform(labelTransformed)
  .select(      "features",      "classIndex")

val xgbParam = Map("eta" -> 0.1f,
  "missing" -> -999,
  "objective" -> "multi:softprob",
  "num_class" -> 3,
  "num_round" -> 100,
  "num_workers" -> 2)
val xgbClassifier = new XGBoostClassifier(xgbParam)
  .setFeaturesCol("features")
  .setLabelCol("classIndex")
  .setMaxDepth(6)

val model: XGBoostClassificationModel = xgbClassifier.fit(xgbInput)
```

图 7.13　使用 Spark 进行机器学习[76]

```
val lines1=
sc.textFile(inputPath1).map(...).map(...)
val lines2=sc.textFile(inputPath2).map(...)
val lines3=sc.textFile(inputPath3)
val unionRdd=lines2.union(lines3)
val joinRdd = line1.join(unoinRdd)
joinRdd.saveAsTextFile(...)
joinRdd.filter(...).foreach(...)
```

图 7.14　使用 Spark 进行优化 MapReduce 性能

到指定的输出路径。这个过程展示了 Spark 如何通过转换和行动操作来处理数据,并通过构建有向无环图(DAG)来优化执行计划。DAG 允许 Spark 有效地安排和优化任务的执行,从而提高数据处理的效率。

这段代码体现了 Spark 的核心优势之一,即能对分布式数据集进行复杂的转换和联合操作,同时保持代码的简洁性和直观性。通过优化数据处理流程,Spark 能够提供比传统 MapReduce 更高效的性能,尤其在迭代计算和交互式数据挖掘任务中表现突出。

通过 RDD,Spark 将数据划分为一系列的任务,这些任务以有向无环图(DAG)的形式组织,使得数据处理过程更加高效。在图 7.15 所示的示例中,可以看到一系列数据处理操作,这些操作通过转换和行动两个概念来实现。转换操作(如 Map,Filter,Union 等)会生成新的 RDD,而行动操作(如 saveAsTextFile)则会触发实际的计算并返回结果。

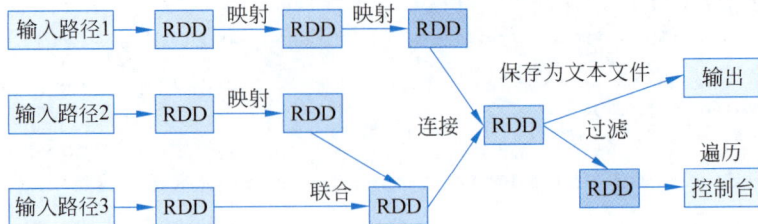

图 7.15　构建 DAG 图

这个示例展示了如何通过构建一个 DAG 来优化数据处理流程。具体步骤如下:

首先,通过 sc.textFile 方法从三个不同的输入路径读取数据,每个路径生成一个 RDD。

对来自 inputPath1 的 RDD 执行两个 map 操作进行数据转换,然后与通过 union 操作合并的 inputPath2 和 inputPath3 的 RDD 进行 join 操作。join 操作基于共同属性将不同数据源的数据集合并。

join 操作的结果可以通过 filter 操作进一步筛选,以保留满足特定条件的数据。

最终,通过 saveAsTextFile 行动操作将处理后的数据保存到文件系统中,或者使用 Foreach 操作将结果输出到控制台。

这个过程不仅展示了 Spark 如何通过 DAG 优化数据处理,而且体现了 Spark 在处理大规模数据集时的性能优势。DAG 的构建允许 Spark 有效地安排和优化任务的执行,提高数据处理的效率。这种设计使得 Spark 在迭代计算和交互式数据挖掘任务中表现出色,尤其是在需要进行复杂数据转换和联合操作的场景中。

在机器学习领域,Spark 的这种数据处理能力同样重要。它为数据预处理和特征工程提供了一个统一的框架,简化了从数据摄取到模型训练的整个流程。通过这种方式,Spark 不仅能够处理大规模的数据处理任务,还能够支持复杂的机器学习应用,从而在大数据分析和机器学习领域中发挥关键作用。

进一步地,Spark 通过引入 Catalyst 和 Tungsten 两个项目,提升了数据处理的性能(如图 7.16 所示)。Catalyst 负责优化 SQL 查询,而 Tungsten 则专注于改进内存管理和数据存储。这些优化措施使得 Spark 在执行 MapReduce 任务时,能够大幅减少磁盘 I/O 操作,从而加快数据处理速度。

自 2006 年 MapReduce 作为 Hadoop 的开源组件正式面世以来,它开启了大数据处理的新篇章。如图 7.17 所示,MapReduce 通过提供一个编程模型,使得大规模数据集的并行处理成为可能。随着技术的发展,MapReduce 不断演化,形成了一个丰富的生态系统,旨在

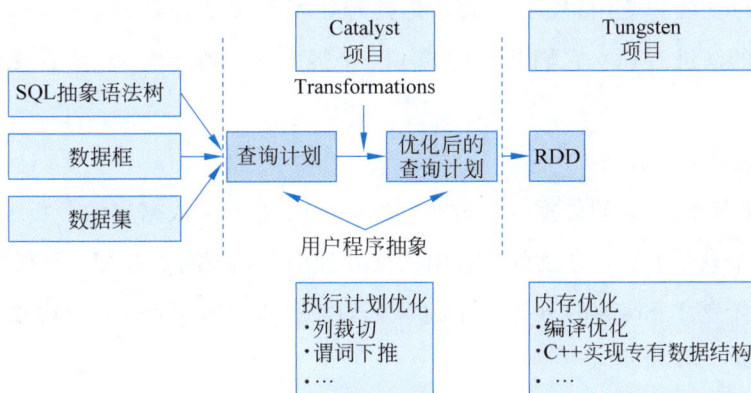

图 7.16　如何让 Spark 更快

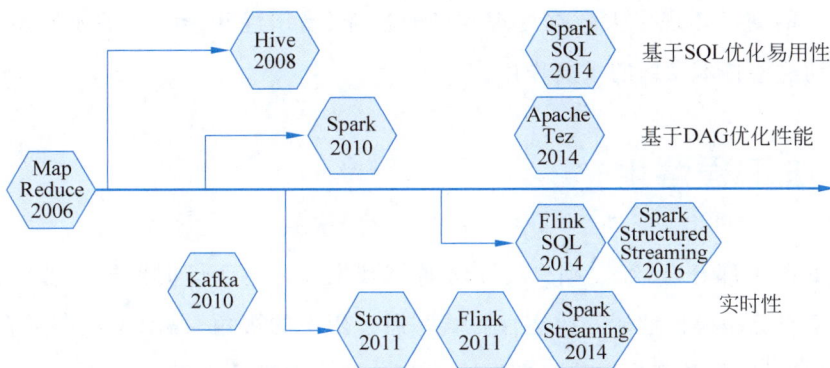

图 7.17　MapReduce 的进化之路

提高处理速度、易用性和实时性。2008 年 Hive 诞生,它是一个基于 Java 开发的数据仓库软件,允许使用 SQL 查询 Hadoop 上的大数据集,这大大简化了 MapReduce 的使用,使得数据分析师和商业智能专家能够更容易地处理和分析数据。2010 年,Spark 项目启动,这是一个基于 Scala 开发的分布式通用数据处理引擎。Spark 引入了弹性分布式数据集(RDD)的概念,并提供了更高级的数据处理 API,如 DataFrame 和 Dataset,以及对机器学习和图计算的支持。Spark 的性能优化主要基于 DAG(有向无环图),它允许更紧密的计算计划和更高的执行效率。2014 年,Spark SQL 成为 Spark 项目的一部分,它提供了对结构化数据的处理能力,进一步优化了 SQL 的使用,使得用户能够以更接近传统数据库的方式进行数据分析。同年,Apache Tez 项目诞生,它是另一个基于 DAG 的数据处理框架,旨在优化 Hadoop MapReduce 的性能。Tez 提供了一个可插拔的处理器执行环境,可以与 Hive 和其他数据处理系统集成,以提高它们的执行速度和资源利用率。在实时数据处理方面,Storm 和 Flink 分别于 2011 年和 2014 年诞生。Storm 是一个实时计算系统,适用于处理无限的数据流。Flink 则提供了一个分布式流处理引擎,支持高吞吐量、低延迟的数据处理。

这些技术的发展和应用,展示了大数据处理技术从批处理到实时处理,从复杂编程模型到高级 API 的演进过程。它们共同构成了一个强大的生态系统,支持着现代数据驱动的决策和创新。

常用技术包括以下几种。

Hive:一个基于 Java 的数据仓库软件,使用 SQL 进行大数据集的分析。

Spark:一个基于 Scala 的分布式通用数据处理引擎,提供高级 API 和机器学习库。

Kafka:一个基于 Scala 的分布式消息队列,由 LinkedIn 开源,用于构建实时数据流管道和流应用程序。

Flink:一个基于 Java 的分布式流处理引擎,支持事件驱动的数据处理和复杂的事件处理。

这些技术的演进体现了大数据处理领域对性能、易用性和实时性的不断追求,以及开源社区对推动这些技术发展的重要作用。

7.2 算法工程落地

在本章的前半部分,已经详细探讨了大数据技术体系对于即时配送行业的关键作用,以及数据资产对算法模型性能的决定性影响。通过历史的视角,揭示了从图灵自动机到深度学习技术的演进,以及摩尔定律对存储成本和计算能力进步的推动作用。这些技术的发展为算法策略的实际应用奠定了坚实的基础。

接下来,将转向算法工程的具体落地实践。本节将深入机器学习项目的生命周期,从数据收集到特征工程、模型训练、部署、预测,直至 AB 实验等关键步骤。这一过程不仅涉及技术层面的实现,还包括项目管理和持续优化的策略。通过本节内容,读者将获得将理论成果转化为工程实践的方法和技巧,理解如何将先进的算法策略应用于解决实际工程问题,实现技术到业务价值的转换。

机器学习项目的成功实施遵循一个明确的生命周期,这个周期不仅确保了项目的系统性和高效性,而且促进了持续的迭代和优化。如图 7.18 所示,一个典型的机器学习项目生命周期包含以下几个关键阶段。

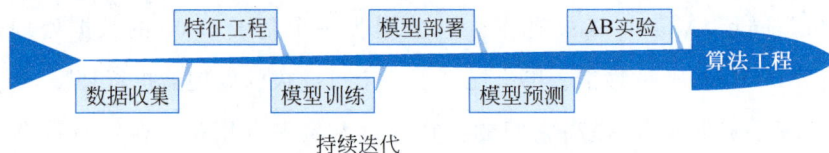

图 7.18 工业界机器学习场景落地过程

数据收集：作为项目的基础，数据收集涉及从多个来源获取和整合数据。在即时配送领域，这可能包括用户行为日志、交易记录和环境数据等。数据的质量和完整性直接影响模型的性能，因此，这一阶段需要特别的关注和精确的处理。

特征工程：在数据预处理之后，特征工程开始发挥作用。它涉及选择、构造和转换数据的特征，以便更好地表示问题并提高模型的预测能力。特征工程是机器学习中最为关键的步骤之一，它决定了模型能否捕捉到数据中的关键信息。

模型训练：利用处理好的数据和设计好的特征，模型训练阶段开始构建和训练算法模型。这个阶段需要选择合适的机器学习算法，并调整模型参数以达到最佳的预测效果。

模型部署：训练完成的模型需要被部署到生产环境中，以便对新数据进行实时预测或决策支持。模型部署要求模型能够稳定运行，并且能够处理实际业务场景中的数据。

模型预测：在模型部署后，模型将用于对新的输入数据进行预测。这些预测结果将直接影响到即时配送的效率和质量，因此模型的准确性和响应速度至关重要。

AB 实验：为了评估模型的效果和进行持续优化，AB 实验被广泛应用于比较不同模型或参数设置的效果。通过科学的实验设计和数据分析，AB 实验帮助项目团队作出基于性能的数据驱动决策。

每个阶段都是机器学习项目成功的关键，需要细致的规划和执行。此外，这些阶段不是孤立的，而是相互关联并形成一个闭环。项目团队需要在整个生命周期中不断迭代和优化，以适应数据的变化和业务需求的发展。

7.2.1　数据收集

在工业界，机器学习项目的开发和实施通常遵循一系列连续且顺序依赖的步骤，这些步骤共同构成了一个完整的算法工程落地流程。为了提高效率和确保可靠性，这些步骤被有机地组合成一个流水线（Pipeline）式的处理系统，如图 7.19 所示。

图 7.19　流水线式处理系统

流水线式的处理方式借鉴了传统制造业的生产流程，其核心在于将数据和模型作为生产要素，通过一系列预定义的处理步骤，从原始数据的收集开始，经过各个阶段的加工和转换，最终生成有价值的业务决策信息。在这个过程中，数据和模型沿着流水线流动，每个阶段都有明确的目标和输出,为下一步的处理提供输入。

这种流水线式的处理方式具有两个显著特点:第一,高效。在一个高速发展的时代背景下,快速尝试和落地新想法对于提升经营效益至关重要。流水线式的处理方式通过自动化和并行化的操作,显著提高了项目的执行速度和响应市场变化的能力。第二,可靠。每一步处理都遵循标准化的流程,确保了整个流水线的安全可靠。这使得经过实验室验证的优秀算法能够有效地过渡到生产环境,经受各种严苛考验,并保持稳定的性能。

通过这种流水线式的处理方式,机器学习项目能够以一种系统化、规范化的方法进行管理,从而确保了项目从概念到实际应用的顺利过渡。这不仅加速了算法创新的商业化进程,也为持续优化和迭代提供了坚实的基础。

在探讨机器学习项目的实施过程时,数据收集构成了首要且关键的步骤。在当今互联网时代,尤其是工业领域,数据资源的丰富性和多样性为机器学习提供了广阔的应用前景。然而,如何将这些来自不同源头、结构各异的数据有效整合到机器学习项目中,成为数据处理流水线中需首要解决的问题。

考虑到数据的规模,以近期广受关注的 ChatGPT 为例,其训练过程涉及的数据量高达数千万个网页文档、数百万个书籍文本,总计达到 44TB 的文本语料。这一庞大的数据规模,不仅展示了数据在机器学习中的重要性,也突显了数据收集工作的复杂性和挑战性。

如图 7.20 所示,在数据收集的具体实践中,主要形成了两条清晰的数据链路。

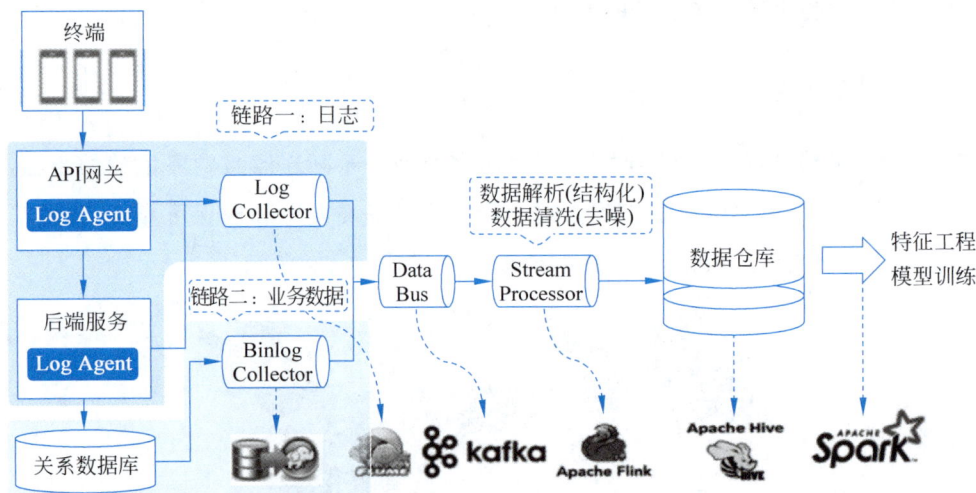

图 7.20   工业界如何收集多源 、异构数据

第一条链路涉及日志埋点,这包括但不限于用户访问记录,如商品浏览、新闻阅读、视频观看等行为日志。这些日志数据因其庞大的数量,在互联网数据中占据了主导地位。通常,后端服务或网关服务上部署的日志代理进程负责收集应用程序产生的日志,并将其异步传输至日志收集器。在工业界,Apache Flume 等开源日志收集器被广泛使用,以将日志数据传输至数据总线,即数据传输系统。该系统通常基于 Apache Kafka 构建,以支持数据的高效流转。经过流式处理系统的清洗和解析,非结构化的日志数据被转化为结构化数据,并最终存储于数据仓库,如 Hive,为后续的数据分析和处理提供准备。

　　第二条数据链路关注业务数据的收集,这类数据通常存储于关系数据库中,如订单信息、运单详情、用户资料、商家信息及商品基础数据等。业务数据的收集往往通过数据库的二进制日志(Binlog)实现,其中,阿里巴巴公司的 Canal、Apache 的 Sqoop 等开源 Binlog 收集器发挥了重要作用。无论是日志数据还是业务数据,经过上述两条数据链路的整合,最终汇聚于数据仓库,转化为经过初步清洗和解析的结构化数据集,为机器学习工程的后续步骤,如特征工程、模型训练等,奠定了坚实的数据收集基础。

7.2.2　特征工程

　　数据收集与准备工作完成后,紧随其后的便是机器学习工程的第二阶段——特征工程。特征工程的重要性不容忽视,业界有句俗语广为流传:"数据和特征设定了机器学习的潜能上限,模型和算法的作用不过是逼近这一上限。"这一观点明确指出了特征工程在机器学习项目成功中的核心作用。

　　特征工程的目的在于通过各种技术手段优化数据特征,以提升模型的学习效率和预测准确性[77]。常见的特征工程技术包括数据采样、处理空值和异常值、连续特征的离散化、归一化和标准化等。在实际应用中,特征工程的关键在于同时保证效率和质量,即如何迅速开发出高质量的特征,如图 7.21 所示。

　　在工业界,特征工程的实施通常遵循以下原则。

　　(1) 特征生产平台化:特征按照其生成方式分为两大类。一是离线特征,这类特征基于历史数据进行分析挖掘,生成统计值,如商家平均出餐时间等。二是实时特征,这类特征基于当前时刻前推的一个时间窗口内的数据实时统计得到,例如商家未取餐单量、配送商家的评价负载等。为了提高特征开发的效率,通常会建立特征平台,通过 SQL 语句等方式进行特征开发。

　　(2) 特征获取配置化:特征开发完成后,需要能够快速方便地将其应用到机器学习项目中。在工业界,通常采用配置化的方式绑定特征到线上模型,以便在模型训练完成后,能够便捷地获取所需特征。

　　(3) 特征全链路监控:从特征的生产到最终的线上应用,整个过程需要严格的监控机制。在特征生产阶段,通常会配置数据质量控制(DQC)以确保生产环节的安全性。当特征导入缓存并通过特征服务对外暴露时,也需要监控特征的趋势,例如均值、空值率等。一旦发现问题,需要及时对特征进行熔断或降级处理,以确保线上业务的稳定有序运行。

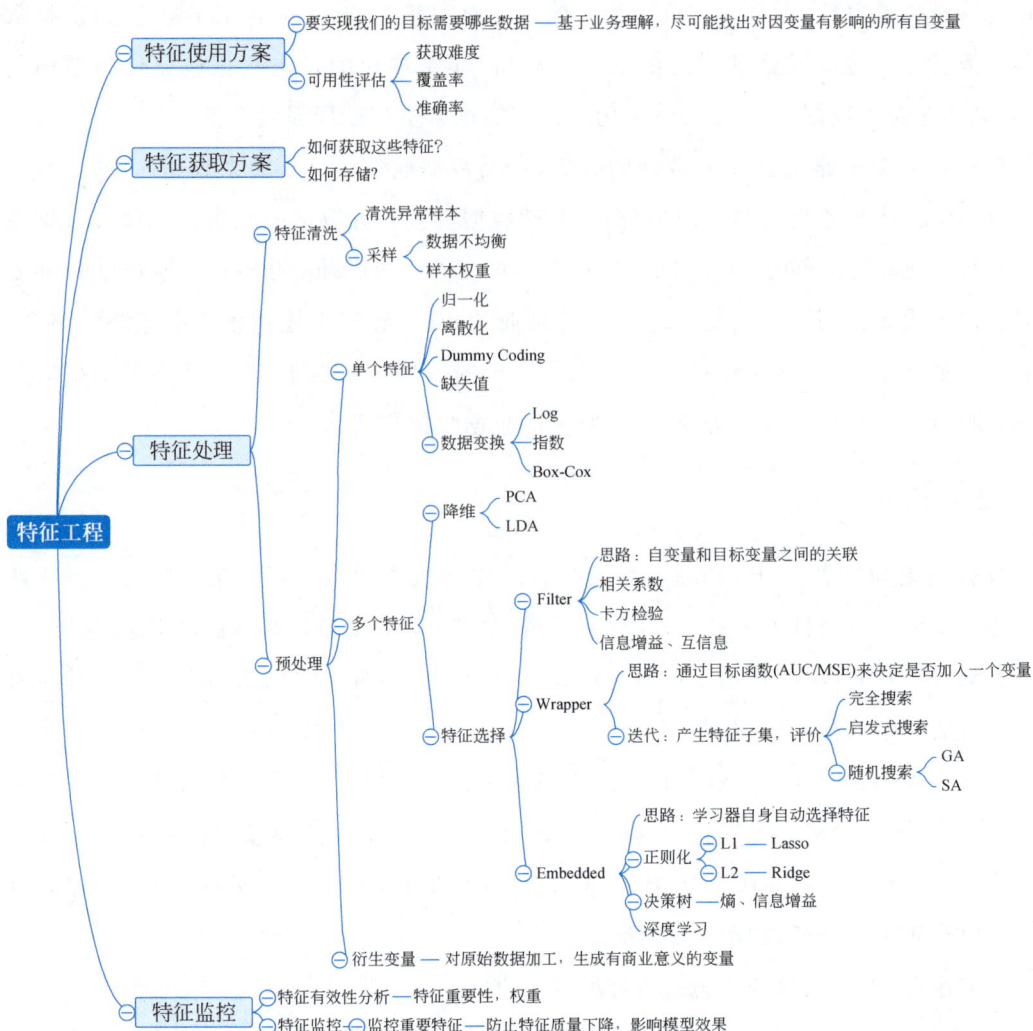

图 7.21　机器学习常用特征工程的方法[77]

通过上述措施,特征工程不仅能够提升模型的性能,还能够确保机器学习项目在实际应用中的可靠性和有效性。

7.2.3　模型训练

完成特征工程之后,紧接而来的步骤是模型训练,这是机器学习项目中至关重要的一环。在工业界,模型训练与学术界的实践存在显著差异,如表 7.2 所示,这些差异主要体现在数据量、数据质量、建模方式和训练架构四个方面。

(1) 在数据量方面,学术界的模型训练通常基于离线样本,样本规模一般在百万级别。例如,著名的 ImageNet 数据集,包含大约 100 万张图片,涵盖 1000 个不同的类别。相较之下,工业界的模型训练不仅包含离线样本,还涉及实时流式样本。在广告、推荐、排序和搜

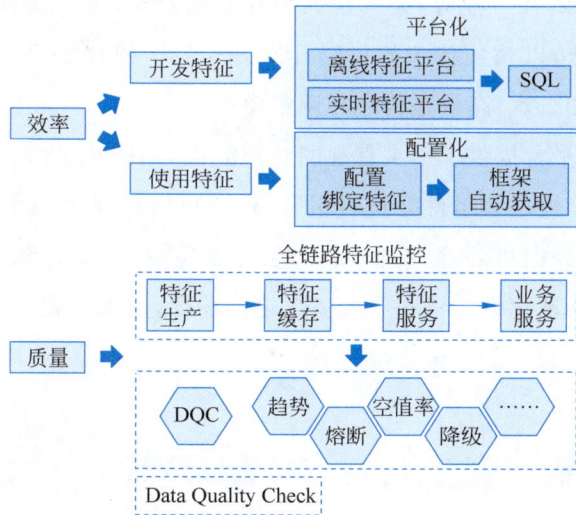

图 7.22　工业界特征工程落地的关键

索等应用场景中,模型需要能够迅速响应用户的最新行为。因此,工业界的数据量通常远远超过学术界,样本数量可达上亿甚至数十亿,数据规模常以 TB 级别计。

（2）数据质量方面,学术界所用的数据集往往经过精心筛选和预处理,质量较高。而在工业界,由于数据来源多样、复杂多变,数据质量参差不齐,需要更多的数据清洗和预处理工作。

（3）在建模方式方面,学术界的研究者倾向于手工编写模型代码,例如使用 Jupyter Notebook 和 PyTorch 等工具。而在工业界,大型公司通常会建立自己的模型训练平台,采用组件化和平台化的建模方式,以提高建模效率和可维护性。

（4）训练架构方面,学术界的模型训练通常可以在单机上完成。然而,工业界面临的是大规模数据集,单机训练不仅耗时长,且难以收敛。因此,工业界普遍采用分布式训练架构,通过多机多卡的方式并行处理,加速模型训练过程。

综上所述,工业界的模型训练在规模、复杂度和实施方式上,都与学术界存在显著的不同。这些差异要求工业界的从业者必须使用先进的技术和方法,以应对实际应用中的挑战。分布式训练作为工业界模型训练的核心,是提升训练效率和模型性能的关键技术。

表 7.2　学术界和工业界模型训练的差别

对比项	学术界	VS	工业界
数据量	离线、百万样本（GB 级别）		离线＋在线、亿级＋样本（TB＋级别）
数据质量	高		不高
建模方式	手写建模		组件化、平台化
训练架构	单机单卡		单机多卡、分布式训练

针对模型离线训练,在工业界,尤其是大型互联网公司,为了提高算法的建模效率,往往采用可视化建模方法,以替代传统的代码开发方式。这种转变旨在简化建模过程,使得算法开发人员能够更加直观、高效地构建和调整模型。

例如,美团的图灵平台提供了一个直观的建模界面,如图7.23所示。该界面集成了众多标准化组件。通过拖拽这些组件并进行组合,用户可以构建出一个有向无环图(DAG),从而完成从特征选择、数据集处理、特征预处理、样本生成、模型训练到模型验证的完整建模流程。图灵平台的标准化组件覆盖了大多数建模场景,极大地提高了模型开发的效率和灵活性。

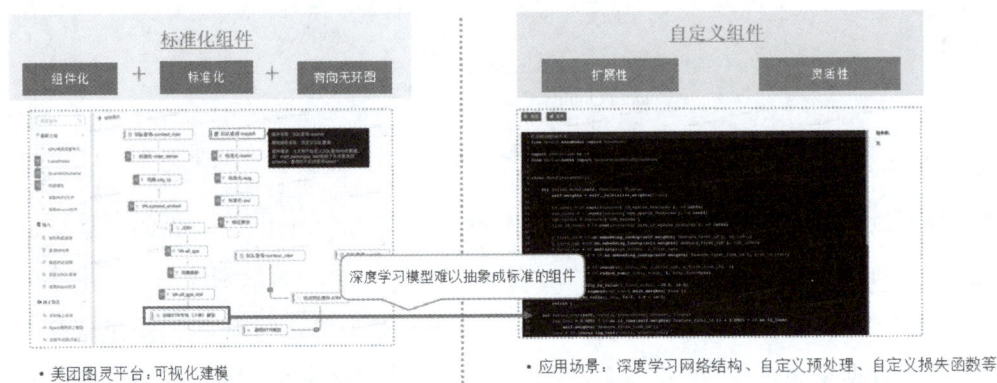

图7.23 美团图灵平台建模界面

类似地,其他业内主流的互联网公司也采用了这种可视化建模的方法。例如,阿里巴巴的PAI平台同样支持通过可视化界面进行模型的构建和训练。这些平台的共同特点是提供了一套易于理解和操作的图形化界面,使得算法专家和数据科学家能够专注于模型的逻辑和策略,而不必深陷于编程细节之中。

在模型训练的过程中,虽然图灵平台提供的标准化组件能够覆盖大多数的建模需求,但总有一些特定场景,如深度学习网络结构的设计,其复杂性和多样性难以通过标准化组件完全实现。为了解决这一问题,图灵平台引入了自定义组件的功能,允许用户根据具体需求开发个性化的组件。这种结合标准化组件与自定义组件的方法,不仅提升了建模的效率,同时也增加了建模的灵活性和扩展性,从而能够适应更加广泛和复杂的配送场景。

在深度学习模型的训练机制方面,图7.24展示了多层感知器(MLP)结构的训练示意图。该结构由输入层、隐藏层和输出层组成。在单机环境下进行模型训练时,数据被输入至输入层,然后逐层向前传播,直至达到输出层。在此过程中,每一层的输出都会与下一层的输入相对应,同时计算出每一层的误差。随后,通过反向传播算法,计算出每一层的梯度,并据此更新网络参数。通过多次迭代,使用不同的数据批次(Batch)进行训练,模型最终将收敛至最优状态。

这一训练过程不仅体现了深度学习模型的基本工作原理，也展示了通过迭代优化来提升模型性能的过程。通过这种系统性的训练方法，深度学习模型能够在各种复杂任务中实现高效的学习和预测。

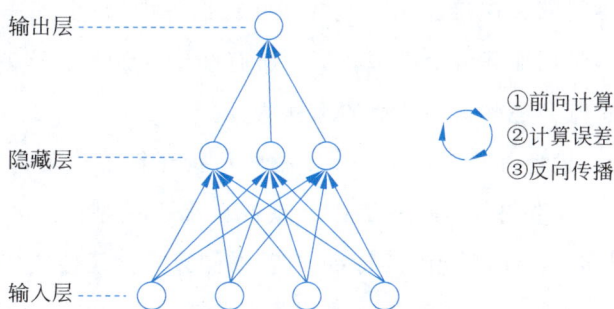

图 7.24　深度学习的模型训练

在深入探讨了深度学习模型训练的基本原理和过程之后，可以观察到一个显著的行业趋势：人工智能领域正迅速朝着构建更大规模的模型方向发展。这一趋势的背后是对于处理能力更强、存储容量更大的模型的需求，以适应日益增长的数据量和复杂多变的应用场景。

大规模的数据集为模型提供了丰富的信息，使得模型能够"记忆"更多的知识，从而提高其在各种任务中的性能。这一点在自然语言处理（NLP）领域的 GPT 模型上表现得尤为明显。例如，2019 年 2 月发布的 GPT-2 模型拥有 15 亿个参数，而仅一年半之后，GPT-3 模型的参数量就已经增加到 1700 亿个，参数规模在短短一年半的时间内增长了 110 倍（图 7.25）。这一增长速度远超摩尔定律所预测的计算能力提升速度，摩尔定律传统上认为计算能力大约每 18 个月翻一番。

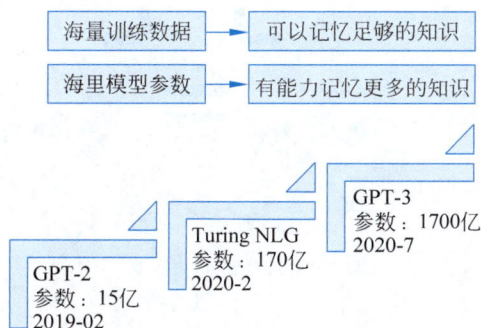

图 7.25　人工智能发展趋势

面对大规模模型和数据的训练需求，单机训练的局限性日益凸显，因此，分布式训练架构成为支撑此类训练的关键技术。分布式训练的核心在于克服单机算力的限制，有效处理大型模型和海量数据，提高训练效率。

在工业界，主要采用三种分布式并行训练方法：数据并行、模型并行和流水线并行。为了更好地理解这三种方法，可以借助一个类比：建造双子楼。

第一种方案类似于数据并行。想象两个工程队各自独立地建造一栋楼，待两栋楼均建成后，再将它们通过中间部分连接起来。在数据并行训练中，每个工作节点（Worker）都承担着完整的训练任务，包括加载整个模型和执行所有必要的计算。这要求每个工作节点具备全面的能力，类似于既会建楼又会装修的工程队。

第二种方案类似于模型并行。其中一个工程队负责建筑主体结构，另一个工程队负责内部装修。在模型并行训练中，不同的工作节点各自承担模型的一部分或特定的计算任务。每个工作节点只需专注于其分配的特定技能，如同只需会建楼或装修的工程队。

第三种方案是流水线并行。将建筑过程分解为多个阶段，每个阶段由专门的工作队负责，如同盖楼和装修工作队依次完成每层楼的建设。在流水线并行训练中，数据和计算任务被分解成多个步骤，每个步骤由不同的工作节点顺序处理，形成一个高效的流水线作业模式。这种方式优化了模型并行训练，通过协调不同的工作节点完成整个训练流程。

通过这些分布式训练策略，可以有效地扩展模型训练的规模和效率，适应日益增长的数据处理和模型复杂性需求。这些方法在现代机器学习实践中发挥着至关重要的作用，特别是在深度学习领域，它们使得训练大型模型成为可能。

在单机多卡的环境下，数据并行是一种提高模型训练效率的关键技术（如图 7.26 所示）。其核心思想是将训练数据分割成多个部分，并在多个计算设备上同时进行处理。在这种架构中，每张显卡执行相同的计算逻辑，但各自处理的是数据的不同部分。这种方法允许模型在多个设备上并行学习，从而加速了整个训练过程。

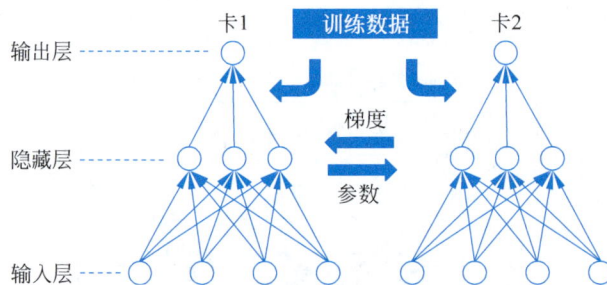

图 7.26　单机多卡训练

为了简化算法建模的过程，提高建模的速度和效率，工业界尤其是大型互联网公司普遍采用可视化建模技术。这种技术通过图形用户界面，使用户能够通过直观的操作来构建和调整模型，而无须深入编写复杂的代码。可视化建模不仅降低了算法开发的技术门槛，还提高了模型构建的灵活性和可维护性。通过这种方式，数据科学家和工程师可以更加专注于模型的设计和优化，而不是繁琐的代码实现细节。

在分布式训练的背景下,下图通过一个示例阐述了数据并行训练的实现方式。如图 7.27 所示,目前,在工业界得到广泛应用的分布式训练架构是参数服务器(PS)架构,该架构由参数服务器和多个工作节点(Worker)组成。

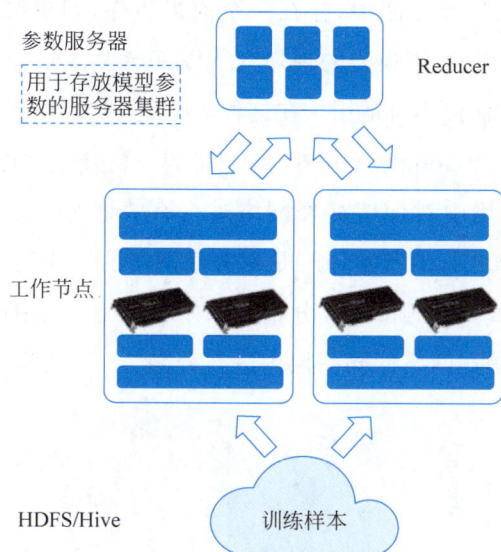

图 7.27　分布式训练中的数据并行训练

参数服务器充当中心化的存储单元,模型的所有参数以键值对(Key-value Pair)的形式存储在此服务器中。工作节点在训练过程中需要与参数服务器进行通信,以便获取最新的模型参数并更新自己的计算结果。这种架构允许多个工作节点并行处理训练数据,同时保持模型参数的一致性和同步。

通常情况下,训练样本存储在分布式文件系统中,如 HDFS 或 Hive。这些文件系统支持大规模数据的存储和处理,使得所有工作节点能够通过网络高效地访问和处理序列化的数据。通过这种方式,PS 架构能够有效地利用多个计算资源,加速模型的训练过程,同时保证了数据处理的可靠性和高效性。

在分布式训练框架中,以下步骤详细描述了数据并行训练的具体实施过程:首先,每个工作节点从存储中读取一定批量的训练样本,假设该批量大小为 n。接着,在每个工作节点内部,将这批样本分割成 k 个部分,每个 GPU 负责处理 n/k 个样本。每个工作节点通过与 PS 通信,获取当前模型的全部参数。工作节点将获取的模型参数复制到每个 GPU 上,确保每个 GPU 都拥有最新的模型参数。随后,每个 GPU 利用其分配的样本独立计算梯度。每个工作节点内的 GPU 计算完毕后,将各自的梯度汇总求和。工作节点将汇总后的梯度数据发送回参数服务器。最后,参数服务器接收到所有工作节点的梯度数据后,进行汇总求和,并据此更新模型参数。

通过这一系列步骤,分布式训练实现了跨多个工作节点和 GPU 的并行计算,显著提高了模型训练的效率和速度。同时,参数服务器的角色确保了模型参数的一致性和同步更新,从而保证了训练过程的准确性和稳定性。

在前文中提及的数据并行方法中,存在一个前提条件,即单机单卡的硬件配置必须足以容纳模型的全部参数。然而,当模型的规模变得极其庞大,以至于超出了单机单卡的存储能力时,传统的数据并行方法便不再适用。在这种情况下,模型并行技术就显得尤为重要。

模型并行的概念最早由 Google 公司在 2012 年的一篇开创性论文[78]中提出,该论文详细阐述了如何在分布式环境中对深度神经网络进行有效训练。论文的主要作者之一是业界知名的 Jeff Dean。模型并行的基本原理是对神经网络的结构进行分割,分割方式主要有两种(如图 7.28 所示):水平分割和垂直分割。水平分割通常指的是在网络的不同层之间进行分割,而垂直分割则是在网络的同一层内进行分割。

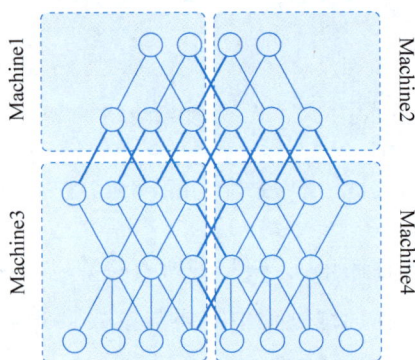

图 7.28　模型并行

模型并行与 Pipeline 并行之间的区别在于处理方式的不同。一些人认为这两种分割方式都属于模型并行的范畴;而另一些人则认为只有水平分割属于模型并行,垂直分割应被视为 Pipeline 并行。在实际应用分布式训练时,应遵循一个基本原则:如果问题能够在单机上解决,就没有必要采用分布式训练方法;同样,如果问题可以通过数据并行来处理,就应避免使用模型并行策略。模型并行通常只在模型规模巨大,以至于单个节点无法容纳整个模型时,作为一种必要的选择。简而言之,模型并行是在其他方案不可行时的最后手段。

7.2.4　模型部署

模型训练完成后,接下来的步骤是将训练好的模型应用于线上环境,这一过程称为模型部署。模型部署作为连接离线训练与线上推理的关键环节,确保了模型能够在实际业务场景中发挥作用。

在工业实践中,模型部署通常由模型管理模块来执行。该模块负责发现训练完成的模型,并将模型推送至在线服务器,以供实际使用。在此过程中,模型的周期性更新显得尤为重要。一般而言,模型会每天进行更新,以确保模型能够及时反映用户的最新行为习惯。随着新数据的不断输入,模型通过重新训练得以优化和更新,如图 7.29 所示。

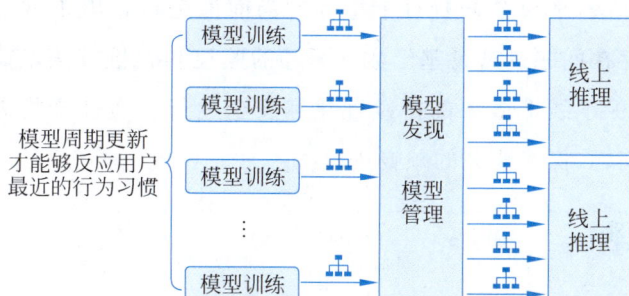

图 7.29　模型部署

训练好的模型一般会被存储在分布式文件系统中。模型管理模块会定期扫描并发现新版本的模型。一旦检测到更新,模块将启动灰度切换流程,在这一过程中进行实时监控和抽样分析。如果分析结果满足预期,模型管理模块将利用同步工具将新模型同步至线上服务器,并执行双 Buffer 切换操作。完成切换后,旧版本的模型将被卸载,从而确保线上服务的连续性和稳定性。通过这一系列精细化的管理操作,模型部署能够高效、安全地完成,为业务决策提供强有力的支持。

模型的周期性更新是平台自动化流程的一部分,旨在将最新的模型直接部署到线上环境(如图 7.30 所示)。然而,自动化过程中产生的模型若存在缺陷,可能会引发线上服务的故障。为了确保这些自动生成的模型的可靠性,采取了一系列的质量保障措施。

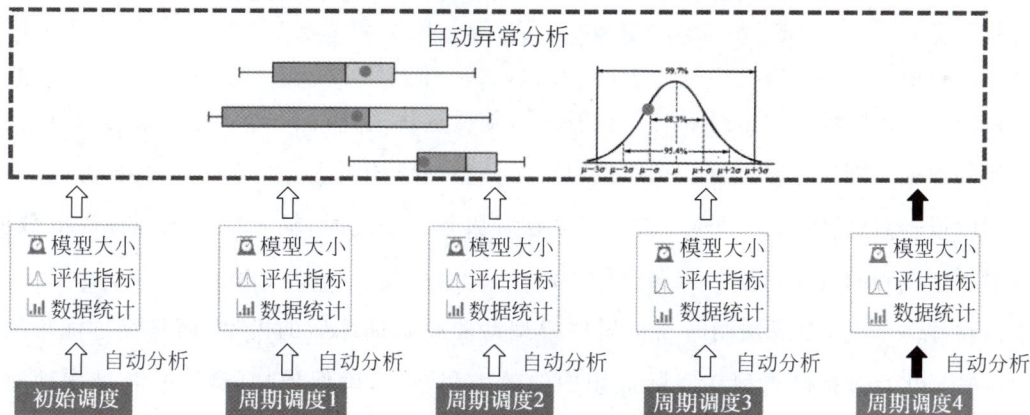

图 7.30　模型的周期性更新

以配送领图灵平台为例,该平台在模型的每个生成周期中都会记录和监控各种训练指标。在初始阶段,系统会识别并提取关键的监控指标。随后,在每个调度周期中,这些指标都会被持续跟踪和记录。通过累积每次调度产生的指标值,平台能够计算出这些指标的分布特征。

在最近一次的调度中,系统同样会计算监控指标的当前值,并将其与历史数据进行比较。利用异常检测算法,平台会分析每个指标的当前值是否超出正常范围,从而判断新生成的模型是否可能存在问题。这种基于数据驱动的监控和分析方法,有效地提高了模型的稳定性和可靠性,确保了线上服务的持续优化和安全运行。通过这些措施,平台能够及时发现并纠正可能的问题,保障业务的顺畅进行。

7.2.5 模型预测

模型部署完成后,紧随其后的关键环节是模型预测。在业界,模型预测有时也被称作模型推理、Model Inference 或 Model Prediction,这些术语在本质上是相同的。模型推理可视为模型训练过程的反向操作(如图 7.31 所示)。

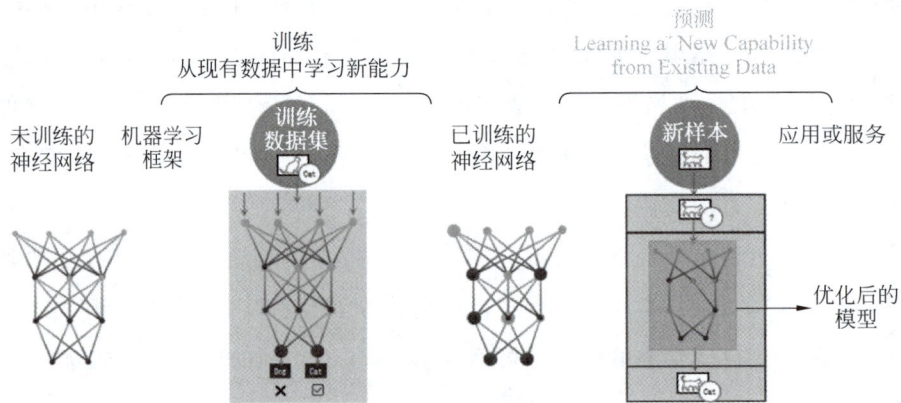

图 7.31 模型训练与预测需要考虑的因素

在模型训练阶段,首先对网络进行初始化,随后选用适当的机器学习框架,并利用大量已标注的数据对网络进行训练。训练的目的是调整网络中的参数,以最小化损失函数。而在预测阶段,经过训练的网络模型被部署至在线服务器。此时,输入的是未经标注的数据,模型根据学习到的规律对这些数据进行预测。

值得注意的是,在线预测时所部署的模型并非原始训练后的模型,而是经过优化的版本。这种优化旨在提高模型在实际应用中的效率和性能,确保模型能够快速、准确地对新数据做出预测。因此,在模型部署与实际预测之间,通常会进行一系列的优化措施,以适应线上环境的需求。

随着 ResNet、GPT 等模型的相继提出,业界已经证实,规模更大、结构更复杂、层数更多的模型往往能够带来更高的精度。然而,这类大型模型对计算资源的需求也随之增加,这对模型的部署和应用提出了新的挑战。

当前,模型的应用趋势正逐步从云端向边缘侧转移(如图 7.32 所示)。在边缘侧部署模型时,由于受到设备计算能力的限制,需要特别考虑设备的时延、内存大小、运行功耗以及存储空间等因素。在移动终端和嵌入式设备等资源受限的环境中,这些限制尤为显著,因此对模型进行优化变得尤为重要。

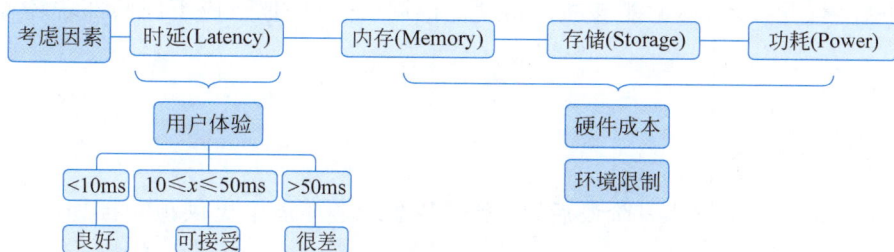

图 7.32　边缘侧部署模型考虑因素

模型优化旨在减少对计算资源的依赖,同时保持或提升模型的性能。这包括但不限于模型压缩、量化、剪枝等技术,以及针对特定硬件平台的模型适配和加速策略。通过这些优化措施,模型能够在边缘侧设备上高效运行,满足实时性要求,同时降低能耗,提高整体的系统性能。在设计和部署边缘侧模型时,这些优化技术是确保模型可行性和实用性的关键。

模型优化技术主要分为两类(如图 7.33 所示):一类针对模型本身的优化,另一类则是编译优化。在模型本身的优化中,剪枝技术通过移除深度网络中激活值接近零的冗余神经元来减少模型的复杂度。这种技术基于"过参数化"现象,即模型中存在大量未被充分利用的参数。剪枝过程包括训练基准模型、评估和排序神经元的重要性、去除低重要性的神经元、对剪枝后的模型进行微调,以此类推,直至达到预期的性能和精度。

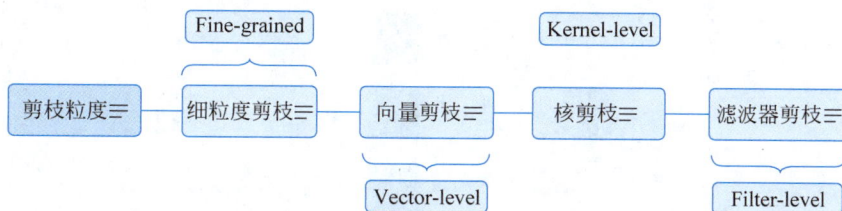

图 7.33　模型优化——剪枝

量化技术则是通过将连续的信号值近似为有限的离散值来实现模型压缩。它通过建立定点和浮点数据之间的映射关系,以较小的精度损失换取更高的运算速度和更低的内存占用。量化位宽的不同,如 1bit、8bit、半精度或混合精度,对不同的硬件架构有不同的加速效果。然而,量化可能导致模型精度的损失,因此在实施量化策略时需要权衡精度与效率。

知识蒸馏[79]是另一种模型压缩技术,它通过一个复杂的教师模型(Teacher)来指导一个轻量的学生模型(Student)的训练,目的是在减少模型大小和计算资源的同时,尽量保持教师模型的准确率。这一过程涉及知识的传承和提炼。

编译优化从编译器的角度出发,将不同框架编写的神经网络转换为统一的表示形式,并在此基础上进行图优化,最终编译成适用于不同硬件设备的可执行代码。这种方法可以提高模型在特定硬件上的性能,同时减少资源消耗。

通过这些优化技术,模型能够在保持性能的同时,更好地适应不同的部署环境和应用需求。

7.2.6 AB实验

经历了模型的开发与部署阶段后,模型现已在线上环境中提供预测推理服务。然而,为了准确评估模型的实际效能,必须采用一套科学且精确的评估机制。在工业界,AB实验(也称为随机对照实验)是最为普遍采用的评估方法之一。

AB实验的核心在于对同一目标同时实施两种不同的方案,将用户随机分配至A方案或B方案,收集并分析用户的使用数据,从而判断哪种方案更为有效。AB实验并非新颖概念,在医学领域已有悠久的应用历史。2010年,Google公司通过发表的研究论文[80]将AB实验的概念引入互联网行业,阐述了其分层实验架构,并介绍了如何高效、快速地开展实验。

在Google的早期业务中,搜索服务是核心,公司内部有众多团队不断迭代自己的系统,均需通过实验来验证效果。然而,由于实验数量的增多,实验间的流量冲突成为问题,这使得难以准确判断业务影响的来源。为了解决这一问题,Google开发了一套分层正交的AB实验平台,确保多个团队能够同时进行实验,并且保证实验结果的可靠性(如图7.34所示)。

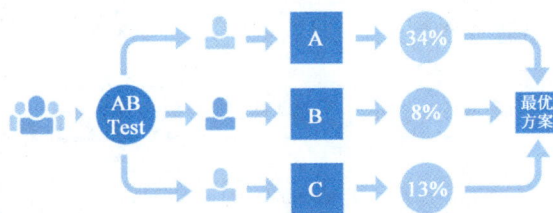

图 7.34　AB实验简介

在实施AB实验时,确保流量的"同质性"至关重要。这意味着实验组和对照组的用户应当在关键特征上保持一致,以便实验结果能够公正地反映不同方案的效果。通过科学的流量分配和用户分组,AB实验能够为模型的优化和决策提供有力的数据支持。

在工业界,AB实验通常遵循三个主要阶段的流程(图7.35)。

实验前:需要选定参与实验的流量,并对这些流量进行回溯分析。这一步骤的目的是

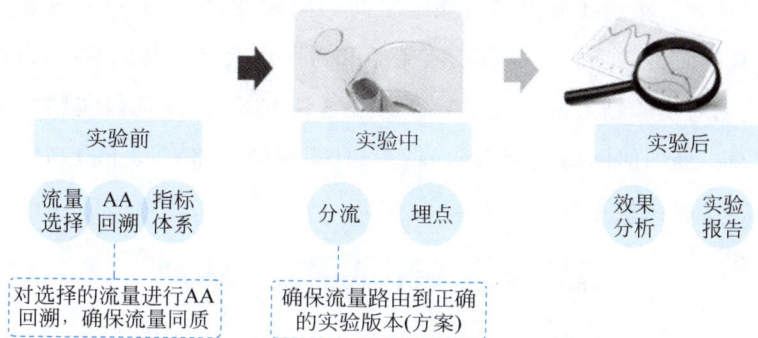

图 7.35　工业界 AB 实验的三个阶段

评估在过去一段时间内,选定的实验组和对照组是否具有同质性,即它们在关键特征上是否存在显著差异。

实验中:在此阶段,实施流量分流至关重要,确保用户流量能够根据预设的规则被正确地分配至实验组或对照组。分流完成后,需要设置相应的数据埋点,用以记录和追踪用户的分流结果,为后续分析提供数据支持。

实验后:基于收集到的数据进行实验效果的详细分析。这一分析将产生一份详尽的 AB 实验报告,其中包含实验结果的对比、关键指标的变化以及最终的实验结论。报告的目的是为决策者提供明确的方向,帮助他们了解不同方案的效果,并选择最优的实施方案。通过这一流程,AB 实验为产品优化和策略决策提供了科学的依据。

在之前的讨论中,了解到传统的 AB 实验主要针对面向消费者端(C 端)的应用,这类实验通常涉及将大量 C 端用户的流量进行随机分配。由于在大规模样本的情况下,C 端流量通常具有独立同分布的特性,这使得实验流量的同质性较易实现。

在配送等特定行业领域中,AB 实验的执行通常遭遇更多挑战。在区域维度上实施 AB 实验,会面临时空分布不均匀的问题,如图 7.36 所示。例如,策略效果可能随时间波动,或因城市地理位置和天气条件的不同而有所差异。这些因素都可能对实验结果产生影响。因此,在配送 AB 实验中,如何确保实验组和对照组在时空维度上的同质性,成为了一个主要难题。

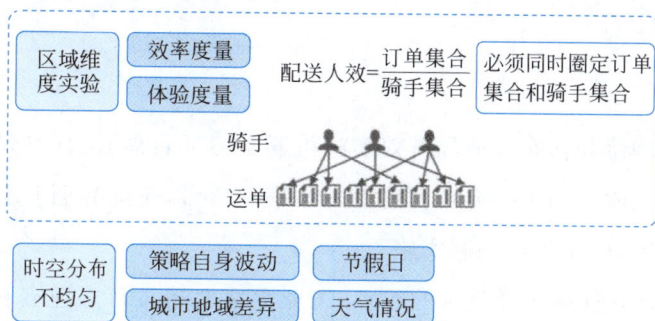

图 7.36　配送 AB 实验

为了在时间维度上实现实验组和对照组之间的同质性,可以采用时间轮换的方法。如图 7.37 所示。具体而言,在同一区域内,实验组和对照组会在不同的时间段内交替执行,以此来消除时间波动对实验结果的潜在影响。通过这种方式,可以确保实验结果更多地反映了实验变量的效果,而非时间变化带来的偏差。时间轮换策略有助于提高实验的准确性和可靠性,从而使得实验结果更具说服力。

策略A	策略B	策略A	策略B	策略A	策略B
策略B	策略A	策略B	策略A	策略B	策略A
第一天	第二天	第三天	第四天	第五天	第六天

图 7.37 时间轮换方法

在确保实验的空间维度同质性方面,问题可以简化为一个在多指标约束下的区域规划问题(如图 7.38 所示)。例如,在一项典型的区域分组实验中,如果给定一个城市中的六个候选区域,目标是将这些区域划分为两组——实验组和对照组,同时确保这两组区域在各项关键指标上具有高度的相似性,从而无明显差异。

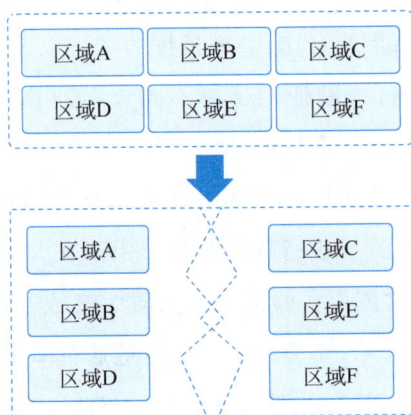

图 7.38 区域分组实验

7.3 小结

本章内容主要围绕如何在工业界有效实施机器学习项目展开,详细讲解了项目的生命周期及其六个关键步骤。为了提升项目落地的效率和质量,工业界通常会构建一套完整的流水线系统,以支持算法工程的顺利实施。

首先,数据收集是机器学习项目的起点,工业界主要通过日志埋点和业务数据两条链路来进行。

其次，特征工程作为提升模型性能的关键环节，需要构建特征生产平台和监控系统，以确保特征的质量和稳定性。

再次，在模型训练阶段，工业界倾向于采用结合标准组件和自定义组件的可视化建模方式，并通过有向无环图进行模型构建；此外，为了应对大规模数据和复杂模型带来的挑战，分布式训练成为了解决技术训练速度问题的有效手段，包括数据并行和模型并行两种方式。

接着，模型部署是将训练好的模型迁移到线上环境，并进行周期性的更新和调度。模型预测，也称为模型推理，是确保模型在线上运行时满足延迟、内存和存储等性能指标的过程。为了达到这些要求，通常会对模型进行优化，包括模型本身的优化和编译优化。

最后，AB 实验作为评估模型效果的重要手段，其关键在于确保实验组和对照组的同质性。通过科学的实验设计和数据分析，AB 实验能够为模型的优化和迭代提供有力的支持。本章内容为读者提供了一套系统的机器学习项目实施框架，旨在指导读者在实际工作中更有效地应用机器学习技术。

第8章 综合实践项目

为了帮助读者更好地理解和实践即时配送中的人工智能技术,本章提供了十个综合实践项目。这些项目涵盖了从因果推断、组合优化、深度学习到大数据等多个领域的前沿技术,旨在系统性地梳理相关领域的现状、难点与发展方向。建议每个项目均由团队(2~4 人)合作,并在 3~4 周内完成。通过这些项目,读者可以深入了解并掌握即时配送中的关键技术和实际应用,提升在实际场景中的问题解决能力和创新能力。

8.1 基于表征的多维连续因果推断技术综述

随着实际应用中对因果关系理解和推断需求的不断增加,传统的因果推断方法在处理多维连续数据时面临着巨大挑战。这些方法通常依赖于特定的假设和条件,难以应对复杂的多维连续数据特性。近年来,随着机器学习和表征学习技术的迅猛发展,基于表征的多维连续因果推断技术逐渐成为研究热点。这些技术通过学习数据的潜在表征,可以有效提取数据中的因果信息,提供更准确和鲁棒的因果推断结果。基于表征的多维连续因果推断技术具有以下优势:能够处理高维数据、提高因果推断的准确性和稳定性,以及在无监督和半监督学习环境下表现出色。然而,这些技术也面临一些挑战,如表征学习的质量直接影响因果推断的效果、模型的复杂性,增加了计算成本,以及在真实世界应用中的推广性有待验证。

基于上述背景,对相关领域的学界与业界研究与应用情况进行调研,系统性梳理该领域的现状、难点与发展方向,输出一篇技术调研报告。调研如何从非结构化的图像数据中提取因果关系,并进行因果表征,重点包括图像数据的预处理、因果关系的识别方法、表征学习的技术,以及如何确保因果表征的稳定性;调研从单维 0/1 干预变量扩展到多维连续干预变量的因果效应估计方法,重点包括因果效应估计的理论基础、现有模型和算法的比较,以及多维连续变量处理中的具体挑战和解决方案。

要求:至少包含 5 篇相关文献资料,覆盖最新的研究成果和应用案例。

8.2　基于机器学习的组合优化技术综述

ML4CO 致力于训练机器学习模型替代分支定界（Branch and Bound）算法的启发式策略，从而提升组合优化求解器的计算能力。在 NeurIPS 2021 组合优化比赛中，将 ML4CO 细分为三个问题：生产可行解（Primal Task）；提供分支策略（Dual Task）；设定求解器的最优参数（Configuration Task）。

系统性地整理分支定界与机器学习技术相结合的代表性论文、方法、源代码和算法比赛后，完成技术调研。

要求：至少包含 5 篇相关文献资料；2 个及以上子问题。

8.3　基于强化学习的组合优化问题求解技术综述

随着实际应用中组合优化问题规模的不断扩大、求解实时性的要求越来越高，传统运筹优化算法面临着很大的质量与性能压力，很难实现组合优化问题的在线求解。近年来随着深度学习技术的快速发展，深度强化学习技术在 AlphaGo Zero、Atari 等问题上的表现已显示出其强大的学习能力和优化决策能力。近年来涌现出多个利用深度强化学习方法解决组合优化问题的新方法，具有求解速度快、模型泛化能力强、初始解要求低等优势，为组合优化问题的求解提供了一种全新的思路。但受限于深度强化学习技术所固有的样本利用率低、收敛稳定性弱等特点，其在实际应用中也面临不小挑战。

基于上述背景，对相关领域的学界与业界相关研究与应用情况进行调研，系统性梳理该领域的现状、难点与发展方向，输出一篇技术调研报告。

要求：至少包含 5 篇文献资料；简析在你理解中该领域发展需要突破的瓶颈与难点，以及可能的解法。

8.4　基于智能调度系统的实时配送优化算法综述

随着即时配送需求的不断增长，配送系统面临的挑战日益复杂。尤其在大规模订单和多样化配送需求下，如何在保证配送时效的同时提高配送效率成为关键。智能调度系统通过运用先进的优化算法和实时数据分析，能够有效地解决配送路径规划、订单分配、供需平衡等问题。然而，这些系统在实际应用中也面临着诸多挑战，如实时性要求高、环境不确定性大、计算复杂度高等。因此，探索和优化实时配送算法，对提升整体配送效率和用户满意度具有重要意义。

　　基于上述背景,对智能调度系统中的实时配送优化算法进行调研,系统性梳理该领域的现状、难点与发展方向。调研内容包括但不限于探讨智能调度系统在配送路径优化中的关键算法及其应用,如遗传算法、启发式算法、深度学习模型等;分析实时调度中面临的主要挑战,如订单实时性、配送状态动态变化、城市交通状况等;调研实时配送优化算法在不同业务场景中的应用效果,特别是在处理不确定性事件和复杂约束条件方面的表现;探索解决这些挑战的前沿技术和方法,如强化学习、数据驱动的优化模型、人机协同调度等。

　　要求:至少包含 5 篇相关文献资料,覆盖最新的研究成果和应用案例。

8.5　基于大数据的即时配送路径优化技术综述

　　随着即时配送行业的快速发展,对配送路径的优化需求变得越来越迫切。传统的路径规划方法难以满足实时性和高效性的要求。大数据技术的引入,为解决这一问题提供了新的思路。通过分析海量配送数据,可以提取出有效的路径优化策略,从而提高配送效率、降低运营成本。大数据驱动的路径优化技术不仅能够处理复杂的交通网络,还可以实时调整优化方案,适应动态变化的配送环境。

　　基于上述背景,对相关领域的学界与业界研究与应用情况进行调研,系统地梳理该领域的现状、难点与发展方向,输出一篇技术调研报告。调研大数据技术在即时配送路径优化中的应用,重点包括需求预测、实时路径调整,以及数据驱动的优化算法;调研大数据在不同场景下的具体应用案例,分析其在提升配送效率和降低成本方面的效果。

　　要求:至少包含 5 篇相关文献资料,覆盖最新的研究成果和应用案例。

8.6　基于深度强化学习的即时配送动态订单分配策略研究

　　随着即时配送服务的快速发展,动态订单分配成为提升配送效率和用户满意度的关键问题。传统的订单分配方法通常依赖于预设规则和静态优化模型,难以适应实时变化的配送环境。深度强化学习技术结合强化学习和深度学习的优势,能够通过大量历史数据和实时反馈,逐步优化订单分配策略,从而在动态环境中实现最优决策。美团等即时配送平台通过深度强化学习技术,显著提升了订单分配的准确性和效率,减少了配送时间和成本。

　　基于上述背景,对基于深度强化学习的即时配送动态订单分配策略进行调研,系统性梳理该领域的现状、难点与发展方向。调研内容包括但不限于探讨深度强化学习在动态订单分配中的应用,如深度 Q 网络(DQN)、策略梯度方法、Actor-Critic 模型等;分析深度强化学习在处理订单分配问题中的优势和挑战,如模型的训练效率、数据稀疏性、探索与利用的平衡等;调研深度强化学习在不同业务场景中的应用效果,特别是在面对高频次、随机性强的订单情况下的表现;探索解决这些挑战的前沿技术和方法,如多智能体强化学习、基于模型的强化学习、混合强化学习算法等。

要求:至少包含 5 篇相关文献资料,覆盖最新的研究成果和应用案例。

8.7　基于因果推断的动态定价优化技术研究

随着市场竞争的加剧和消费者需求的多样化,动态定价成为企业提升收入和市场份额的重要策略。传统的定价方法通常基于历史数据和规则设定,难以灵活应对市场环境的变化。因果推断技术通过分析数据中的因果关系,可以更准确地预测价格调整对销售量和利润的影响,从而优化定价策略。因果推断结合机器学习模型,不仅能够提高定价决策的科学性和准确性,还能在动态环境中实现实时优化。

基于上述背景,对基于因果推断的动态定价优化技术进行调研,系统性梳理该领域的现状、难点与发展方向。调研内容包括但不限于探讨因果推断在动态定价中的应用,如因果图模型、反事实分析、双重差分法等;分析因果推断方法在处理定价问题中的优势和挑战,如数据稀疏性、变量选择、因果效应估计等;调研因果推断在不同业务场景中的应用效果,特别是在处理高频次、随机性强的价格调整情况下的表现;探索解决这些挑战的前沿技术和方法,如贝叶斯因果推断、深度因果模型、多智能体因果分析等。

要求:至少包含 5 篇相关文献资料,覆盖最新的研究成果和应用案例。

8.8　基于深度生成模型的时空数据概率预测技术

在智能城市、气象预测、交通管理等领域,时空数据的有效预测具有重要意义。传统的预测方法在面对复杂的时空依赖和不确定性时,往往难以取得理想效果。深度生成模型,尤其是变分自编码器(VAE)、生成对抗网络(GAN)等技术,凭借其强大的数据生成和建模能力,为时空数据的概率预测提供了新的解决方案。通过这些模型,能够更好地捕捉数据中的时空依赖关系和潜在分布,从而实现更准确和可靠的预测。

基于上述背景,对基于深度生成模型的时空数据概率预测技术进行调研,系统性梳理该领域的现状、难点与发展方向。调研内容包括但不限于探讨深度生成模型在时空数据预测中的应用,如变分自编码器(VAE)、生成对抗网络(GAN)、时序生成模型等;分析这些模型在处理时空数据预测问题中的优势和挑战,如数据稀疏性、复杂依赖关系、模型训练效率等;调研深度生成模型在不同业务场景中的应用效果,特别是在处理多维度、高频次的时空数据情况下的表现;探索解决这些挑战的前沿技术和方法,如混合生成模型、注意力机制、多任务学习等。

要求:至少包含 5 篇相关文献资料,覆盖最新的研究成果和应用案例。

8.9　基于深度学习的室内定位与运动状态识别技术

随着智能设备和物联网的快速发展,室内定位与运动状态识别技术在智能家居、健康监测、安防等领域有着广泛的应用。传统的定位技术如 Wi-Fi、蓝牙、红外等方法在精度和实时性上存在一定的局限。深度学习技术凭借其强大的数据处理和模式识别能力,能够在多种传感器数据融合的基础上,实现高精度的室内定位和精准的运动状态识别。这不仅提升了定位的准确性和鲁棒性,还扩展了运动状态识别的应用场景。

基于上述背景,对基于深度学习的室内定位与运动状态识别技术进行调研,系统性梳理该领域的现状、难点与发展方向。调研内容包括但不限于探讨深度学习模型在室内定位中的应用,如卷积神经网络(CNN)、递归神经网络(RNN)、长短期记忆网络(LSTM)等;分析这些模型在处理室内定位和运动状态识别问题中的优势和挑战,如数据多样性、模型训练时间、实时性要求等;调研深度学习在不同业务场景中的应用效果,特别是在复杂环境中的定位和多样化运动状态下的识别表现;探索解决这些挑战的前沿技术和方法,如多模态学习、强化学习、自监督学习等。

要求:至少包含 5 篇相关文献资料,覆盖最新的研究成果和应用案例。

8.10　基于分布式计算的大规模模型训练与优化方法

随着深度学习模型的不断发展,其规模和复杂度也在迅速增加,单机训练难以满足大规模模型的计算需求。分布式计算技术通过将计算任务分布到多个节点上,并行处理海量数据和复杂模型训练,显著提升了计算效率和训练速度。分布式计算在大规模模型训练中的应用不仅能够加快模型的收敛速度,还能处理超大规模的数据集和模型参数。如何有效利用分布式计算资源,实现高效的模型训练和优化,成为当前研究的热点和难点。

基于上述背景,对基于分布式计算的大规模模型训练与优化方法进行调研,系统性梳理该领域的现状、难点与发展方向。调研内容包括但不限于探讨分布式计算在大规模模型训练中的应用,如数据并行、模型并行、混合并行等;分析分布式计算在处理大规模模型训练问题中的优势和挑战,如通信开销、负载均衡、容错机制等;调研分布式计算在不同业务场景中的应用效果,特别是在大规模深度学习模型训练中的表现;探索解决这些挑战的前沿技术和方法,如参数服务器架构、梯度压缩技术、分布式优化算法等。

要求:至少包含 5 篇相关文献资料,覆盖最新的研究成果和应用案例。

参 考 文 献

[1] 周宝珠.《清明上河图》与清明上河学[J].河南大学学报：社会科学版,1995(3)：8.DOI：CNKI：SUN：HNDS.0.1995-03-000.

[2] 罗戈研究,达达快送.2022即时零售履约配送服务白皮书[R/OL].

[3] 中国物流与采购联合会,美团配送.2021—2022中国即时物流行业发展报告[R/OL].

[4] Song Y,Li J,Chen L,et al. A Semantic Segmentation Based POI Coordinates Generating Framework for On-demand Food Delivery Service[C]. Proceedings of the 29th International Conference on Advances in Geographic Information Systems,2021：379-388.

[5] Brajdic A,Harle R. Walk Detection and Step Counting on Unconstrained Smart-phones[C]. In Proceedings of the 2013 ACM International Joint Conference on Pervasive and Ubiquitous Computing,2013：225-234.

[6] Zheng H,Wang S,Cha Y,et al. A Two-stage Fast Heuristic for Food Delivery Route Planning Problem[C]. Informs Annual Meeting,Seattle,Washington,USA,2019.

[7] Gao C,Zhang F,Wu G,et al. A Deep Learning Method for Route and Time Prediction in Food Delivery Service[C]. Proceedings of the 27th ACM SIGKDD Conference on Knowledge Discovery & Data Mining,2021：2879-2889.

[8] Ghoseiri K,Ghannadpour S F. An Efficient Heuristic Method for Capacitated P-Median Problem[J]. International Journal of Management Science and Engineering Management,2009,4(1)：72-80.

[9] Church R,ReVelle C. The Maximal Covering Location Problem[C]. Regional Science Association,1974,32(1)：101-118.

[10] Lawler E L,Wood D E. Branch-and-Bound Methods：A Survey[J]. Operations Research,1966,14(4)：699-719.

[11] Nair V,Bartunov S,Gimeno F,et al. Solving Mixed Integer Programs Using Neural net-works[J]. arXiv preprint arXiv：2012.13349,2020.

[12] Sonnerat N,Wang P,Ktena I,et al. Learning a large neighborhood search algorithm for mixed integer programs[J]. arXiv preprint arXiv：2107.10201,2021.

[13] Ding X,Zhang R,Mao Z,et al. De-livery scope：A new way of restaurant retrieval for on-demand food delivery service[C]. The 26th ACM SIGKDD International Conference on Knowledge Discovery & Data Mining,2020：3026-3034.

[14] Zhang W,Yuan S,Wang J. Optimal real-time bidding for display advertising[C]. The 20th ACM SIGKDD international conference on Knowledge discovery and data mining,2014：1077-1086.

[15] Tang X,Qin Z,Zhang F,et al. A deep value-network based approach for multi-driver order dispatching[C]. The 25th ACM SIGKDD International Conference on Knowledge Discovery & Data Mining,2019：1780-1790.

[16] Liang Y,Li D,Zhao J,et al. Enhancing dynamic on-demand food order dispatching via future-informed and spatial-temporal extended decisions[C]. The 32nd ACM International Conference on Information and Knowledge Management,2023：4702-4708.

[17] Gal Y,Ghahramani Z. Dropout as a bayesian approximation：Representing model uncertainty in deep learning[C]. International Conference on Machine Learning. PMLR,2016：1050-1059.

［18］ Gal Y，Hron J，Kendall A. Concrete dropout［J］. Advances in Neural Information Processing Systems，2017：30.

［19］ Lyu G，Cheung W C，Teo C P，et al. Multi-objective online ride-matching［J］. Soual Science Research Network（SSRN），2019：21.

［20］ Liang Y，Zhao J，Li D，et al.，Harvesting efficient on-demand order pooling from skilled couriers： enhancing graph representation learning for refining real-time many-to-one assignments［C］. The 30th ACM SIGKDD International Conference on Knowledge Discovery and Data Mining，2024.

［21］ Khalil E，Dai H，Zhang Y，et al. Learning combinatorial optimization algorithms over graphs［C］. Advances in neural information processing systems，2017：30.

［22］ Zhu H，Gupta V，Ahuja S S，et al. Network planning with deep reinforcement learning［C］. The 2021 ACM SIGCOMM 2021 Conference，2021：258-271.

［23］ Chen X，Tian Y. Learning to perform local rewriting for combinatorial optimization［C］. Advances in Neural Information Processing Systems，2019：32.

［24］ Lu H，Zhang X，Yang S. A learning-based iterative method for solving vehicle routing problems［C］. International conference on learning representations，2019.

［25］ Den Boer A V. Dynamic pricing and learning：Historical origins，current research，and new directions［J］. Surveys in operations research and management science，2015，20（1）：1-18.

［26］ Belobaba P. Air travel demand and airline seat inventory management［M］. Ph. D. dissertation， Massachusetts Institute of Technology，1987.

［27］ Abdella J A，Zaki N M，Shuaib K，et al. Airline ticket price and demand predic-tion：A survey［J］. Journal of King Saud University-Computer and Information Sciences，2021，33（4）：375-391.

［28］ Hua J，Yan L，Xu H，et al. Markdowns in e-commerce fresh retail：A counterfac-tual prediction and multi-period optimization approach［J］. The 27th ACM SIGKDD Conference on Knowledge Discovery & Data Mining，2021：3022-3031.

［29］ Yuan Y，Wang F，Li J，et al. A survey on realtime bidding advertising［C］. 2014 IEEE International Conference on Service Operations and Logistics，and Informatics. IEEE，2014：418-423.

［30］ Cai H，Ren K，Zhag W，et al. Real-Time Bidding by Reinforcement Learning in Display Advertising［J］. ACM，2017.

［31］ Fridgeirsdottir K，Najafi S. Cost-per-click pricing for display advertising［J］. Manufacturing & Service Operations Management，2010.

［32］ Zhu H，Jin J，Tan C，et al. Optimized cost per click in taobao display advertising［C］. The 23rd ACM SIGKDD international conference on knowledge discovery and data mining，2017：2191-2200.

［33］ Scholkopf B，Locatello F，Bauer S，et al. To-ward causal representation learning［J］. IEEE，2021，（5）.

［34］ Arbour D，Dimmery D，Sondhi A. Permutation weighting［C］. International Conference on Machine Learning. PMLR，2021：331-341.

［35］ Shalit U，Johansson F D，Sontag D. Estimating individual treatment effect：general-ization bounds and algorithms［C］. in International conference on machine learning. PMLR，2017：3076-3085.

［36］ Schwab P，Linhardt L，Bauer S，et al. Learning counterfactual representations for estimating individual dose-response curves［C］. The AAAI Conference on Artificial Intelligence，2020，34（4）： 5612-5619.

［37］ Chen X H，Yu Y，Zhu Z M，et al. Adversarial counterfactual environment model learning［J］. arXiv preprint arXiv：2206.04890，2022.

［38］ Yao L，Chu Z，Li S，et al. A survey on causal inference［J］. ACM Trans-actions on Knowledge Discovery from Data（TKDD），2021，15（5）：1-46.

［39］ Corless R M，et al. On the Lambert W function［J］. Advances in Computational Mathematics，1996.

[40] Ye P,Qian J,Chen J,et al. Customized regression model for airbnb dynamic pricing[C]. The 24th ACM SIGKDD in-ternational conference on knowledge discovery & data mining,2018:932-940.

[41] He S,Shin K G. Spatio-temporal adaptive pricing for balancing mobility-on-demand networks[J]. ACM Transactions on Intelligent Systems and Technology (TIST),2019,10(4):1-28.

[42] Zha L,Yin Y,Du Y. Surge pricing and labor supply in the ride-sourcing market[J]. Transportation Research Procedia,2017,23:2-21.

[43] He S,Shin D-H,Zhang J,et al. An exchange market approach to mobile crowdsensing:Pricing,task allocation,and walrasian equilibrium[J]. IEEE Journal on Se-lected Areas in Communications,2017,35(4):921-934.

[44] Guo R,Li J,Liu H. Learning individual causal effects from networked observational data[C]. The 13th international conference on web search and data mining,2020:232-240.

[45] Avati A,Duan T,Zhou S,et al. Countdown regression:Sharp and calibrated survival predictions[C]. Uncertainty in Artificial Intelligence. PMLR,2020:145-155.

[46] Wang S,Cao J,Philip S Y. Deep learning for spatio-temporal data mining:A survey[J]. IEEE Transactions on Knowledge and Data Engineering,2020,34(8):3681-3700.

[47] Yao H,Tang X,Wei H,et al. Revisiting spatial-temporal similarity:A deep learning framework for traffic prediction[C]. The AAAI conference on artificial intelligence,2019,33(1):5668-5675.

[48] Zhang J,Zheng Y,Qi D. Deep spatio-temporal residual networks for citywide crowd flows prediction[C]. The AAAI conference on artificial intelligence,2017,31(1).

[49] Alahi A,Goel K,Ramanathan V,et al. Social lstm:Human trajectory prediction in crowded spaces[C]. The IEEE Conference on Computer Vision and Pattern Recognition,2016:961-971.

[50] Li X,Cong G,Sun A,et al. Learning travel time distributions with deep genera-tive model[C]. The World Wide Web Conference,2019:1017-1027.

[51] Kool W,Van Hoof H,Welling M. Attention,learn to solve routing problems! [C]. arXiv preprint arXiv:1803.08475,2018.

[52] Vinyals O,Fortunato M,Jaitly N. Pointer networks[J]. Advances in neural information processing systems,2015:28.

[53] Prokhorchuk A,Dauwels J,Jaillet P. Estimating travel time distributions by bayesian network inference[J]. IEEE Transactions on Intelligent Transportation Systems,2019,21(5):1867-1876.

[54] Zhao J,Mao M,Zhao X,et al. A hybrid of deep reinforcement learning and local search for the vehicle routing problems[J]. IEEE Transactions on Intelligent Transportation Systems,2020,(99):1-11.

[55] Guo H,Tang R,Ye Y,et al. Deepfm:a factorization-machine based neural network for ctr prediction[C]. arXiv preprint arXiv:1703.04247,2017.

[56] Chen C,Lu C,Huang Q,et al. City-scale map creation and updating using gps collections[C]. The 22nd ACM SIGKDD International Conference on Knowledge Discovery and Data Mining,2016:1465-1474.

[57] Biagioni J,Eriksson J. Map inference in the face of noise and disparity[C]. The 20th International Conference on Advances in Geographic Information Systems,2012:79-88.

[58] Cao L,Krumm J. From GPS traces to a routable road map[C]. The 17th ACM SIGSPATIAL international conference on advances in geographic information systems,2009:3-12.

[59] Ruan S,Long C,Bao J,et al. Learning to generate maps from trajectories[J]. Droceedings of The AAAI conference on artificial intelligence,2020,34(1):890-897.

[60] Sun T,Di Z,Che P,Leveraging crowdsourced gps data for road extrac-tion from aerial imagery[C]. The IEEE/CVF Conference on Computer Vision and Pattern Recognition,2019:7509-7518.

[61] Zafari F,Gkelias A,Leung K K,A survey of indoor localization systems and technolo-gies[J]. IEEE

Communications Surveys & Tutorials,2019,21(3):2568-2599.

[62] Ding Y,Liu L,Yang Y, et al. From conception to retirement: A lifetime story of a 3-year-old wireless beacon system in the wild[J]. IEEE/ACM Transactions on Networking,2021,30(1): 47-61.

[63] Hallac D,Vare S,Boyd S, et al. Toeplitz inverse covariance-based clustering of multivariate time series data[C]. The 23rd ACM SIGKDD International Con-ference on Knowledge Discovery and Data Mining,2017:215-223.

[64] Voicu R -A,Dobre C,Bajenaru L, et al. Human physical activity recognition using smartphone sensors[J]. Sensors,2019,19(3):458.

[65] Twomey N,Diethe T,Fafoutis X, et al. A com-prehensive study of activity recognition using accelerometers[J]. Informatics,2018,5(2):27.

[66] Beauregard S,Haas H. Pedestrian dead reckoning: A basis for personal positioning[C]. The 3rd Workshop on Positioning,Navigation and Communication,2006:27-35.

[67] Wang Q,Luo H,Ye L, et al. Personalized stride-length estimation based on active online learning[J]. IEEE Internet of Things Journal,2020,7(6):4885-4897.

[68] Wang Q,Luo H,Ye L, et al. Pedestrian heading estimation based on spatial transformer networks and hierarchical LSTM[J]. IEEE Access,2019,7:162309-162322.

[69] Afzal M H,Renaudin V,Lachapelle G. Magnetic field based heading estimation for pedestrian navigation environments[J]. 2011 International Conference on Indoor Position-ing and Indoor Navigation. IEEE,2011:1-10.

[70] Herath S,Yan H,Furukawa Y. Ronin: Robust neural inertial navigation in the wild: Benchmark, evaluations,& new methods[C]. 2020 IEEE International Conference on Robotics and Automation (ICRA). IEEE,2020:3146-3152.

[71] Qian J,Pei L,Ma J, et al. Vector graph assisted pedestrian dead reckoning using an unconstrained smartphone[J]. Sensors,2015,15(3):5032-5057.

[72] Zhou P,Zheng Y,Li Z,et al. Iodetector: A generic service for indoor outdoor detection[C]. The 10th acm conference on embedded network sensor systems,2012:113-126.

[73] Ghemawat S,Gobioff H,Leung S -T. The google file system[C]. The nineteenth ACM symposium on Operating systems principles,2003:29-43.

[74] Dean J,Ghemawat S. Mapreduce: simplified data processing on large clusters[J]. Com-munications of the ACM,2008,51(1):107-113.

[75] Chang F,Dean J,Ghemawat S,et al. Bigtable: A distributed storage system for structured data[J]. ACM Trans-actions on Computer Systems (TOCS),2008,26(2):1-26.

[76] XGBoost4J-Spark Tutorial (version 0.9＋)—xgboost 2.1.1 documentation. (2024). XGBoost4J-Spark Tutorial (version 0.9＋). https://xgboost. readthedocs. io/en/stable/jvm/xgboost4j_spark_ tutorial. html.

[77] 刘敏,李玲,鄢锋.智慧预测性维護[J].崧燁文化.2024:40.

[78] Dean J,Corrado G,Monga R, et al. Large scale distributed deep networks[J]. Advances in neural information pro-cessing systems,2012:25.

[79] Hinton G,Vinyals O,Dean J. Distilling the knowledge in a neural network[J]. arXiv preprint arXiv: 1503. 02531,2015.

[80] Tang D,Agarwal A,O'Brien D, et al. Overlapping experiment infrastructure: More,better,faster experimentation[C]. The 16th ACM SIGKDD international conference on Knowledge discovery and data mining,2010:17-26.